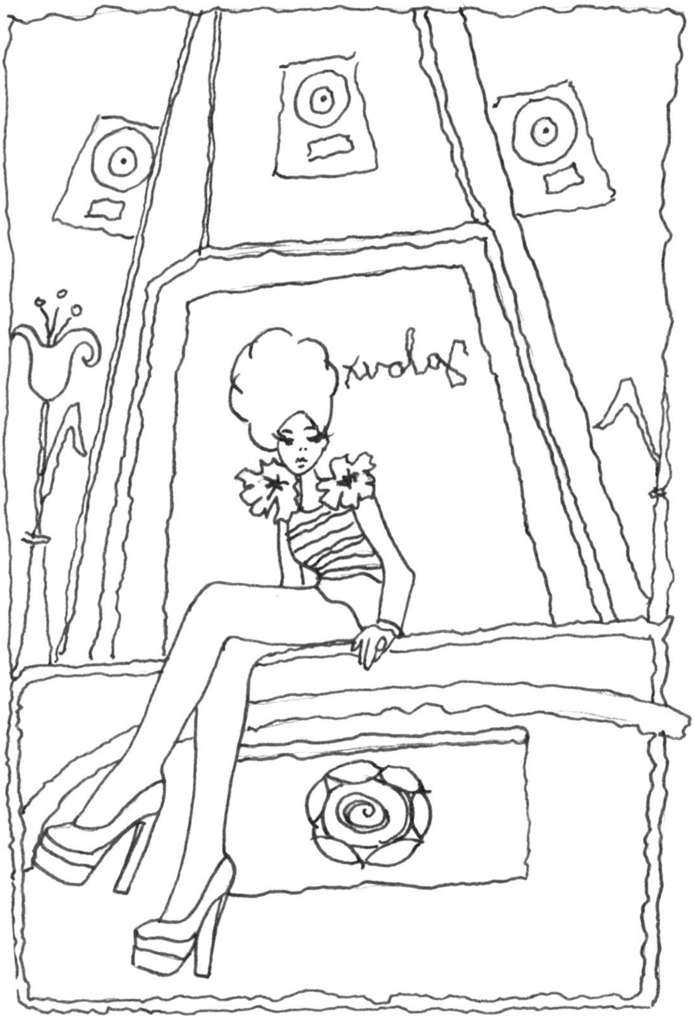

Françoise Cactus

Oh Oh Mythomanie

ERLEBTES, ERINNERTES & ERLOGENES

Mit Zeichnungen von Françoise Cactus
Kuratiert von Brezel Göring
Lektorat und Textauswahl:
Stefanie Mousa und Jonas Engelmann

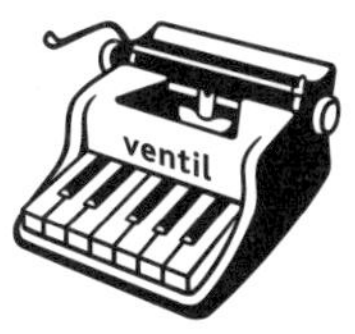

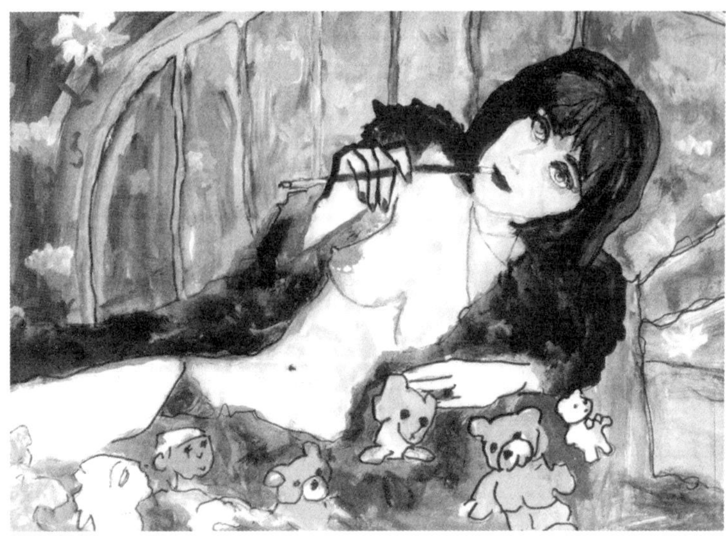

Françoise Cactus, *eigentlich Françoise van Hove, geb. am 5. Mai 1964 im Burgund. Nach dem Studium in Besançon und Paris zog sie 1985 nach Berlin und gründete dort zunächst die Band Lolitas. Ab 1993 trat Françoise Cactus am Schlagzeug und als Sängerin mit ihrem Lebensgefährten Brezel Göring als Stereo Total auf – insgesamt über 15 reguläre Alben, zahllose Auftritte und Touren weltweit. Françoise Cactus arbeitete zudem als Layouterin bei der taz, als Radiomoderatorin bei Radio Eins und als Künstlerin. Die von ihr entworfene, lebensgroße Häkelpuppe Wollita löste im Kontext einer Kunstaustellung zu den Themen Liebe und Erotik einen von der Berliner Boulevardpresse ausgelösten Skandal hervor. Im Alter von nur 56 Jahren starb Françoise Cactus 2021 an Krebs.*

Inhalt

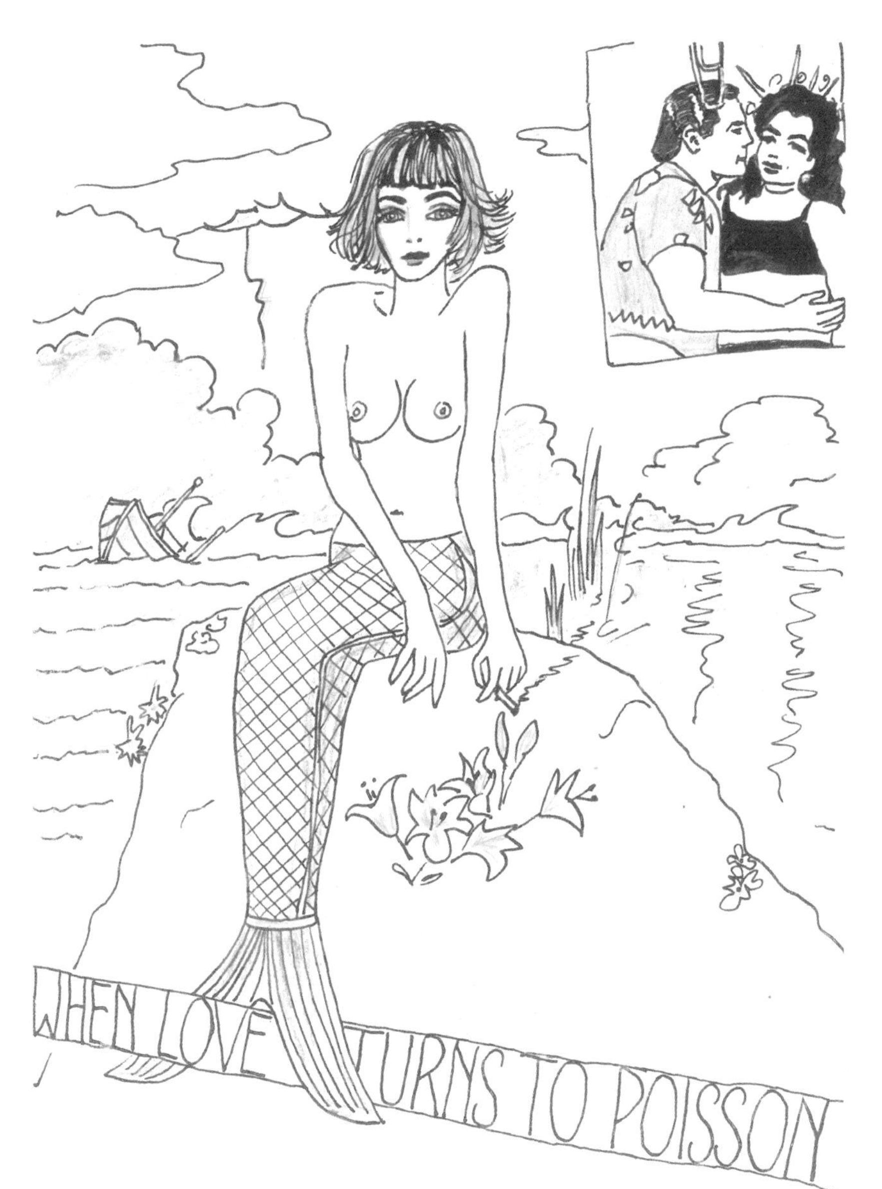
WHEN LOVE TURNS TO POISSON

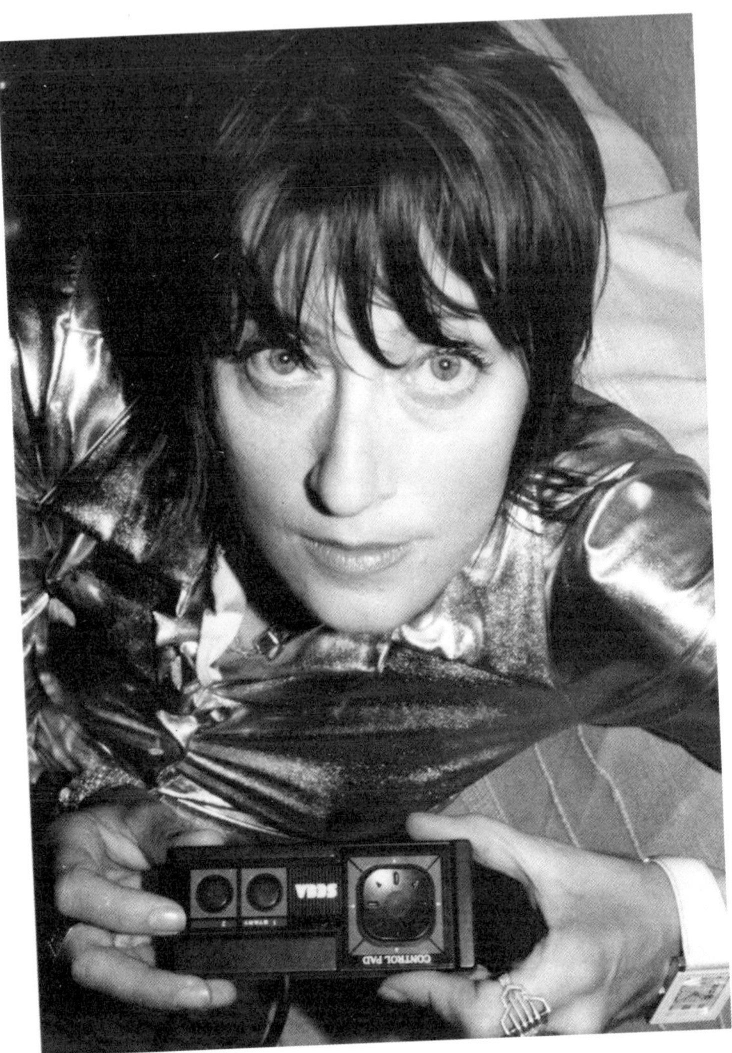
SEGA
CONTROL PAD

Oh Oh Mythomanie

Vorwort

Françoise Cactus: Schlagzeugerin, Sängerin, Antidiva des International Underground Pop, Ehrenbotschafterin des französischen Akzents, Autorin, Radiomoderatorin ... immer wieder erinnern Zeitungsartikel und Radiosendungen oder Comics, Gemälde und Lieder anderer Künstler daran, wie toll und einzigartig sie war.

Es ist schön, dass so an sie gedacht wird – allerdings wäre es viel besser, wenn sie selbst für sich sprechen könnte. Und das ist möglich! Es gibt nämlich einen neuen, unveröffentlichten Roman von Françoise Cactus!

Über einen Zeitraum von fünfzehn Jahren arbeitete sie an diesem Manuskript – also, die eigentliche Niederschrift dauerte nur wenige euphorische Wochen. Wie in einem Rausch unter Hochspannungsstrom flossen die Zeilen Seite um Seite und in kurzer Zeit hatte sie ein lustiges, tiefsinniges, sehr unterhaltsames und freches Buch fertiggestellt. Über 150 Seiten Lesegenuss!

»Lebenslänglich vierzehn« erzählt vom Wiedersehen dreier Freunde auf einer Urlaubsinsel. Im Berlin der Achtzigerjahre gehörten die drei einer Underground-Künstlergruppe an, allerdings ist jetzt die Freundschaft Neid und gekränkter Eitelkeit gewichen: Charlotte und Helena (die eine erfolgreich, die andere erfolglos), sowie Oskar (völlig verarmt) verlieben sich in denselben Herzensbrecher, der mit allen eine kurze Affäre hat, wodurch die ungünstigen Gefühle noch durch den Schmerz der Eifersucht bereichert werden. Wie schon damals in den Achtzigerjahren suchen die drei den Ausweg aus der Katastrophe, indem sie einen Super-8-Trashfilm drehen.

Ich will nicht alles verraten, nur so viel: ein dummer Umstand am Set führt zum völligen Desaster! Die drei müssen nun in ihrer Not drastische Maßnahmen ergreifen, die den Rahmen der Legalität und des guten Geschmacks endgültig überschreiten. Durch dieses Fiasko werden die trennenden Gräben der Missgunst überwunden und die gemeinsame Freundschaft erblüht aufs Neue.

Françoise wurde nach der Vollendung des Romans von der unseligen Vorstellung geplagt, dass Buch müsse mindestens 600 Seiten haben. Die Erzählung sollte, so der Plan von Françoise, unterbrochen werden durch Rückblenden über das Treiben der drei Protagonisten in der Subkultur der Mauerstadt. Also, diese Rückblenden! Es gibt ein paar Notizen, nächtens hingeworfen, auf Bierdeckeln, in schummrigen Kneipen oder schaukelnden Tourbussen, turbulente Szenerien, schreiend Komisches, lustige Formulierungen und ästhetisch Extremistisches – was es eben über das Jahrzehnt der Achtzigerjahre zu berichten gibt. Es wäre ohne Zweifel lohnend, diese Zettel abzuschreiben und zu veröffentlichen. Diese Mühe haben wir uns nicht gemacht. Bei dieser Ausgabe, die ihr jetzt in den Händen haltet, haben wir uns dafür entschieden, das ursprüngliche Manuskript zu veröffentlichen.

Françoise Cactus hat ein umfangreiches Archiv über ihr Leben angelegt. Diese Sammlung wurde bei der Auflösung unserer Wohnung in 16 Truhen verwahrt. Als wir zwei Jahre nach ihrem Tod begannen, die Kisten, die in großer Eile bepackt worden waren, zu sichten, brach Stefanie Mousa, die die Aufgabe übernommen hatte, den literarischen Nachlass zu ordnen, immer wieder in lautes Lachen aus: hier seien so viele lustige Texte, die müssten unbedingt veröffentlicht werden!

Am 30.12., einen Tag vor dem Silvesterfest 2023, traf ich Gunther von Tapete Records / Ventil Verlag in Berlin. Das Gespräch kam auf Françoises unveröffentlichtes, vergriffenes oder vergessenes vielfältiges literarisches Schaffen: diese Schätze sollten durch eine Veröffentlichung im Ventil Verlag wieder zugänglich gemacht werden. Und dann platzte die Bombe! Sechzigster Geburtstag! So stand es im Wikipedia! Am 5.5.2024! Also in vier Monaten! Jetzt musste alles ganz schnell gehen mit der Veröffentlichung! Passgenau zu diesem wichtigen Datum! In höchster Eile wurden Einlegezettel kopiert, für bereits gedruckte Verlagsvorschauen, die an die Buchhandlungen gehen …

Françoise Cactus hat ihr Leben lang über ihr tatsächliches Alter eine gewisse Unschärfe bewahrt. Ich kann versichern – der ich mit einigen Daten vertraut bin –, dass sie selbst in ihrer realen Lebenszeit so viel erlebt hat wie andere in drei Leben. (Dazu kommen übersprungene Schuljahre und ein Studienabschluss in einem Alter, in dem andere das Abitur machen.) Wenn wir jetzt noch das von Wikipedia verbreitete Geburtsjahr in Betracht ziehen, dann ergibt sich eine lichtgeschwindige Lebensrasanz, die an Unvorstellbares grenzt! Es kann einfach nicht sein, dass eine Zwölfjährige in einem Husumer Gymnasium französische Konversation unterrichtet hat!

Aber nicht nur deshalb bietet sich der Buchtitel »Oh Oh Mythomanie« an. In Françoises Romanen tauchen immer wieder Männer auf, die ihre Freundin zornig als »Mythomanin« beschimpfen. Ich will nicht zum Ausdruck bringen, dass Françoise pathologisch verlogen war, sondern, dass sie die Vielschichtigkeit von Wahrheit und Wirklichkeit als wirksame Waffe im Kampf gegen eine herrschaftsbeanspruchende Definitionsmacht von Wahrheit gesehen hat, die ihre Gewalttätigkeit in einer Vereinfachung von gesellschaftlicher, zwischenmenschlicher und zwischengeschlechtlicher Vieldeutigkeit findet.

Der Ventil Verlag! Statt – angesichts der zeitlichen Unschärfe – Wikipedia also ein Jahr weiter zu stellen und 2025 sechzigsten Geburtstag zu feiern … stattdessen haben sie wahnsinnig auf das Gaspedal getreten! Und hier ist das Ergebnis, rechtzeitig zum Jubiläum!

Das Buch enthält kurze, essayistische Texte, gehalten im Ton der fröhlichen Respektlosigkeit, mit der Françoise die Welt betrachtete, den neuen Roman »Lebenslänglich vierzehn« und, um einen Einblick in ihre ungewöhnliche Arbeitsweise zu geben, das Exposé einer Kurzgeschichtensammlung über Frauen, die über ihre negativen Eigenschaften charakterisiert werden. Außerdem finden sich im Buch einige ihrer Songtexte, wie zum Beispiel »Die Frau in der

Musik stört immer«. Und viele Bilder, die gibt es auch noch: Fotografien, fröhliche Gesichter, Sorglosigkeit, Arm in Arm, Lachen, erhobene Gläser und in der Mitte jeden Bildes erwartungsgemäß immer Françoise! Ja, so war sie nämlich auch! Nicht nur die Streberin am Schreibtisch!

Um zu zeigen, welcher lustige und wendige Geist uns verloren gegangen ist, drucke ich unten den Anfang einer schier endlosen Liste ab. Françoise hatte in einem Notizbuch eine Sammlung möglicher Romantitel angelegt: sie-ben-und-sieb-zig Seiten mit Namensvorschlägen!

Ich verbeuge mich vor dem verblüffenden und opulenten Esprit des Geburtstagskindes,

Brezel Göring

Liebesunfälle
Seltsame Damen
Vergesslich
Valentinsblues
Schön wie eine Terroristin
Teilen wir das Sofa
Der letzte Schrei
Spielerinnen
Hübsche Witwen
Romanzen in Moll
Damen ohne Namen
Letzte Küsse
Gespensterzüge
Liebe mich
Das Leben im Rückspiegel
Stewardessen und andere Luftwesen
Halte die Nacht zurück
Beleidigte Prinzessinnen

Betragen ungenügend
Beinahe perfekt
Vorbeigehende Frauen
Exakt daneben
Die Unbefriedigten
Schwer erziehbare Gefühle
Fruchtlose Liebe
Außenseiterinnen
Weh mir!
Die Frau, die zu viel wusste
My unfair Lady
Aufstand in der Küche
So lala
Daneben
Psychotest
Nackte Weiber kommen nicht vor
Die Frau aus dem Nichts
Himmlische Schwindlerinnen
Die Frau im Schaufenster
Zärtliche Feindin
Irren durchs Schlafzimmer
...

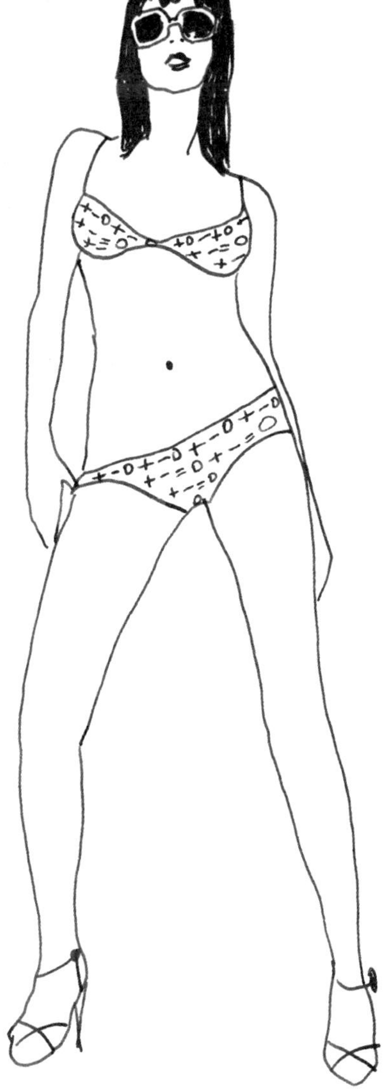

Für immer 16

2016

Nein, ich bin kein Girlie
Keine Heidi
Keine »Minnie Petite Souris«
Dennoch, wenn es Ihnen gefällt
Nennen Sie mich Mademoiselle

Nein, ich bin kein Mäuschen
Kein nettes Mädchen
Mit Lollies, rosa Höschen
Und kein Dornröschen
Doch:

Ich will bleiben
Für immer 16
Für immer 16
Kleine süße 16

Ich bin nicht wirklich eine Frau
Ich verstehe nichts vom Leben
Für mich ist alles ein Traum
Ich möchte niemals wach werden

Ich will bleiben ...

Ich könnte deine Mutter sein
Dann hättest du den Salat
Aber für mich wäre das fein
Hinten auf deinem Fahrrad

Ich will bleiben ...

Forever 16

No, I'm not a girlie
Not a »Heidi«
Not a »minnie petite souris«
But you know it could be as well
If you call me mademoiselle

No, i'm not a little cutie
Not a sleeping beauty
Not a nice and sweet baby
With lolliepops and pink panties
But

I wanna stay
Forever 16
Forever 16
Sweet little 16

I am not a woman for real
Don't know nothin' about anythin'
For me it is all a dream
A never never ending dream

I wanna stay ...

I could be your mummy
Poor boy, there you would be!
But for me it would be funny
On the back of your bike

I wanna stay ...

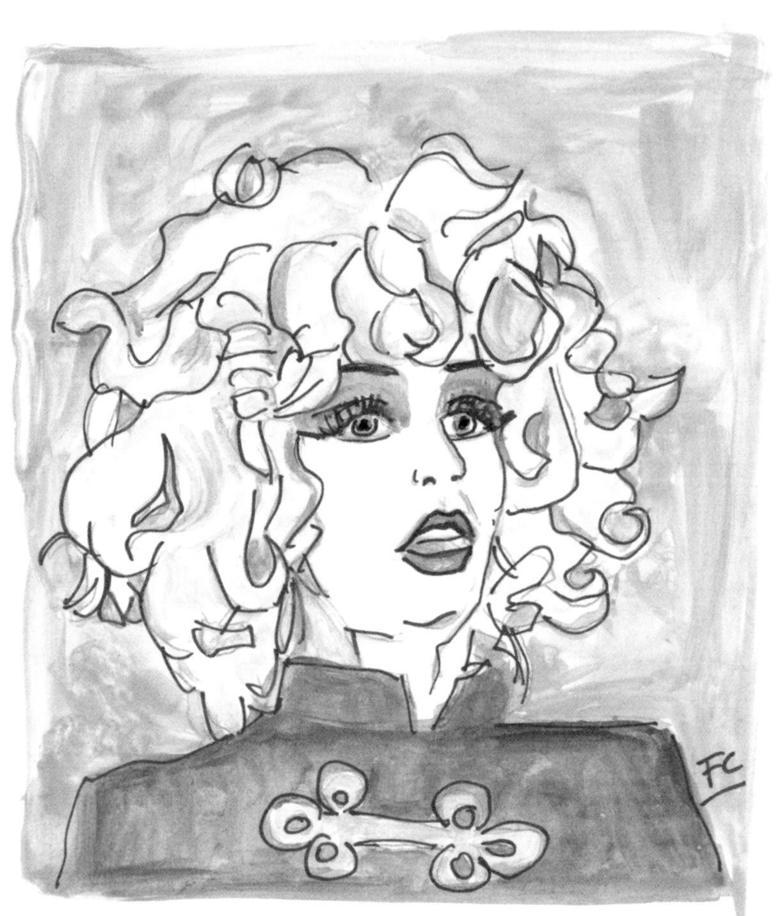
FC

Lebenslänglich vierzehn

Roman

Der Name dieses Romans stammt von einem echten Parfüm: »Lebenslänglich vierzehn«, 1992 von Louvre-Boutique in Berlin kreiert. Auch die Personen sind von wahren Menschen inspiriert. Wahrscheinlich werden sich die Betroffenen nicht wiedererkennen, ein Glück!

»We didn't know what to do.
We just kinda did it.«

Brian Setzer

1. ALT UND POTTHÄSSLICH!

Unter dem Vorwand, ihr eine jugendliche Frisur verpassen zu wollen, hatte der Friseur ihr ein so knalliges Rot ins Haar gefärbt, dass es jetzt wie ein Fremdkörper wirkte, wie eine billige Perücke. Grauenhaft! Charlotte hatte sich schon immer hässlich gefunden, doch jetzt hatte sie jeden Grund dazu: Krähenfüße und Fischgräten, Tränensäcke, bräunliche Flecken, die weder als Sommersprossen noch als Aknepickelchen durchgingen, und ein Mund, so klein wie ein Hühnerpopo! Knallrotes Haar, Hummeltaille, nur die armen Arme machten noch etwas her. Schöne Henkel für eine Amphore!

Im Spiegel wurde das Zimmer reflektiert. Wenn Charlotte sich nur einmal umziehen wollte, flogen all ihre Kleider aus dem Schrank. Es gibt zwei Sorten Menschen, die, die all ihre herausgeflogenen Sachen sofort an ihren Platz zurückbringen, und die, die sie liegen lassen. Entweder, weil sie eigentlich keinen richtigen Platz für sie haben, sich an den Platz nicht erinnern können, oder mit dem Kopf schon ganz anderswo sind. Meistens hatte Charlotte den Kopf woanders.

Der Flieger flog um sechs. Um wach zu bleiben, hatte sie die ganze Nacht gesoffen. Sie wühlte in den Schubladen ihrer Kommode, kramte in ihrer Handtasche, puderte ihr Gesicht, fischte von der Spitze eines Klamottenberges ihren neuen violetten Filzhut, setzte ihn auf und fand sich am Ende ganz passabel.

»Was bedeutet schon Schönheit?«, sagte sie. »Ab zwanzig geht es nur noch um den Look!«

Scheiße! Ein Nichtrauchertaxi. Ein stinkender Dufttannenbaum hing am Spiegel. Sie fragte, ob sie trotz der Kälte die Fensterscheibe ein oder zwei Zentimeter runterkurbeln dürfte. Der Fahrer fuhr auf ihren Akzent ab.

»Kommen Sie aus Paris?«, fragte er interessiert.

»Ja«, log sie, »und Sie?«

Halb verschämt, halb stolz, also eigentlich ganz normal, sagte er: »Aus der Türkei.«

»Oh!«, machte sie. »Vor drei Jahren war ich in Istanbul. Habe dort in einer Fernsehserie gespielt. Ganz toll! Eine sehr moderne Stadt!«

Er reagierte nicht.

»Aber wissen Sie?«, fügte sie hinzu, »ich habe auch schon einmal Urlaub in der Türkei gemacht. In Antalya ...«

»Dort ist es wunderschön!«, sagte der Taxifahrer und lächelte sie per Autoinnenspiegel an. In Paris hatte er ein Silvester-Wochenende mit seiner Familie verbracht, »sehr schön!«

Sie beglückwünschten sich gegenseitig um ihre jeweiligen Länder. Das Wichtigste bei dieser Fahrt war, klarzustellen, dass, egal, woher man kam, es auf keinen Fall Deutschland war. Dabei hatte Charlotte seit ihrer Kindheit große Faszination für Deutschland empfunden, und wer weiß, wie es um den Taxifahrer stand? Ganz früh hatte sie ein deutsches blondes Mädchen aus dem Schwabenland kennen gelernt, die einzige interessante Person an ihrer Schule. Charlotte wollte unbedingt ihre Freundin werden, und sie wurde es auch. Die beste Freundin – indessen an Brustkrebs gestorben – hieß Sabine Raf. Wie die RAF! Vielleicht hatte der Taxifahrer in seiner Kindheit auch einen deutschen Freund gehabt? Oder war er einfach ein Mercedes-Benz-Fan gewesen? Es war ein schönes Gefühl, mit diesem netten türkischen Mann zum Flughafen zu fahren. Falls es mit der Zeit eng werden sollte, würde er nicht zögern, für sie über die rote Ampel zu rasen.

Die Route war nicht einfach, immer wieder musste der Taxifahrer sich neue Wege einfallen lassen. Berlin war dabei, das Design zu ändern. Man riss Gebäude ab, stellte andere wieder hin.

Überall wurden Straßen aufgeschlitzt, Löcher gebohrt. Das brachte die Unterwelt durcheinander, die Ratten irrten durch die Nacht. Sobald eine ihren Weg kreuzte, fiel Charlotte beinahe in Ohnmacht.

Während der Mercedes Benz sie durchs schlafende, stockdüstere Berlin fuhr (Berlin ist viel dunkler als Paris, Istanbul oder Moskau), fiel sie in eine Art Wachtraum.

Ihre ersten Eindrücke von der Stadt. In der Morgendämmerung am Bahnhof Zoo ausgestiegen. Es war kaum heller als jetzt, durch die Glasscheiben des Bahnhofs hatte der Himmel die Farbe von Stahl. Eiskalt war es und, unfassbar, es gab nur zwei Gleise! Charlotte war den angekommenen Zuggästen gefolgt und hatte sich gefragt: Wohin mit mir? War dann mit einer anderen, weniger verwirrten französischen Studentin zu einer Pension am Walther-Schreiber-Platz gefahren. Als sie ein paar Wochen später eine Bleibe in Kreuzberg aufgetrieben hatte, trampte sie jeden Abend zu diesem Platz zurück, zu einer grässlichen Großdiskothek mit Stroboskop und Schwarzlicht, in der sie die Nächte durchtanzte, ohne dass sie je angesprochen wurde. Lediglich einmal fragte ein Junge, ob sie seine Briefmarkensammlung sehen wollte und kotzte ihr auf die Schuhe.

Sie war ein Flüchtling – auf der Flucht vor der Heiligen Familie. Auch wenn sie verkrampft versucht hatte, ihren französischen Hippiefreunden einen anderen Eindruck zu vermitteln, ihre Familie hatte ihr immer alles bedeutet. Die Mitglieder der Teenagerbande, die sie durch ihren älteren Bruder kennen gelernt hatte, trugen kaputte Jeans und lange Haare. Sie hörten laute Musik, rauchten Haschisch, schmissen LSD, gingen bis in die Puppen aus und scherten sich einen Dreck um die Meinung ihrer Alten. Charlotte machte alles mit, aber sie war harmoniesüchtig und log so gut sie konnte, erfand Geburtstagsfeste bei vernünftigen Mitschülerinnen, kam auf Zehenspitzen nach Hause zurück ... Die Heilige Familie sah alles, überwachte alles und ließ sich nie täuschen. Ergebnis: wochenlanger Hausarrest, Schluss mit »La Boum«! Immer aggressiver reagierten die Eltern auf Charlottes »Extravaganzen«.

»Petit rat de l'opéra!«, lachten sie. War ihre kleine Charlotte eins dieser Wesen, »die höher pupsen wollen, als der Arsch hängt«? Sehr früh hatte sie sich in den Kopf gesetzt, Künstlerin zu werden. Egal, was für eine. Tänzerin, Sängerin, Malerin, Dichterin ... Das Zubehör besaß sie bereits: eine Gitarre, ein Tagebuch, eine Künstlerpalette, eine Plattensammlung. Nur keine Ballettschuhe! Dabei wollte sie hauptsächlich »petit rat de l'opéra« werden.

Die Kinderspinnereien amüsierten Papa-Maman. Doch später wollten sie von den »ganzen Idiotien« gar nichts mehr hören. Einen Plan hatten sie sich für Charlotte ausgeheckt, nur: Deren Plan war nicht ihr Plan. Irgendwann hatte sich »herauskristallisiert«*: Wenn sie sich befreien sollte, musste Charlotte fliehen.

Ihr erster Fluchtort war Paris. Doch schon nach dem ersten Besuch der Eltern war ihre lustige Studentenbude plötzlich »ganz praktisch« eingerichtet. Von ihrem Burgunder Dorf aus telefonierten die Eltern mit ihren Professoren, über ihre Bekannten legten sie Akten an. Sie musste weiter weg. Ins Ausland zum Beispiel. Dahin fuhr ihre Familie nie. (Einzige Ausnahme: Belgien, einmal! In ein Städtchen ganz nah an der Grenze.)

Im Laufe der Reise war es im Zug immer leiser geworden. Kurz nach der Abfahrt im Burgund veranstalteten die Passagiere noch Picknicks im Abteil, stellten sich gegenseitig vor und plauderten miteinander – das war wie bei den »Ferien des Monsieur Hulot«. Ein paar Stunden später sprach keiner mehr. Draußen wurde es kälter und kälter, das erkannte man durch die beschlagene Wagonscheibe. Die Zugreise nach Berlin ähnelte wirklich einer Flucht, erinnerte an Spionagefilme aus den Fünfzigern oder Sechzigern. Ständig wurde man aufgeweckt, um seinen Pass vorzuführen. Die Kontrolleure im Militärlook studierten die Papiere so genau, dass man sofort den Eindruck gewann, irgendwas sei mit ihnen nicht in Ordnung. Bald tauchten unerwartete Grenzen auf, seltsame

---

* Das Phänomen der Kristallisation wurde weder von einem Koch noch von einem Chemiker erfunden, sondern vom Schriftsteller Stendhal, in seinem »De l'amour«-Aufsatz. Bitte bei Google nachsehen.

Gebiete voller Stacheldrahtzäune. Aber das ahnte Charlotte: So sah ihre Zukunft aus. Gerettet fühlte sie sich, außer Reichweite.

Ihre Eltern nahmen ihr die Flucht übel. Seit beinahe drei Jahrzehnten wohnte Charlotte in Berlin, diese Ignoranten hatten sie kein einziges Mal besucht! Und ihr Vater hatte keine Chance mehr, einmal vorbeizukommen! Oder doch? Als Gespenst? Egal, wer Freunde hat, braucht keine Familie.

Fuck you!, fluchte sie leise, als sie im Tegeler Flughafen ausstieg. Sie war immer noch leicht angetrunken. Und kam wie immer zu spät.

2. IN DEN WOLKEN

Die alten Freunde hatten sich zwar verändert, dennoch erkannte Charlotte sie sofort wieder. Die einzigen schrägen Vögel, die einzigen lebendigen Wesen inmitten der Neckermann-Zombies. Helena sah wunderbar aus. Wie eine alte Diva. Hatte sich einen Hildegard-Knef-Look verpasst, mit großer Sonnenbrille aus den Seventies, einem beigen Hosenkostüm, einem Seidenschal à la Hermès und einer Bluse mit braunen und orangefarbenen Blumen. Oskar erinnerte an einen Prinzen aus Tausendundeiner Nacht. Irre! Nur älter, mit einer kleinen Wampe. Er trug zahlreiche dicke Ringe und bunte Armbänder, hatte sich sogar ein Bindi auf die Stirn geklebt. Als er Charlotte entdeckte, gestikulierte er wild.

»Was hast du gemacht?«, rief Helena. »Wir dachten schon, du kommst nicht mehr!«

»Keine Panik!« Charlotte warf einen spöttischen Blick auf die wartenden Touristen. »Noch sind sie nicht umgefallen!«

Als richtige Französin küsste sie ihre beiden alten Freunde, die es freudlos über sich ergehen ließen. Wie rochen sie? Er überparfümiert. Sie wie eine Dame von zweifelhaftem Ruf, sehr fesch und zugleich ein bisschen schmutzig. Charlotte hätte gern einen kleinen Witz fallen lassen über ihren Lippenstift, der nicht kussfest war, ließ es aber sein.

Eine Lautsprecherstimme verkündete, dass der Abflugschalter gewechselt wurde. Charlotte, die die ganzen mies gelaunten Rentner nicht ausstehen konnte (»Lauter oberflächliche, materialistische Arschlöcher, Spießer, Ekelbrocken, Egomaniacs!«), rannte sofort zum neuen Schalter, so dass sie plötzlich als Erste da stand.

»Kommt! Kommt!«, rief sie.

Helena und Oskar waren erst unschlüssig, aber schließlich stellten sie sich neben Charlotte. Ein Raunen in der Schlange. Entsetzte Blicke. Die Berliner Schnauze gegen das »Sich vordrängeln«. Lediglich eine Dame mit kahl rasiertem Schädel und rosa Plastikmantel lächelte amüsiert.

»Die Ersten werden die Letzten sein«, sagte Oskar und machte eine elegante Fegbewegung in der Luft.

Im Flugzeug saß Charlotte zwischen Helena und Oskar. Wie lange hatten sie sich nicht mehr gesehen? Zehn Jahre vielleicht? Na, mindestens! Dennoch spürte sie eine Art körperliche Vertrautheit. In den ersten Minuten zumindest. Helena schlief sofort ein. Wie sie sich beim Schlafen gehen ließ, den Mund ganz offen, den Schal über den Augen, war ein ungewohnter Anblick ...

Nun murmelte Helena im Schlaf, oder gehörte dieser eigenartige Sound zu den Motorgeräuschen der Flugmaschine? Das klang so ähnlich wie ihr Gejammer bei ihrem vierzigsten Geburtstag. Den ganzen Abend hatte Helena nur geheult und behauptet, ihr Leben sei vorbei: »Ich bin alt, ich bin alt! Ach! Mein Leben ist vorbei!« Charlotte war fassungslos gewesen. Wie konnte eine feministische Revolutionärin sich von all den Idiotien aus den Frauenmagazinen tyrannisieren lassen? Helena konnte das!

»Letzte Woche habe ich dich bei einem ›Tatort‹ gesehen!«, meinte Oskar.

»Oh! War bestimmt eine Wiederholung! Und du, was machst du?«

»Nichts! Das heißt ... Ich fahre mit euch in den Urlaub! Und freue mich sehr aufs Meer. Meine Muschelsammlung ist schon total eingestaubt!«

»Die Souvenirgeschäfte sind voll damit! Machst du noch Kunst?«

»Ja, ich habe dir auch was mitgebracht! Nur für dich! Ist in meinem Koffer ... Ich sticke Bilder. Nach Strich und Faden. Kann leider nicht davon leben. Also arbeite ich nebenbei in einer Gaybar ... In einer Gähnbar!«

»Und Helena?«

»Sie dreht Filme, näht Kleider und lebt von der Sozialhilfe.«

»Trefft ihr euch oft?«

Ganz automatisch wurde Helena wach, als die hübschen Stewardessen mit ihrem Rollwagen vorbeikamen.

Charlotte bestellte mehrere Flaschen Weißwein und genauso viele Gläser Mineralwasser mit Sprudel.

»Alkoholismus bei Frauen. Doppelpunkt. Die Weißweinschorle.« Weder Helena noch Oskar reagierten. »Das Zenonsche Schorleparadoxon im weiblichen Alkoholismus«, zitierte sie den Berliner Autoren Kapielski, einen Spezialisten der Frauenpsychologie. Die Banausen kannten ihn nicht.

Helena war bei der N.A. (Narcotic Anonymous) und begnügte sich demonstrativ bescheiden mit einem Apfelsaft. Oskar gönnte sich ein Glas Rotwein, aber das Essen rührte er nicht an. »Dieses Pappzeug sieht furchtbar aus.«

»Merde!«, rief Charlotte.

»Was denn?«, fragte Oskar.

Charlotte, die eine Eintragung in ihr Tagebuch machen wollte, hatte in ihrem Füllfederhalteretui ein großes Stück Hasch entdeckt.

»Geh ins Klo und wirf das weg!«, befahl Helena.

Charlotte schloss das Etui und packte es zurück in ihre Handtasche.

3. ELEFANTENFÜSSE

Der Flughafen von Lanzarote war sehr klein. Ein paar Berliner Omas rächten sich an Charlotte und rammten ihr die Kofferwagen in die Waden.

»Die können nicht mal Pardon sagen!«, sagte Charlotte. »Und guckt mal die Fressen, die sie ziehen!«

»Sie haben ihr Leben lang geackert«, meinte Oskar gnädig.

»Während wir immer Urlaub machten«, ergänzte Helena.

Sie war die Älteste, dennoch einigermaßen gut erhalten, denn sie hatte immer sehr viel geschlafen. Allerdings zog sie mit ihrem auffälligen Aussehen alle Blicke auf sich. Wie der transsexuelle Musiker Genesis P-Orridge hatte sie Metallzähne und hässliche, selbst gestochene Tattoos. Jetzt sah man allerdings nur die Tattoos auf den Fingerkuppen, »LOVE« und »HATE«. Irgendwann in den Achtzigern hatte sie den Film »The Night Of The Hunter« gesehen und Robert Mitchum in der Rolle des gemeinen Priesters so schick gefunden, dass sie seine Tätowierungen nachgemacht hatte. Helenas eigener Vater war Pastor, und wie viele Pastorentöchter hatte sie einen Hang zum Terrorismus entwickelt. Oder zum Terror in all seinen Formen.

Oskar musterte all die grauen Dauerwellen.

»Meine Mama sah viel schicker aus«, erinnerte er sich. »Wie du, Charlotte! Einen tollen Hut hast du!«

Den teuren Hut mit dem violetten Filz und den breiten Rändern hatte Charlotte gleich nach ihrer Erbschaft erstanden.

»Toll«, sagte Helena, »aber steht ihr nicht.«

Immer noch so charmant wie früher!, dachte Charlotte. In jedem Fall war der Hut immer noch besser als die knallroten Haare.

Ihre Koffer kamen ganz zum Schluss aufs Band, so dass Oskars biblische Vorhersage mit den Ersten und den Letzten wahr wurde.

»Und jetzt?«

Sie liefen hinaus. Auf die Gefahr hin, noch tiefere Krähenfüße zu bekommen, blinzelte Charlotte: Die Sonne war zu grell, ihre

Augen zu hell. In ihren dicken Wintermänteln kamen sich die drei deplatziert vor. Doch auch die Dame mit der Glatze hatte immer noch ihren rosa Plastikmantel an. Charlotte lächelte sie an.

Wenn ich so alt bin, will ich haargenau wie sie aussehen, dachte Charlotte. Aber mit Haaren!

»Nehmen wir ein Taxi!«, schlug sie vor. Sie hatte sich bereits eine Zigarette angezündet.

»Wir können auch mit dem Bus fahren«, meinte Oskar.

Das kam nicht in Frage. Charlotte verabscheute öffentliche Verkehrsmittel.

Im Taxi schwiegen alle. Staunten über das merkwürdige Panorama. Alles war schwarz. Wie auf einem fremden Planeten. Schwarze Steine, schwarze Lava, schwarze Berge ohne jegliche Vegetation. Nur hier und da ein Kaktus. Charlotte, die vor langer Zeit schon einmal auf der Insel gewesen war – sie hatte für einen Fernsehstreifen in James Bonds Grotte Jameos del Agua gespielt –, tat so, als ob ihr die ganze Landschaft gehören würde, die sie gnädigerweise mit ihren »Freunden« teilen wollte. Manch ein Tourist musste seine Geranien bedauern. Charlotte aber liebte diese Naturgewalt, so wie sie die Gewalt der Großstädte liebte.

»Ich wüsste zu gern, wo Houellebecq hier Sextourismus betreibt«, sagte sie vor sich hin und nahm eine Zigarette zwischen Ring- und kleinem Finger, die sie jedoch nicht anzündete. Sie konnte den Schriftsteller nicht ausstehen, gleichzeitig war sie fasziniert von seiner Kaputtheit. Selbst eher brav, hatte sie sich aber immer gern mit fertigen Exzentrikern umgeben.

Sie fuhren durch Dörfer, deren knallweiße Häuser mit ihren runden weichen Formen an Nordafrika erinnerten. Die plötzliche Wärme, das grelle Licht, das langsame Fahren auf den weiten Straßen, das alles machte Charlotte plötzlich sehr glücklich. Ja, hier würde sie sich regenerieren. Schluss mit Rauchen, Saufen und zu viel essen. Ein Joint am Abend zum Relaxen, et voilà! Sie dachte an Helena, die seit zehn Jahren zu ihren N.A.-Meetings ging. »Guten Tag! Mein Name ist Helena, und ich bin süchtig!« Bei der

Vorstellung musste sie lachen. Nein, so etwas würde Charlotte niemals tun, sich dieser »Sekte« anschließen! Niemals! Oskar, der von Natur aus gaga war, brauchte keine Drogen. Hatte er überhaupt je geraucht? Charlotte konnte sich nicht daran erinnern. Ja, manchmal tat er so, als ob er rauchen würde, aber er hielt keine Zigarette in der Hand. Er war ein imaginärer Raucher, das war's.

Charlotte begann zu husten. Sie spuckte in ein Taschentuch und warf es durchs offene Fenster. Ihr Husten war jetzt genauso schlimm wie der von Helena, die früher ununterbrochen selbstgedrehte Zigaretten geraucht hatte. Charlotte hatte ihren Termin im Röntgeninstitut ignoriert. Sie wusste schon, dass ihre Lungen pechschwarz aussehen würden, so schwarz wie die beiden Hügel dort im Hintergrund. Und sie ahnte, die Ärzte würden dann bei ihr – wie bei ihrem Vater – tödlichen Lungenkrebs diagnostizieren. Schnell zündete sie sich eine Zigarette an, um ihre Nerven zu beruhigen.

Sie verließen die frisch geteerte, breite Straße und fuhren auf eine schmale, kurvenreiche. Das Spektakel um sie wurde immer wilder. Manchmal streifte die Straße fast den Ozean, der gewaltige Wellen gegen die schwarzen Felsen schlug. Sogar die Taxischeibe wurde nass gespritzt.

»Uh!«, rief Oskar, der Gänsehaut bekam. »Hier möchte ich aber nicht baden!«

Helena nahm ihre Sonnenbrille kurz ab. Ihre Augen glänzten eigenartig. Sie lächelte nicht, aber sicher freute sie sich. Charlotte war zufrieden. Helena und Oskar hatten immer ein Faible für düstere Orte gehabt. In den Achtzigern hatten sie gern auf kaputten, vom Krieg gezeichneten Industriegeländen in Berlin Partys gefeiert oder Super-8-Filme gedreht. Damals zeigte die Stadt noch ihre Narben. Berlin war »something like dancing on a grave«. Ruinenromantik, Endzeitstimmung, sogar die Ratten waren tot. Jetzt war die Natur um sie auch dunkel und gefährlich und dennoch – im Gegensatz zum Westberliner Gleisdreieck – von überwältigender Schönheit. Rechts und links der Straße erstreckten sich immer wieder Lavastreifen, als wäre eine zerfließende Welt nach dem

Stopp-Ruf eines Magiers erstarrt. Oskar verglich die Lava mit Elefantenfüßen.

»El Golfo«, sagte der Taxifahrer und zeigte auf ein noch entferntes weißes Städtchen.

»Das ist unser Kaff!«, rief Charlotte.

»La Laguna«, sagte der Taxifahrer.

Sie blickten aus den Fenstern, grünes Licht blendete sie kurz, sie hatten aber keine Zeit wahrzunehmen, woher es stammte, und fuhren durch die scheinbar einzige Straße, die das Dörfchen El Golfo ausmachte. Im Hintergrund ragte ein Berg, der wie ein riesengroßer grüner Edelstein aussah – ja, wie ein tonnenschwerer Smaragd. Am Ende des Dorfes wurde die Straße immer enger, verwandelte sich in einen staubigen Weg, ganz nah am Abgrund. Durch die offenen Fenster hörte man das laute Rauschen der Wellen.

4. DIE VILLA

»Casa del Golfo«, sagte der Taxifahrer.

Ganz schön weit vom Dorf, dachte Charlotte, die gern eine Kneipe in ihrer Nähe hatte.

Einsam stand die Villa auf einer Anhöhe. Der Weg dorthin war voller Steine gewesen, mühsam hatte das Taxi sich über die holprige Straße hoch gekämpft, mehrmals war der Motor kollabiert. Vor der Treppe zum Haus gab Charlotte dem Fahrer ein großzügiges Trinkgeld, woraufhin er die Koffer hochtrug. Minuten später raste er den Abhang hinunter, wobei Felsenbrocken unter den Rädern des Taxis wegsprangen.

»Wie süß!«, sagte Oskar. Er hatte sich prompt in den dunkelhaarigen Taxifahrer verliebt.

»Nicht schlecht, der Onkel aus Amerika!«, meinte Helena, die das ovale Schwimmbad vor der Villa, den Park mit den Palmenbäumen und den Aloe-vera-Pflanzen bewunderte.

»Tonton Auguste kam doch aus der Champagne!«, widersprach Charlotte. »Aus der Champagne pouilleuse!«

Die Champagne »pouilleuse«, wörtlich »lausig«, ist der Teil der Champagne, in dem nichts wächst, weil der Boden unfruchtbar ist. Wie war Onkel Auguste zu so viel Geld gekommen? Geiz allein konnte nicht die Ursache sein. Krumme Geschäfte, dort, in der Pampa? Ziemlich unvorstellbar. Und wieso war Charlotte, mit der er eigentlich nie etwas zu tun gehabt hatte, zur Alleinerbin ernannt worden? Gerade, weil er sie kaum kannte? Weil sie deshalb nie die Gelegenheit gehabt hatte, ihn zu enttäuschen? Tatsache war, dass die Schauspielerin Charlotte Laporte, gerade dann, als sie immer kleinere Rollen hatte spielen müssen, und am Ende gar keine mehr bekam – sie war in diesem schwierigen Alter, in dieser Übergangsphase zwischen nicht mehr jung und stockalt –, plötzlich unerhofft Millionärin wurde.

»Woran ist der gestorben?«

»Von einem Kirschbaum runtergefallen.«

Als Charlotte ihre ehemalig besten Freunde Helena und Oskar zu einem verlängerten, voll bezahlten Urlaub eingeladen hatte, hatten die beiden erst einmal gezögert. Sie waren immer noch verärgert. Aber da sie wegen Geldmangel fast nie aus Berlin herauskamen, und der Winter schon wieder »der schlimmste seit zwanzig Jahren« war, hatten sie doch zugesagt. Selbstverständlich ohne sich dadurch einkaufen zu lassen! Das war eher Charlottes Spezialität.

Wie mit der Reiseagentur abgesprochen, steckte der Schlüssel im Schloss. Als Charlotte die Tür aufmachte, suchte sie in der Dunkelheit nach dem Lichtschalter. Es roch frisch und sauber, nach Lavendel und Putzmitteln aus ihrer Kindheit, Kernseife, Eau de Javel.

»Hier!«, rief Oskar, und es ward Licht. »Wartet! Wartet!«, tat er geheimnisvoll. »Ich war schon einmal in diesem Haus ... Ja ... Im Traum, oder ... in einem früheren Leben ... Hier, ja, hier ist die Bibliothek!«

Er öffnete die erste linke Tür, und tatsächlich befanden sich dort alte Ledersessel vor Regalen, in denen ein paar deutsche, englische und spanische Bücher vergessen worden waren.

»Meine Damen, der runde Salon!« Verheißungsvoll schritt er durch das Haus und präsentierte den Frauen einen Raum nach dem anderen: Die Küche mit Ausblick auf den Smaragdberg. Den Aufenthaltsraum mit Kamin und Glastüren zur Terrasse. Die beiden großen Schlafzimmer, das kleine im zweiten Turm. Drei Bäder mit Marmorwannen und Mosaikkacheln.

Charlotte und Helena wunderten sich kaum. Oskar hatte schon so viele Bachblüten geschluckt, war so oft Elfen hinterher gehüpft, es war nur natürlich, dass er zu einer geworden war.

Insgeheim wollten alle das kleine Zimmer im Turm, aber Helena war die Erste, die ihren Koffer aufs Bett legte. Die beiden anderen Zimmer unterschieden sich kaum. Oskar nahm freiwillig das Durchgangszimmer. »So lasst ihr mich nicht ganz allein!«

»Brrr ...« Der Schlafmangel ließ Charlotte frösteln. Der Berliner Winter saß allen noch in den Knochen, und das Haus, dessen hässliche karierte Vorhänge seit Monaten zugezogen waren, war kalt.

Sie begann, die Vorhänge aufzuziehen und alle Fenster aufzureißen, um die Sonne hineinzulassen.

»Die Möbel sind ätzend!«, bemerkte Helena.

Tatsächlich: Sie waren massiv, klobig, aus dunklem oder gelbem Holz. Rustikal! Ein echter Kontrast zur edlen Architektur der Villa. Auf einem Podest stand sogar eine weiße kubistische Statue, die zwar stocklangweilig, dennoch irgendwie elegant wirkte. Die Wände waren weiß getüncht. Ein paar nichts sagende Gemälde hingen hier und dort: eine kitschige Flamencotänzerin, »impressionistische« Seestücke, »realistische« Naturleben: Blumen im Salon, Früchte und entzückende Zwiebeln in der Küche! Die Küche war modern und komplett ausgestattet. Es gab einen Toaster und ein Fondueservice. Aber nirgendwo eine Hausbar.

Charlotte hätte gern etwas getrunken. In der Hoffnung auf eine Flasche Wein ging sie sogar in die Garage. Nervös zündete sie sich eine Zigarette an und ging wieder ins Haus.

Ob sie nicht draußen rauchen könnte, fragten die anderen. Das konnte sie, ja. Dann würde sie schon mal weniger rauchen.

Viele ihrer Freunde hatten mit dem Rauchen aufgehört. »Raucher sterben früher.« Wie hatten es aber die Überlebenden geschafft? Da gab es verschiedene Methoden: »Mit Akupunktur.«

»Mit Nikotinpatches.« »Mit dem Buch.« Was für ein Buch bloß? Klar, das von Allen Carr: »Endgültig Nichtraucher!« Der britische Bestsellerautor war gerade an Lungenkrebs gestorben. Hatte aber um die hundert Zigaretten täglich geraucht, bevor er sich mit seinem unfehlbaren Programm umstimmte! Die letzte von den Freunden zitierte Methode hieß: »Einfach so«, und gerade diese leuchtete Charlotte am ehesten ein. Mit elf hatte sie mit dem Rauchen angefangen, um ihren Vater zu imitieren, der sich sogar im Supermarkt Fluppen anzündete. Und nun machte sie weiter, aus Solidarität mit den armen Toten. Bis zum »Einfach-so-Tag«, der – das konnte sie bereits spüren – immer näher rückte.

Als sie auf einem staubigen Plastikgartenstuhl vor dem Haus den Qualm ausblies und ihren Blick nach unten streifen ließ, kam ihr das Dorf ganz nah vor. »Ich gehe nach El Golfo!«, rief sie durch die offene Terrassentür. »Wer will mit?« Dabei kramte sie in ihrer Handtasche nach ihrem Gesichtspuder.

Helena und Oskar hatten keine Lust, sie wollten sich kurz hinlegen. »Kannst du Mineralwasser mitbringen?«, fragte Oskar. »Das Wasser aus der Leitung ist pissgelb.«

»Doof, dass wir kein Auto haben«, meinte Helena.

Charlotte hatte überlegt, eins zu mieten. Aber als Autofahrerin war sie noch gefährlicher als sonst: eine wahre »Frau hinterm Steuer«! Die beiden anderen hatten nicht mal einen Führerschein.

»Ich werde Fahrräder organisieren!«, versprach Charlotte und lief runter zum Dorf.

5. IN DER LANGUSTE

Durch die dünnen Sohlen ihrer flachen Leinenschuhe spürte Charlotte jeden Stein. Als sie endlich im Dorf angekommen war, ging sie in das Restaurant, das am dichtesten am Meer lag, La Langosta.

Die bäuerliche Dame mit der blauen Schürze brachte ihr eine Flasche Weißwein und ein »Agua mineral con gas«. Lächelnd stellte sie Charlotte ein paar Fragen, die diese alle mit »Muy bien« und »Muchas gracias« beantwortete. Charlotte fand die Señora sympathisch. Mit ihrer einfachen Kleidung und ihrer Geradlinigkeit erinnerte sie sie an die Frauen ihres Dorfes. Alte Männer sahen von ihrem Kartenspiel auf und warfen neugierige Blicke in Charlottes Richtung. Da saß sie, das gepuderte Gesicht halb von den Rändern ihres violetten Huts zugedeckt, trank und rauchte eine nach der anderen. Die frische Meeresluft würde ihre Lungen reinigen, der »Einfach-so-Tag« konnte noch ein bisschen warten! Irgendwann stand Charlotte auf und torkelte zur Jukebox. Die ganzen Stücke sagten ihr nichts, wahrscheinlich irgendwelche MTV-Mainstreamhits ... Sie wählte einfach ihre Lieblingsziffern: Fünf, wie der Monat Mai, und vierzehn, wie das Parfüm, das Oskar früher zusammengemixt hatte. Es hieß »Lebenslänglich vierzehn« und stank fürchterlich. »Para bailar la bamba« von Trini Lopez dröhnte aus der Jukebox. Das hätte ja viel schlimmer ausgehen können, auf die Fünf war Verlass. Charlotte fragte nach »las toilettas«. Die blaue Dame sagte: »Ah! El servicio!« Auf dem Weg dahin lachte Charlotte.

Die Ferien fingen prima an. Sie war ganz aufgedreht und hätte lostanzen können. Liebe kam und ging, ja! Sie ging sogar öfter, als sie kam. Aber Freundschaft war für die Ewigkeit! Oder fast. Apropos Freunde, sie hatte die armen Durstigen dort oben ganz vergessen. Und nun war es schon fast neun. Das Geschäft, das sie beim Vorbeifahren gesehen hatten, war sicher schon geschlossen. Also kaufte sie ein paar Flaschen Wasser an der Theke. Und noch eine Flasche Wein. Fragte dann nach einem »Sacco«.

»Ah! Un bolso! «, begriff die blaue Dame. Schwer bepackt machte sich Charlotte auf den Weg. Während sie langsam den Berg hochklamm, fuhr ein weißer Jeep an ihr vorbei. Der schöne Mann am Steuer winkte kurz. Wie höflich, dachte Charlotte, aber er hätte mich ruhig mitnehmen können!

6. KAFFEE ODER TEE?

Unglaublich, wie Menschen, die nie arbeiten, müde sein können. Das »kurze Hinlegen« hatte bei Helena und Oskar bis zum nächsten Nachmittag angehalten.

Charlotte, die Kopfschmerzen hatte, stand als Erste auf, um Wasser zu trinken und zehn bunte Vitaminpillen auf einmal zu schlucken. Vor ein paar Jahren wäre sie an einer Erbse erstickt, heute war sie Profi im Pillenschlucken!

Kurz darauf erschien Helena, ließ sich mit einem tiefen »Han!« auf einen Küchenstuhl fallen und jammerte sofort los. Sie habe die ganze Nacht gefroren, das Haus sei furchtbar feucht, und es sei unfassbar, dass es hier keinen Kaffee gebe.

»Wenn du willst, ich habe Ayurveda-Tee dabei«, sagte Oskar, der im Türrahmen erschienen war, die schwarz gefärbten Haare in alle Windrichtungen. »Glückstee. Bringt Glück!«

Oskar, der eine kobaltblaue Djellaba trug, bereitete den Tee. Doch da er früher oft mit Helena zusammengewohnt hatte, wusste er, dass sie bis zur ersten Tasse Kaffee unausstehlich bleiben würde. Mit schwer deprimiertem Gesichtsausdruck hing sie am Küchentisch und gab ein Hust- und Räusperkonzert. Charlotte fragte sich, wieso sie überhaupt mit dem Rauchen aufhören sollte, wenn sie dann wie Helena weiterhin husten würde.

Ihren kimonoartigen Morgenrock hatte Helena bestimmt selber genäht. Aus zwei riesigen bunten Strandtüchern, deren grelle Farben ihren gelblichen Teint betonten. Seit mindestens fünfzehn Jahren hatte sie Gelbsucht. Charlotte, die einen hellblauen Schlafanzug ihres – ehemaligen? – Freundes trug, öffnete eine Tüte Madeleines, die bei ihr keinerlei Erinnerungen hervorriefen.*

---

* Die Förderung der Erinnerungsgabe beim Verzehr von Madeleines wurde weder von einem Koch noch von einem Chemiker festgestellt, sondern von Marcel Proust in seiner Recherche nach der vergeudeten Zeit. Bitte bei Google nachsehen.

Bald saßen alle drei beisammen, in die eine Hand den Kopf gestützt, in der anderen eine Madeleine, die sie in den heißen Glückstee eintauchten. Was sollten sie heute am Ende der wilden Insel unternehmen – ohne Auto?

Wie schwer es war, ihre Kompagnons zufrieden zu stellen, dachte Charlotte. Mitten im Winter saßen sie an einem der sonnigsten, malerischsten Orte der Welt, in einer Luxusvilla mit Swimmingpool, und dachten nur daran, dass sie keinen Wagen hatten.

»Wir können ins Dorf gehen und uns dort ein Taxi bestellen. Ihr wisst ja, wie schlecht ich fahre! Oder seid ihr des Lebens schon überdrüssig?«

Ja, das waren sie. Aber sterben wollten sie erst nach dem Urlaub.

Schließlich einigten sich alle darauf, in El Golfo ein paar Lebensmittel einzukaufen und im Restaurant zu essen. Exkursionen könnte man später unternehmen.

Im Supermercado, der circa vier Quadratmeter groß war, wurden sie wie eine neue Tierspezies angeglotzt. Oskar fasste alles an, roch an den Seifen. Helena, arrogant hinter ihrer Sonnenbrille, schleppte sich teilnahmslos vom Früchtestand zum Schokoladenregal. Charlotte versuchte krampfhaft, mit den Einheimischen Kontakt aufzunehmen, indem sie jeden mit einem lauten »Holà!« grüßte.

7. GERUPFTE HÜHNER

Um zum Restaurant zu gelangen, nahmen sie nicht die Dorfstraße, sondern liefen am Strand entlang, der Charlotte an die Côte Sauvage in der Bretagne erinnerte. Enttäuscht stellten sie fest, dass es schier unmöglich war dort zu baden. Die Wogen waren hoch und brutal, es wehte ein eisiger Wind, und der Strand selbst bestand nur aus schwarzem Sand und wackeligen schwarzen Steinen. Ganz nah an den schäumenden Wellen bewunderten sie riesengroße schlafende Figuren, nackte antike Götter und Göttinnen, die der Ozean geduldig in den Felsen gemeißelt hatte.

Das ganze Dorf roch nach Fisch. Kam der Geruch vom Meer oder von der Langosta, die am Ende des Strandes lag? Auf jeden Fall freute sich Charlotte, sie hatte einen Mordshunger.

Am Abend zuvor war ihr gar nicht aufgefallen, dass sich hinter dem Restaurantgebäude eine Riesenterrasse befand, die ein Drittel des Strands okkupierte. Und wie hübsch diese Terrasse war, mit ihren grünen Holzbänken und -tischen, ihren amüsanten Sonnenschirmen aus Stroh oder getrockneten Palmenzweigen! Hübsch, aber ziemlich ramponiert. Stürme hatten Teile der Sonnenschirme weggefegt, die Gischt die grüne Farbe angefressen. Sobald die drei alten Freunde dort saßen, dem Ozean zugewandt, legte sich der Wind, und die Sonne erschien zwischen zwei Wolken und wärmte sie.

Die Dame mit der blauen Schürze – sie besaß Schlüsselduplikate von allen Villen in El Golfo und hieß Conception Garcia – kam zu ihnen, reichte ihnen die Hand und fragte, ob sie »comer« wollten.

»Bien, muy bien«, sagte Charlotte, die sich freute, dass man sich nach ihrem Befinden erkundigt hatte.

Señora Conception brachte die Speisekarten. Während Charlotte sich bemühte, mit Hilfe ihres Sprachführers das Menü zu übersetzen, lasen sich Helena und Oskar die deutsche Karte durch. Als Charlotte »Papas« mit »Mojo« bestellte und statt »mocho« »modscho« sagte, bekam Oskar einen Lachanfall und sang die Zeile »Mister Mojo rising« aus einem uralten, richtig peinlichen Doors-Lied über den Ödipus-Komplex. Im amerikanischen Slang bedeutet »mojo« Schwanz. Und als Helena aus der Speisekarte die deutsche Übersetzung vorlas: »Geschrumpelte Kartoffeln mit Kanariensauce«, lachte er Tränen. Helena dagegen erfreute sich am »Agua mineral con gas« der Marke Teror, denn sie bildete sich ein, es hätte irgendwas mit Terror zu tun.

Charlotte lächelte zufrieden. Sie amüsierten sich! Endlich. Und dank wem?

An den Nebentischen saßen Paare, die nie miteinander sprachen und sie stattdessen ununterbrochen anstarrten.

Oskar, der Veganer war, wenn er nicht gerade Liebeskummer hatte und sich zum Trost eine Currywurst gönnen musste, hatte Mühe, ein geeignetes Gericht zu finden. Außer den »Papas« bestellte er einen gemischten Salat. Kaum stand der Salat auf dem Tisch, fischte Oskar einen Spargel heraus und nahm ihn mit gewollter Doppeldeutigkeit in den Mund. Helena, die es trotz ihren neuerdings verschwenderischen Maßen deftig mochte, bestellte scharfe Wurst und Kaninchen mit Fritten. Charlottes Zunge war dank ihrer zahlreichen Reisen immer experimentierfreudiger geworden, deswegen entschied sie sich für »lapas«. Sie hatte nämlich keine Ahnung, um welche Tiere es sich handelte. Es waren diese komischen konischen Muscheln oder Napfschnecken, die an Felsen heften. Charlotte hatte gar nicht gewusst, dass man sie auch essen konnte.

»Mmmh!«, wiederholte sie, während die anderen etwas angewidert die Pfanne mit den schneckenartigen Meeresfrüchten musterten. Danach verschlang sie »gambas al ajillo«, denn sie liebte Knoblauch, und den Fisch des Tages, wobei sie ihre »Papas« Oskar abgab.

»Ich esse, also werde ich schlank!«, erklärte sie. »So heißt meine Diät. Easy: Kein Brot, kein Bier, kein Zucker, keine Kartoffeln, keine Nudeln, kein Reis, keine gekochten Karotten! Ansonsten: alles!«

»Und wie steht's mit den Madeleines?«, fragte Helena.

»Du brauchst sowieso keine Diät«, meinte Oskar. »Du bist doch noch so schlank!«

»Warte, bis du mich im Bikini siehst! Ich habe um die Hüften einen richtigen Rettungsring!«

»Das ist das Alter«, kommentierte Helena. Und ihr Blick verfinsterte sich.

Das Gute an der Hässlichkeit war, dass sie nie verging. Charlotte war nie wirklich schön gewesen. Unter dem Älterwerden litt sie, aber das war nichts gegen die Höllenqualen, die die ehemalige Schönheit Helena durchzustehen hatte.

Wie ein glamouröses Starfoto erschien Helena vor Charlottes innerem Auge. So, wie sie sie zum ersten Mal gesehen hatte,

Anfang der Achtzigerjahre im *Ego*. Das Ego war ein kleiner Berliner Nachtklub, der damals »in« war. In der Zeit stand die in/out-Frage extrem im Vordergrund. Im Ego traf sich die »crème de la crème« des Undergrounds, Geniale Dilletanten, Vertreter der Industriellen Musik – damals alles noch abstrakte Begriffe für Charlotte –, exzentrische Schwule und Lesben, Drogenspezialisten, New Waver, Striptease-Tänzerinnen, junge Schriftsteller mit existentialistischem Touch, Schönheiten der Nacht und ein paar Punkrocker oder eingebildete Skinheads.

Alle waren blass und mager und trugen schwarze Kleidung. Die Mädchen färbten ihre Haare schwarz, puderten ihr Gesicht mit Talkpulver, malten ihre Lippen blutrot an und versuchten, trotz ihres jugendlichen Alters wie Nosferatu auszusehen. Mit ihrem Kadaverteint erinnerten sie an Egon-Schiele-Portraits und stellten eine Mischung aus Hexe, Nonne und Hure dar. Schwarze, kurze, enganliegende Kleider. Im Dekolleté kam hin und wieder ein Kruzifix oder eine Tätowierung zum Vorschein, eine Todesspinne oder eine gestrichelte Linie um den Hals mit der Aufschrift »cut here«. Sie hatten schwarze Netzstrümpfe an und spitze Lackschuhe oder geschnürte Stiefeletten mit sehr hohen Absätzen. Die halblangen blauschwarzen Haare waren hoch toupiert und mit dem Inhalt einer halben Spraydose fixiert, so dass sie völlig erstarrt waren. Sogar die kesse Strähne, die in das mit Kajal umrandete Auge hing, war ein für allemal dorthin gefallen und hing die ganze Nacht wie ein Gitterstab im Blickfeld der Mädchen.

Die schönen Jungen trugen wieder Anzüge – schwarz, natürlich – und kürzere Haare, mit Haarwachs zu Stacheln modelliert, oder mit Brillantine um den geraden Scheitel platt gekämmt. Viele hatten über den Ohren eine kahl geschorene Stelle. Da die meisten Amphetamine nahmen, standen sie gerade wie Besenstöcke herum, die Hände in den Taschen oder ums Glas verkrampft, und sagten keinen Ton. Neuankömmlingen warfen sie misstrauische Blicke zu, denn es galt »dazuzugehören«. Die Mumien lächelten nie. Das Leben an sich war Gift, der Körper verlangte nach mehr Gift, wichtig war nur, sich stumm und mit Eleganz zu Grunde zu richten.

Keiner dachte daran zu tanzen. Aus den voll aufgedrehten Lautsprechern ertönte ein dunkles Lied, mit düsterer Stimme vorgetragen. Wie bei einer Zwangshandlung wurden dieselben Riffs und scheinbar bedeutungslosen Wörter wiederholt: Auf dem Hintergrund eines disharmonischen Krachs klagte eine Männerstimme, die tonlos denselben deutschen Satz immer wieder aussprach, der den ganzen Überdruss einer Generation beinhalten sollte. (»Schließ die Tür, schließ die Tür ...«/ »Fütter mein Ego, fütter mein Ego ...«) Die Musik verzichtete vollkommen auf Leichtigkeit und Melodie, sie wirkte wie eine zusätzliche Droge. Die Pupillen der Antonin Artauds und der Vampirellas weiteten sich, bis die Iris die ganze Augenfläche okkupierte.

Und hinter der Theke thronte Helena van Nelle, Königin des Untergrunds.

Sie war von bizarrer Schönheit. Ungewöhnlich groß und stolz und hell, mit einer kurzen, blonden Jean-Seberg-Frisur, die die regelmäßigen Züge ihres blassen Gesichts und die hohen Wangenknochen unterstrich. Der Prototyp einer Arierin? Die Augen wie Wolken, die Nase kurz und bebend, die Perlmutt geschminkten Lippen wohl gezeichnet. Charlotte waren sofort die unglaublich langen Finger aufgefallen, die coole Silhouette mit den kleinen Brüsten, der schmalen Taille und dem etwas breiten Arsch, der in einem engen schwarzen Lederrock mit durchgehendem Reißverschluss – hinten – eingezwängt war.

Während Charlotte gestikulierte und »Pssst« rief, um die Aufmerksamkeit auf sich zu lenken und einen Drink bestellen zu dürfen, hatte Helena sie komplett ignoriert. Minutenlang. Gäste nahm sie nur in unregelmäßigen Abständen wahr. Jetzt war sie gerade dabei, sich mit einem Typen mit dunklen Augen und Anzug und komischer Halskette zu unterhalten. Oskar hieß er, das bekam Charlotte mit. Irgendwann drehte sich Helena gereizt zu Charlotte um und fragte kalt: »Was gibt's?«

Sie hatte ihr wortlos Gin ins Glas geschüttet, altes warmes Tonic hinzugefügt und ihr den Drink vor die Nase geknallt. Anschließend warf sie, ohne eine Miene zu verziehen, die Tonic-Flasche in den

Mülleimer, wo sie mit lautem Krachen zerbrach. Auf Charlottes Frage nach Eis sagte sie: »Gibt's nicht.«

»Und Zitrone ... und Strohhalm?«

»Gibt's auch nicht.«

Gab es aber. Das imponierte Charlotte. Dass Helena einfach entschied, dass es Sachen nicht mehr gab, die es doch gab. Dann gab es sie auch tatsächlich nicht mehr für sie. Oder sie hätte revoltieren müssen, dazu war sie aber zu eingebildet und zu feige.

Diese große Frau hinter dem Tresen drückte solch selbstsichere Kraft aus. Sie war unwirklich, wie gerade aus einem Science-Fiction-Film herausgerollt. Charlotte versuchte mitzubekommen, worüber sie mit ihrem jungen Freund sprach. Den Typen nahm sie erst mal gar nicht so richtig wahr, so sehr war sie von Helena beeindruckt.

Mit ihrer rauchigen Stimme meinte Helena, wenn es eine Chorgruppe gäbe, die neunundneunzig Sängerinnen und einen Sänger versammelte, dann spräche man von »insgesamt hundert Sängern«. Das klang nicht wirklich nach Hardcore-Feminismus, dafür sprach sie über solche Grammatikprobleme zu blasiert. Sie redete sowieso nicht so viel, sondern beschäftigte sich mehr damit, ihren großen Roboterkörper hin und her zu bewegen, was ihre ganze Konzentration in Anspruch nahm.

Charlotte hielt ihr Deutsch für ganz gut. Jetzt wollte sie noch eins draufsetzen und mit Italienisch brillieren: »Auf italienisch ist ein filosofo ein Philosoph. Aber eine filosofessa ist ...« – kurz hielt sie inne, um die Spannung zu steigern – »eine pedantische, eingebildete Frau.«

Weder Helena noch Oskar reagierten. Nicht, dass sie dächten, Charlotte sei selber eine filosofessa. Nein, es war einfach so, als ob sie gar nichts gesagt hätte, als ob sie nicht existierte. Allerdings war die Musik sehr laut. Es konnte sein, dass sie Charlotte gar nicht gehört hatten.

Inzwischen waren zwanzig Jahre vergangen. Wenn nicht dreißig! Wo war die Zeit geblieben? Helena war kaum noch wiederzuerkennen. Zwar war sie immer noch so groß. Auch ihre Finger waren immer noch so elegant. Aber als ihre Schönheit dahinschwand – nicht nur wegen des Alters, sondern auch all ihrer Exzesse –, hatte sie plötzlich die Entscheidung getroffen, dem langsamen Verfall zuvorzukommen und sich extra hässlich zu machen. Die Haare nicht mehr zu färben, ihre weißen Zähne gegen ein Metallgebiss zu ersetzen, ihre hübschen Röcke wegzuwerfen. Sie passte sowieso nicht mehr hinein! Dennoch pflegte sie weiterhin ihren Look – in ihrem Sinne – und trug meistens originelle, selbstgenähte Kleider, zum Beispiel ihre speziellen, mit einer einzigen Naht zusammengehaltenen Hosen. Heute hatte sie das Kuhmodell an: weißer Stoff mit großen braunen Flecken.

Oskar und Helena unterhielten sich weiter über Diäten. Nicht einmal Oskar mit seiner veganen Kost hatte es geschafft, schlank zu bleiben. Er hatte eine Schwäche für Süßigkeiten, und beim Dessert interessierte es ihn nicht, ob im Rezept Milch oder Eier verwendet wurden.

Helena hatte für alle Flan de la casa bestellt.

»Die Spanier können am besten Flan mit Karamell kochen.«

Überrascht fragte Charlotte, ob sie schon mal in Spanien gewesen sei.

»Aber natürlich«, erwiderte Helena. »Sehr oft sogar. Mit meinem Mann.«

Oh! Ihr Mann. Besser war, nach seinem Zustand nicht zu fragen. Entweder er machte eine Methadonkur, oder er war gerade wieder »versackt«. Seit ihrem ersten N.A.-Meeting lehnte Helena sowieso jeden Kontakt mit ihm ab.

Offensichtlich war Helena genervt. Man hielt sie für eine kulturlose Stubenhockerin, die nichts von der Welt gesehen hätte!

»Ich war noch an vielen anderen Orten«, sagte sie trocken, »von denen du keine Ahnung hast!« Dann lächelte sie selbstzufrieden.

Oskar versuchte, das Thema auf alternde Körper und Taillenumfang zurückzubringen, denn wenn die beiden Hühner anfingen, rumzupicken, würde es mit ausgerissenen Federn enden.

»Ich weiß«, sagte er, »dass ich eher pummelig bin. Aber mich stört das überhaupt nicht. Ich mag auch dickere Jungs, kleine Bären, wisst ihr? Süüüß!«

Dabei betrachtete er Männer mit hoch gerollten Jeans, die Fische im Meer säuberten, was ihn mit Freude erfüllte, denn er mochte echte Kerle mit einfachen Berufen. Er fand sie sexy.

»Aber die Dünnen findest du auch gut, was?«, meinte Helena.

Im Himmel hatten zwanzig lachende Möwen die Männer eingekreist, und als diese fertig waren und sich mit ihren Körben entfernten, stürzten sie sich gierig ins Wasser und holten mit ihren krummen, gelben Schnäbeln die Fischgedärme heraus. Auch Charlotte, Helena und Oskar aßen schnell. Wie Menschen, die daran gewöhnt sind, allein zu speisen.

Als sie fertig waren, bestellte Helena noch eine Tasse Kaffee – sie hatte schon eine als Aperitif getrunken. Oskar nahm ein Glas Rotwein und Charlotte einen Krug Weißwein mit Terror-Mineralwasser.

»Ich würde gern eine paffen!« Sofort zündete sie sich eine Zigarette an. »Draußen darf ich ja!«

So tranken sie und bewunderten das Meer, dessen Gischt doch irgendwie gruselig wirkte. Die anderen Gäste waren verschwunden. Señora Conception kam mit drei Gläsern Schnaps. Demonstrativ schob Helena ihr Glas zurück.

»Lass«, sagte Charlotte. »Ich trinke es für dich!«

Die Sonne ging unter. Die Landschaft war für eine Kitschliebesszene in Cinemascope geeignet. Weil sie ein bisschen froren, rieben sich die drei die Schultern und Arme. Nach einer weiteren Runde Schnaps und einer Tasse Kaffee meinte Charlotte, der Augenblick sei gekommen, von ihrem Vorhaben zu erzählen.

»Ratet mal, was ich mitgebracht habe?«, sagte sie.

»Geschenke?«, schlug Oskar vor.

»Deine Memoiren?«, sagte Helena.

»Nein! Meine Videokamera!«

Das ließ die beiden kalt.

»Wie wäre es, wenn wir gemeinsam einen kleinen Undergroundstreifen drehen würden, wie früher?« Wie im Stummfilm riss Charlotte die Augen auf.

»Video ist solch ein hässliches Medium!«, schmollte Oskar. »Hättest du etwas gesagt, dann hätte ich meine Super 8 mitgenommen.«

»Kommt nicht in Frage«, sagte Helena, »damit sie sich aufspielt, alles entscheiden will, die Hauptrolle übernimmt und überhaupt!«

Das war ja eine Unverschämtheit! Wer hatte schon immer den Boss gespielt? Wer hatte sich wie ein General in der Armee aufgeführt? Wer hatte den anderen seine stupiden Ideen aufgedrängt?

»Weißt du was?«, fuhr Helena fort. »Du bist eine richtige Schauspielerin!«

Es klang nach einem Schimpfwort.

»Bin ich, na und?«

»Du brauchst nur Bestätigung, Bestätigung, Bestätigung. Und da deine kleine Person nicht dafür ausreicht ...«

»Ma petite personne te dit merde!«

»Was hat sie gesagt? Was hat sie gesagt?«

Oskar hob die Augen Richtung Himmel: Es gab nichts zu retten. Die blutigen Federn würden fliegen!

Übelgelaunt, wortlos und mit lautem Gestöhne kletterten sie nach Hause zurück. Charlotte, die hinter Oskar stampfte, bemerkte, dass er wie ein Mönch am Hinterkopf eine runde, kahle Stelle hatte. Vielleicht sollte Helena ihm neue Haare tätowieren, dachte sie. Statt Scheiße zu erzählen.

8. »TAKING CARE OF BUSINESS«

In der Küche jammerte Helena, sie hätte in der Nacht kein Auge zugemacht, weil jemand an ihren Haaren gezogen hatte, und deswegen bräuchte sie eine Extra-Portion Kaffee.

»Ladies, ich habe es sofort gespürt: Ein kleines Gespenst wohnt hier bei uns! Wollt ihr den Beweis sehen?«

Oskar führte die beiden verschlafenen Frauen in sein Schlafzimmer, rückte seinen Schrank von der Wand und zeigte ihnen kleine Fußspuren, von Sand umrandet, Größe 32 oder so ähnlich.

Helena und Charlotte hatten schon festgestellt, dass ihr Bettlaken am vorigen Abend als Dreieck gefaltet gewesen war. Unglaublich, denn morgens hatten sie andere Sorgen, als ihr Bett zu machen ... Wahrscheinlich Oskars Werk, hatten sie gedacht. Oskar, der Magie liebte, zauberte sie notfalls herbei.

Nach dem Frühstück schlug Oskar vor, eine kurze Yogalektion im Park zu geben. Danach sollte Charlotte ein Taxi bestellen, und sie würden zu einem schönen Strand fahren.

Ihr »Gruß an die Sonne« war eher ein total unkoordiniertes Sich-auf-die-Fresse-legen und Sich-wieder-aufraffen, dennoch grüßte die Sonne zurück. Oskar genoss es, jede neue Stellung anzukündigen. Die Tiernamen amüsierten ihn: »Und jetzt: die Kobra ... die Katze ... der Tiger ... der Schmetterling ... das Kamel ... der Fisch.«

Eingerostet stöhnten die Frauen vor Schmerz. Beim Löwen, bei dem es darum ging, im Diamantsitz zu schielen, die Zunge rauszustrecken und zugleich ein böses »Aah« von sich zu geben, lachten alle. Und bei Pawanmuktasana – der gaslösenden Stellung – pupste Oskar fröhlich. Doch als es darum ging, das Dreieck auszuführen, verloren alle das Gleichgewicht, und Charlotte meinte klugscheißerisch, es läge daran, dass man die linke Hand gar nicht auf den linken Fuß zu legen bräuchte, das sei viel zu tief, sondern aufs Knie. Das wüsste sie von einer Profi, bei der sie ein paar Stunden genommen hatte.

»Und, was sage ich?«, schnauzte Helena. »Madame weiß alles besser. Bei einem Film würde es genauso zugehen!«

»Psscht! Totenstellung!«, rief Oskar, der einen neuen Streit befürchtete.

Dann gingen sie sich umziehen. Charlotte trug zu ihrem Lieblingshut ein italienisches, dunkelblaues Sommerkleid mit »Pokerdots«, Oskar eine bunte folkloristische Tunika und eine weiße Hose, Helena ihre Sonnenbrille, ein phosphorgrünes Zweite-Hand-Seidentuch um den Hals, eine weiße, ärmellose Bluse und einen langen Wickelrock aus grobem, kakigrünen Militärstoff, mit leuchtroten Straßenarbeiter-Tapestreifen dekoriert.

Im Taxi schmollte Oskar ein bisschen. Er hatte gehofft, den Fahrer vom ersten Tag wieder zu sehen. Dieser hier aber war alt, hässlich, stank nach billigem Rasierwasser und hatte zu allem Überfluss einen vier Zentimeter langen Nagel am kleinen Finger.

»Vamos a la playa«, sagte Charlotte, die sich an irgendeinen stupiden Sommerhit erinnerte. »Una bella playa, por favor!«

»Una playa buonita, sí, señora«, verbesserte der Taxifahrer sie.

In der Touristenstadt Playa Blanca stiegen sie am Flamingostrand aus. Der Sand der kleinen Bucht war weiß und sehr fein. Aber Charlotte schaffte es, sich in einen Ölfleck zu setzen und ihr Kleid zu ruinieren.

»Hör auf zu jammern«, sagte Helena. »Du kannst dir doch hundert neue kaufen!«

Nun lagen sie nebeneinander in ihren Badeanzügen. Alle drei etwas zu blass und zu dick. Allerdings nicht so erheblich im Vergleich zu manchen anderen Urlaubern, die meisten hässliche Engländer mit Bierbäuchen. Die Palmen schaukelten sanft im Wind. Der Himmel war blau mit kleinen Wattewolken, in denen Charlotte die Gesichter ihres Vaters, eines Lamms und eines zornigen Gottes entdeckte. Sie liebte das Rauschen der Wellen, konnte aber den Krach von lärmenden Kindern nicht ertragen. Niemals hatte sie sich Kinder gewünscht. Helena und sie hatten mehrere Abtreibungen hinter sich.

»Wer kleine Kinder und Hunde nicht leiden kann, kann kein böser Mensch sein«, zitierte sie W.C. Fields. Keiner erwiderte etwas. Die beiden anderen faulenzten, hielten die Augen geschlossen, genossen die Wärme. Nach einer halben Stunde hatte Charlotte keine Lust mehr herumzuliegen und wollte zur Strandbar oder zu einem Restaurant.

»Ich bleibe lieber hier«, sagte Oskar.

Helena drehte sich wortlos um, um sich den Rücken zu bräunen. Auf dem Schenkel hatte sie ein riesengroßes Pflaster, und ihre Arme waren schon gerötet.

Als Charlotte von der Bar zurückkam, lagen die beiden immer noch in derselben Stellung. Sie warf sich wieder in den Sand.

»Sagt mal«, sagte sie. »Habt ihr allen von der Erbschaft erzählt?«

»Wem allen?«, fragte Oskar.

»Na, allen in Berlin.«

»Na ja ... schon ... Detlev, Bruno, Yolanda ...«

»Ich rede sowieso mit niemandem«, sagte Helena. »Warum fragst du? Hast du Angst, angepumpt zu werden?«

Ja, so war es, Charlotte gab es zu. Und bat die beiden inständig darum, das Geheimnis ihrer Erbschaft nicht noch weiter zu verbreiten. Schon vorher war sie fest davon überzeugt gewesen, dass sie keine wahren Freunde hatte und dass ihre Bekannten nur mit ihr verkehrten, weil sie Schauspielerin war. Als Erbin würden viele sie noch interessanter finden. »Die Leute wollen nichts von mir! Nur was von Charlotte Laporte aus dem TV!«

»Uns kannst du das nicht vorwerfen«, entgegnete Helena. »Bei uns war es genau umgekehrt. Sobald du uns verlassen hast, um in deinen miesen, billigen Fernsehfilmchen zu spielen, hast du uns nicht mehr interessiert.« Und stach noch eine Weile ihr spitzes Messer in Charlottes Brust.

Oskar und Helena waren immer kompromisslos geblieben. Niemals hatten sie sich als Künstler kaufen lassen, ihre Undergroundkunst hatte den höchsten Wert, die Spießerwelt interessierte sie nicht. Charlotte wusste, dass sie eine Verräterin war.

»Frag schon, Oskar«, sagte Helena plötzlich.

»Hmm, ja, meine Liebe ...« Er genierte sich. »Wir wollten dich fragen, ob wir nicht ein kleines Taschengeld bekommen könnten. Nicht viel. Nur ... so ... würden wir nicht die ganze Zeit aufeinander hocken, verstehst du?«

»Und es käme für dich aufs selbe hinaus«, ergänzte Helena.

Niemals hörte die Tortur auf. Immerzu wurde Charlotte durch Ignoranz bestraft. Übelkeit, die an beginnende Seekrankheit erinnerte, stieg in ihr auf. Genauso wie in ihrer Kindheit, als ihre Mutter sie demütigte und sie zu stolz war, ihren Tränen freien Lauf zu lassen.

»Gut! Wie viel?«, fragte sie kalt.

Als sie wieder in El Golfo ankamen, überholte ihr Taxi einen Jeep.

»Hey! Rudolph! Halloo!«, rief Oskar durchs offene Fenster.

»Hey!«, antwortete der Mann, den Charlotte irgendwo schon einmal gesehen hatte.

»Das ist Rudolph, unser Nachbar. Schick, oder? Ganz süüß ist er!«

Egal, ob sie Taxi fuhren oder Jeep, Oskar fand alle Männer am Steuer süß. Aber auch alle, die zu Fuß gingen.

Wann hatte Oskar diesen Rudolph kennen gelernt? Er schlief doch bis um zwei. Ansonsten hatten sie alle drei immer zusammengehockt. Bis jetzt. Außerdem hatten sie gar keinen Nachbarn!

»Aber doch, ganz oben auf dem Berg steht noch ein Häuschen, habt ihr nicht gesehen?«

Magier sehen Dinge, die wir nicht sehen.

9. TRASH-FILME

Am nächsten Tag war der Himmel bedeckt. Dicke graue Wolken tauchten die Landschaft in ein trübes Licht. Und die Palmenbäume im Park schaukelten und raschelten laut wie vor einem Sturm.

Charlotte, einen Regenschirm in der Hand, legte ein paar Scheine auf den Tisch. »Also, viel Spaß dann!«, sagte sie und lief hinaus.

»Warte, Charlotte! Warte!«, riefen die anderen. Plötzlich hatten sie Mitleid mit ihr. Oder sie wussten gerade nicht, was sie ohne sie unternehmen sollten. Von den Alten war sie die Jüngste, sie hatte noch Power!

Charlotte kam zurück. Zum Strand wollte keiner, nur damit einem der Sand in die Augen flog ... Sie schlug vor, zur Laguna zu laufen.

»Entweder es war eine Möwe, oder es fängt an zu pissen«, sagte sie, als sie den Abhang runtertänzelten. Aber nach ein paar Tropfen hörte der Regen auf, sie hatte nicht einmal ihren Schirm aufgemacht.

Der Geruch von frischem Fisch wurde immer intensiver. Schon waren die hübschen weißen Fischerhäuschen mit ihren türkisenen oder grünen Holztüren in Sicht. Señora Conception stand in ihrem blauen Kittel vor ihrem Restaurant. Sie gaben ihr die Hand, und Charlotte wiederholte noch ein paarmal »Si, si, señora, muy bien, muy bien, arrividerci!«

Sie liefen mitten auf der Straße, sprachen tierisch laut. Die neugierigen Blicke der Dorfbewohner beachteten sie nicht. Charlotte rauchte, hustete und spuckte.

»This is not ladylike!«, sagte Oskar.

»Soll sie vielleicht den Dreck essen?«, fragte Helena. »Damit sie es auch noch mit der Leber kriegt?«

Alle prusteten vor Lachen. Daraufhin kam ein kleiner Sonnenstrahl zum Vorschein.

Das grüne Licht, das sie bei ihrer Ankunft kurz erblickt hatten, kam vom Lago Verde, einem Kratersee am Fuß einer hohen Felswand. Oskar schwärmte für das »schönste Grün«, das er jemals gesehen hätte. Keiner konnte sich erklären, wie Wasser von so einem prächtigen Grün sein konnte. Von oben bewunderten sie die Lagune. Sie waren am Rand des Felsenbergs durch einen engen Weg voller roter Steine gelaufen, nur durch ein Seil vom Abgrund getrennt. Als sie sich alle drei darüber bückten und in die Tiefe blickten, meinte Helena, es wäre bestimmt nicht schlecht, hier einen runter zu schubsen. Alle bekamen Gänsehaut und freuten sich bei der Vorstellung. Rasch ergriff Charlotte die Gelegenheit.

»Oh bitte, bitte! Lasst uns ein Krimi drehen! Ein Krimi ist anspruchslos, da werden wir bestimmt nicht streiten. Ja, ein Krimi, U-Genre, nur so, aus Spaß, aus Spaß, nur so!«

Die beiden sagten nicht nein.

Auf dem Rückweg bemerkten sie auf dem fast leeren Parkplatz vor dem Gebiet der Laguna ein Holztischchen, auf dem hübsche Steine mit glänzenden, grünen Kristallen aufgereiht waren, von demselben wunderschönen Grün wie der Kratersee. »Olivina« stand da geschrieben, und verschiedene Preise, 2, 3 oder 4 Euro, je nach Steingröße. Helena schnappte sich die drei Größten und packte sie sich in die Rocktaschen, ignorierte aber die Kasse, die am Tisch befestigt war.

Einmal Junkie, immer Junkie, dachte Charlotte und schmiss ein paar Münzen in den Kassenschlitz.

Die Sonne war wieder da. Heute war der Tag, an dem sich die Wege trennten. Egal, was die anderen vorhatten, Charlotte würde zum Strand von El Golfo laufen, sich dort auf die rauen schwarzen Felsen hinsetzen, einen Joint rauchen und ein einfaches Drehbuch für einen Trash-Krimi schreiben. Von wem konnte sie sich inspirieren lassen? Von Russ Meyer vielleicht? »Faster, Pussycat! Kill! Kill!« war ziemlich brutal. Doch das Besondere an dem Film war, dass die Gewalt von Frauen ausging. Deswegen konnte Charlotte immer noch nicht begreifen, weswegen aufgebrachte Feministinnen in den Achtzigern ein Kreuzberger Kino, in dem der Film lief, mit einer Ladung Buttersäure angegriffen hatten. Die Schauspielerinnen hatten Mördertitten, war das der Grund gewesen?

»Fick mich!« von Virginie Despentes war auch nicht schlecht. In der Zeit ihrer gemeinsamen Künstlergruppe waren Helena, Oskar und Charlotte außerdem treue Fans von Ed Wood, Andy Warhol, John Waters und Bruce LaBruce gewesen. Sie fanden im B-Movie-Genre (je trashiger, desto besser) eine Qualität, die für sie höchste Kunst bedeutete. B-Movies zeugten von einer Punkhaltung, einem Spott auf das Hollywoodschema und auf die etablierte Kultur. Auch sie drehten zahlreiche Underground-Kurzfilme, Null-Budget-Produktionen mit miesen Schauspielern und kaum Publikum.

Die letzte, »Groovy Cats« (eine endlose Serie) wurde nie fertig, weil Charlotte in der Mitte der Dreharbeiten abhaute, aber »Ich weiß von nichts und sage alles«, »Disgraceland«, »Emmas Dilemma«, »Die Bienen spinnen«, »Sex nach Noten«, »Die Frau meiner Alpträume« und »Lehrjahre des Hasses« waren ihr ganzer Stolz. Damals waren die drei Freunde unzertrennlich, eine wunderbare Zeit!

Ganz allein und neu in Berlin (West) brauchte Charlotte dringend Freunde – oder zumindest Gesprächspartner. Zufällig war sie in einer WG aufgenommen worden. Sie hätte sich damit zufriedengeben können, dass die Mädchen und Jungs aus ihrer WG mit ihr sprachen – und sei es nur, um ihr beizubringen, Montag sei ihr Putztag. Aber ihre Mitbewohner interessierten sie nicht. Jede Nacht musste sie ins Ego, wo sie jeder verachtete oder einfach nicht wahrnahm. Wo die Musik düster war und die Menschen gefährlich. Mit dünnen, zusammengekniffenen Lippen, die verkrampft aneinanderklebten, um die spitzen Eckzähne nicht zur Schau zu bringen. Aber sie musste dahin. Sie träumte davon, sich von solch einem Vampir das junge Blut aussaugen zu lassen.

Doch eines hatte Charlotte schnell gemerkt: Unter ihre typisch französischen Annäherungsversuche konnte sie einen Strich ziehen. Im Ego waren sie allesamt sooo cool, bis zur Schädelspitze voll mit Speed – das erfuhr sie erst später – und dachten nur blitzschnell: Was will denn dieses frisch aus Frankreich importierte bourgeois Mädchen mit seinem Geplapper? Uh! Das war hart. Charlotte war richtig froh, als sich die Mauerstadt mit dem Fall der Mauer verwandelte. Smalltalk war jetzt willkommen, je smaller, desto toller!

Helena, ansonsten stumm wie ein Fisch und arrogant wie eine Wildkatze, war auffällig nett zu Oskar, der pechschwarze Augen hatte. Mit ihm konnte sie sich stundenlang unterhalten, und jeder, der einen Drink bestellte, galt als Störenfried. Wie hatte es Oskar geschafft, die Sympathie der Undergroundkönigin zu gewinnen, das Weiche aus ihr herauszukitzeln? Anders als alle anderen war er sehr charmant und wurde dennoch geachtet. »Ein eigensinniger Künstler mit eigensinnigem Geschmack.« Vor ein paar Jahren hatte Oskar die erste politische Schwulengruppe in seiner Schule im Grunewald gegründet. In der Zeit war es mutig, sich auf einen Platz hinzustellen und »Homofotokopien« zu verteilen. Er machte bei einem Undergroundtheater mit, imitierte perfekt Kate Bushs Stimme und trug abgefahrene Halsketten aus Schneckenhäuschen oder Kastanien. Soviel wusste Charlotte. Ansonsten liebte er die Farben Schwarz und Weiß, wie alle anderen Monster auch.

Vollkommen wehrlos gegen Helenas Gleichgültigkeit versuchte Charlotte, über die Flanken zu attackieren. Oskar war ihr Schlüssel zu Helena.

Helena hasste eines über alles: blasse heterosexuelle Männer ohne Fantasie. Oskar dagegen sah exotisch aus, war schwul und originell. Eigentlich hatte Helena haargenau den gegenteiligen Geschmack eines amerikanischen Künstlers, dem Charlotte Jahre später in New York begegnete. Sie war mit Bekannten aus der Filmbranche in einem Klub im East Village ausgegangen. Man stellte ihr einen ganz tollen Künstler vor, den »neuen Andy Warhol«! Während sie sich mit ihm unterhielt, kam plötzlich ein alter Freund hereingeschneit, Bill, ein Amerikaner, der in den Achtzigern in einer ihrer Berliner Lieblingskneipen gekellnert hatte. Man sah, dass er mal in Berlin gewohnt hatte, weil an seinem langen schwarzen Mantel ein russischer Einstecker mit Hammer und Sichel hing. Charlotte sprang ihm an den Hals, und nachdem sie sich ausgiebig über das Wiedersehen gefreut hatten, wollte sie Bill dem neuen Andy Warhol vorstellen. Der aber drehte angewidert den Kopf weg und grummelte nur: »He is black, he is gay, and he is a communist!«

Als Charlotte Oskar zum ersten Mal angesprochen hatte, hatte er nicht wie erwartet den Kopf angewidert weggedreht, auch nicht mit aufgerissenen Pupillen durch sie hindurchgesehen, als sei sie immateriell, nein, er hatte ein bisschen mit ihr geplaudert. Charlottes Rolle bestand darin, ihm all seine lustigen Vorurteile über Frankreich zu bestätigen, und das tat sie gern. Monatelang trampte sie jede Nacht ins Ego, spielte mit Oskar »La folle de Chaillot« und fuhr im Morgengrauen mit dem Taxi nach Kreuzberg 36 zurück. Damals bat man den Taxifahrer, seine Uhr abzustellen und für die Fahrt zwei bis fünf Mark zu berechnen. In ihrem College-Outfit sah Charlotte reich aus, dennoch aß sie überhaupt nichts.

Sie hatte sich die Charlestonfrisur blau gefärbt, mit dem Ergebnis, dass sie von waschechten Punkrockern als »Wochenendpunkerin, montags wieder brav zur Stelle« verspottet wurde. Mit ihren neuen blauen Haaren war sie zu einem richtigen Punkkonzert ins

SO 36 geeilt. Dort traten Exploited auf. Wie Iggy Pop trug der Sänger kein T-Shirt. Er headbangte mit seinem superlangen Iro, rief »Fuck« zwischen den Stücken und spuckte ins Publikum. Das hatte sie sich von Nahem ansehen wollen. Ergebnis: Eine kaputte Rippe, weil zwei fette Punkrocker sie beim Pogotanzen gegen die Bühne gequetscht hatten. Gern hätte sie ihren Freunden den Urban-Krankenhaus-Bericht vorgeführt. Dort stand es schwarz auf weiß geschrieben: »Rippe gebrochen beim Pogotanzen.« Nur hatte sie keine Freunde. Eine Mauer trennte Ostberlin von Westberlin. Aber es gab noch mehr Mauern in der Stadt. Eine von ihnen trennte Westberliner Wehrdienstflüchtlinge von Westberliner Omas (so genannten »Trümmerfrauen«). Eine andere trennte Westberliner Künstler vom Rest der Welt.

Charlotte war nach Berlin gekommen, um Künstlerin zu werden. Doch das Überleben war eine einzige Qual. Mit allem hatte sie es versucht: Auf dem Ku'damm Portraits zeichnen, die den Modellen so unähnlich waren, dass sie freiwillig Rabatt anbot. Kahlen Typen die Haare schneiden. Kaufverträge für Villen in der Camargue in schlechtes Deutsch übersetzen ... So dumm hatte sie ihre Kleinanzeige im Berliner Programmheft formuliert (»Junge Französin übersetzt Ihre Texte ins Französische, schneidet Ihre Haare und porträtiert Sie ...«), dass unentwegt perverse Typen anriefen, die unter »französisch« nur das eine verstanden. Aber schön war, dass sie die meisten lästigen Anrufe verschlief. Ihr Leben fing vor fünf Uhr nachmittags nicht an. Und dann ging sie lernen. Wie man total verstockten jungen deutschen Drogensüchtigen gefällt.

Aber hauptsächlich ging es ihr um ihre idealen Freundschaften. Irgendwann wurden sie auch verwirklicht. Wann und wie? Charlotte wusste es jetzt nicht mehr.

Während die Wellen die Felsen auspeitschten, zog Charlotte an ihrem Joint und ließ den schwarzen Sand durch ihre Finger rieseln. Aus ihrem Haschetui nahm sie einen Füllfederhalter mit extrem sanfter Goldfeder heraus und notierte in ihr Tagebuch: »Eiskalte Rache. Ein Anti-Krimi.« Egal, was man tat, es musste immer irgendwas mit »Anti« zu tun haben. Dann strich sie die Überschrift durch und schrieb stattdessen: »Der letzte Schrei. Erster Akt. Szene eins.«

Sie kaute an ihrem Füllfederhalter, blickte in die Ferne, dann wieder zu den beiden aufgeschriebenen Zeilen, ärgerte sich über Tintenflecke an ihren Fingern, rieb ihre Hände im Sand, kratzte sich am Auge, machte das Büchlein zu und drehte sich einen neuen Joint.

Später saß sie ein paar Meter weiter auf der Langosta-Terrasse am Meeresrand, trank WWS (Weißweinschorlen) und aß den dicksten Fisch, den es im Aquarium gegeben hatte. Sie erwartete den Moment, in dem keines der stummen Touristenpaare sie anglotzte, um die Fischaugen essen zu können. Konfus dachte sie, das würde ihr weiterhelfen.

Als sie den Berg zur Villa hochkletterte, sah sie den weißen Jeep direkt vor der Haustür parken.

Und da saßen ihre drei Superstars, am Rande des Swimmingpools: Einer schön braun – Rudolph – und zwei rot wie gekochte Langusten: Oskar und Helena.

10. PLAYBOY DES JAHRES

Seitdem Rudolph in seinem weißen Jeep wie Märchenprinz Iwan auf seinem Schimmel erschienen war, drehte sich alles nur noch um ihn. »Hinreißend« fand Oskar den »liebenswerten jungen Mann um die dreißig.« Helena hatte extra ihre Brille mit Doppelschliff abgesetzt, um ein Auge auf den Schönling zu werfen.

Charlotte allerdings hatte kaum Zeit gehabt, Rudolphs Bekanntschaft zu machen, denn als sie in die Villa zurückgekommen war, war er sofort vom Beckenrand aufgesprungen und hatte gesagt, er müsse jetzt leider sofort »arbeiten« gehen.

»Was arbeitet er so spät abends?«, hatte Charlotte sich erkundigt.

Oskar und Helena wussten es nicht, hatten aber das Gefühl, er sei ein Künstler wie sie.

Oskar hielt den Namen Rudolph Hass für ein Pseudonym. Charlotte und er hingegen trugen ihre wahren Namen, sie »Laporte«, was »die Tür« bedeutete, er »Kessler«, wie die Zwillinge – die leider, leider nicht seine Tanten waren. Helena nannte sich »vonzu«, obgleich sie eigentlich nur eine »von« war. Oder eher eine »van«. Ihr richtiger Name lautete »van Nelle«.

»Mein Freund«, flüsterte Frau Vonzu in Oskars Ohr, »ich glaube, den kannst du vergessen. Er ist bestimmt nicht schwul ...«

»Und woher willst du es wissen?«

»Ich rieche es.«

»Und wenn schon? Ich gefalle ihm, das rieche ich auch.«

Jetzt lagen alle in ihren Bettchen. Wahrscheinlich träumten die zwei vom schönen Rudolph. Auch Charlotte erinnerte sich an die angenehme Erscheinung. Ein großer, schlanker Mann mit schwarzen, leicht welligen Haaren und blauen Augen – oder waren sie braun? Sie konnte sich nicht mehr daran erinnern. Und mit einem schönen Lächeln, etwas enigmatisch. Aber eigentlich war er ihr egal, sie hatte schon (hoffentlich noch?) einen Freund in Berlin. Viel jünger als Rudolph, und vor allem viel jünger als sie. Ein unverschämter Bursche mit einer Pfirsichhaut, die alle Frauen liebkosen wollten. Morgen würde sie ihn anrufen.

Noch vor dem Frühstück machten sie unter Oskars Anleitung Yoga. Charlotte hütete sich, irgendeine Kritik von sich zu geben, machte trotzdem alles anders als die anderen, was sie nicht davon abhielt, immer wieder hinzufallen. Helena hätte sich über ihre Haltung ereifern können, aber heute hatte sie sich Oskar als Opfer ausgesucht.

»Willst du dich für Rudolph Valentino fit machen?«

»Nein, Darling, ich relaxe, um dir nicht an die Gurgel zu springen!«

»Hast du dir auf Rudolph Valentinos Wohl einen runtergeholt?«

»Lieber hole ich mir einen runter, als eine trockene Pflaume wie du zu werden, mein Schatz!«

Charlotte versuchte zu intervenieren und meinte, es sei wirklich nicht Zen, beim Yoga zu streiten, und sie könne sich wegen der dummen Sprüche überhaupt nicht konzentrieren.

»Pschtt! Totenstellung«, unterbrach Oskar sie. Und dann wurde die »Stunde« – die Viertelstunde also – beendet. »Nächstes Mal bringe ich euch Niki de Saint Phalles Gesichtsyoga bei. Wird euch guttun. Man atmet in seine Falten hinein, und weg sind sie!«

Beim Frühstück holte Charlotte ihr Tagebuch heraus.

»Ich habe schon mit dem Drehbuch begonnen«, kündigte sie stolz an.

»Ja, typisch. Ohne uns! Einfach so in deiner Ecke!«, meckerte Helena.

»Aber nein. Ich habe nur nach einem Titel gesucht.« Charlotte betonte, sie habe keineswegs vor, das Drehbuch allein zu schreiben.

»Der letzte Schrei« fanden die beiden anderen doof, »Eiskalte Rache« nichtssagend und abgedroschen. Und diese Rache, weswegen überhaupt? Schließlich einigte man sich darauf, es sei absurd, nach einem Titel zu suchen, bevor die Story überhaupt existierte. Am besten würden sie alle gleich ein paar Ideen gemeinsam entwickeln und sie dann ordnen.

»Also, mich interessiert schreiben nicht«, sagte Oskar. »Das wisst ihr doch! Lieber halte ich die Kamera. Hoffentlich hast du eine, bei der man die Geschwindigkeit ändern kann, dann lässt sich vielleicht was machen. Aber ach! Video! Ich hasse dieses Medium! Viel zu kalt, zu präzise ... Unpoetisch!«

Charlotte holte die Kamera. Oskar probierte herum. Charlotte tat so, als ob sie Helena erwürgen würde, die dann ihre lange, weiß belegte Zunge hängen ließ.

»Hast du überhaupt ein Stativ dabei?«

Nein, daran hatte Charlotte nicht gedacht.

»Gut, dann fahre ich mit dem Bus nach Playa Blanca und besorge eins«, sagte Oskar. »Indessen schreibt ihr weiter. Okay, meine Lieben?«

»Nimm ein Taxi«, riet Charlotte und drückte Oskar ein paar Scheine in die Hand.

Er ging sich anziehen und kam sehr elegant zurück, in einem Leinenanzug, der ihn erstaunlich schlank erscheinen ließ. Obgleich er weiß war und nicht schwarz! Allerdings war das Kostüm etwas aus der Form geraten, denn es stammte aus den Neunzigern.

»Den hat Detlev mir vererbt!« Seit Ewigkeiten war der ältere, dezentere und tolerantere Detlev Oskars fester Freund. Fest gehörnt!

Oskar warf einen letzten prüfenden Blick in den Spiegel über der Spüle. Die beiden Frauen sahen ihm zu.

11. EINE LEICHE IM BLUMENTOPF

Helena und Charlotte zogen ihre Bikinis an und setzten sich auf die Terrasse. Helena hatte das Pflaster von ihrem Schenkel entfernt, und man sah das große hässliche Hakenkreuz, das sie sich in der Punkzeit als pure Provokation selbst tätowiert hatte. Ihre Rücken cremten sie sich mit Sonnenmilch gegenseitig ein. Charlotte holte eine Tasse Kaffee für Helena und eine Weißweinschorle für sich.

»Stört dich nicht, wenn ich rauche?«

»Aber nein. Tu's doch. Ist okay.«

»Wann hattest du das letzte Mal einen Orgasmus?«

»Im Traum.«

»Und davor?«

»Beim Wichsen.«

Am Anfang verstanden sie sich prima. Beide waren der Meinung, dass der Killer eine Killerin sein sollte, eine Männermörderin, Demenzia genannt, die Helena spielen würde. Sie überlegten, wie sie die ganzen Männer töten würde. Allerdings hatten sie nur einen zur Hand, Rudolph, gesetzt den Fall, er würde überhaupt mitmachen. Ansonsten konnte Charlotte sich als Mann verkleiden, oder auch hin und wieder die Kameraführung übernehmen, damit Oskar eines der Opfer spielen konnte. Obgleich sie – wie Helena nebenbei bemerkte – eine total miese Kamerafrau war.

Wie sollte Demenzia die Männer umbringen und weshalb?

»Gifte!« Helena diktierte, Charlotte schrieb auf.

»Gifte! Arsen, Strychnin, Zyankali, Rizinus, Thallium, Insektengift, Digitalis, Rhododendron ... Hast du das aufgeschrieben? Du hast die Hälfte nicht aufgeschrieben!«

»Aber es nützt ja nichts, wir wollen sowieso nicht all diese Gifte verwenden!«

»Schreib auf! Di-gi-ta-lis, Rho-do-den-dron.«

Stattdessen schrieb Charlotte »Heroin« auf.

»Vipernbiss?«, schlug sie dann noch vor.

»Ja, sollen wir jetzt noch auf Schlangenjagd gehen, oder was?«

»Chloroform?«

»Damit schläferst du nur einen ein! So, Waffen. Schreib auf: Waffen!«

»Jawohl, Frau Generalin!«

»Waffen ... Anschutz, made in Germany, semiautomatisch, 22er Kaliber mit 10-Schuss-Magazin ...«

»Mit oder ohne Schalldämpfer?«, spottete Charlotte. »Apropos, wie sollen wir es mit dem Sound machen? Das Mikro in der Kamera ist unter aller Sau ...«

»Schreib auf, da ganz unten: Tonband plus gutes Mikro kaufen. So ... Seil!«

»Wie, Seil?«

»Na, Seil zum Strangulieren. Das machen die Mafiosi total gern.«

»Ach so.«

»Bombe, Pistole, Axt, Schwert, Jagdgewehr. Schreib auf! Jagd-ge-wehr ... Gut. Wo versteckt sie die Kadaver? Schreib auf: Badewanne!«

»Na, toll!«

»Badewanne voller Säure. Schwefelsäure. Schwe-fel-säu-re.«

»Okay, ich hab's!«

O Gott, jetzt fing das wieder an! Genau wie beim Schreiben der alten Drehbücher. Wochenlang wurden idiotische Listen angefertigt, bevor überhaupt eine einzige Dialogzeile erdacht wurde.

Und dann die Dialoge! Total mies. Irgendwelche Protagonisten, die sich ständig um nichts und wieder nichts zankten. Und die Action! Absolut absurd, unlogisch, total daneben. Peinlich, das Ganze. Dass daraus am Ende doch meistens kleine amüsante Filme entstanden (außer bei der »Groovy Cats«-Serie, die niemals fertig wurde), war ein wahres Wunder. Ein »Scherenwunder«! Im Schnittraum hatte Helena endlich eingesehen, dass man auf dreiviertel der Super-8-Aufnahmen verzichten konnte, oder eher: musste. (Sogar aus einer auf der Mülldeponie gefundenen Filmrolle kann man dank der Schere etwas zaubern.)

»Blu-men-topf! Ja, erst zerstückeln, dann begraben. Ins Meer, ins Moor ...«

Charlotte schlug vor, sich über die Motive der Mörderin Gedanken zu machen.

»PMS, Eifersucht, Rache, Geldgier, Hysterie, Obsession ...«

Wenn sie eine Serienkillerin war, konnte Demenzia schlecht aus Eifersucht handeln, meinte Charlotte.

Und wieso nicht?

Und wieso doch?

Am Ende des Nachmittags hatten sie sich so toll gefetzt, dass sie völlig erschöpft auf den Gartenstühlen hingen. Zerfleddert lag das Tagebuch unterm runden Tisch. Hin und wieder wehte eine Seite davon, verhakte sich in den Hecken oder rollte ins Schwimmbad.

Als es dämmerte, sahen sie den weißen Jeep unten am Abhang halten. Oskar stieg aus und lief um das Auto herum zur Fahrerseite. Neugierig verfolgten die Frauen die Szene, konnten aber nichts erkennen.

Der Jeep brauste davon, Oskar stand noch eine Weile da, machte dramatische Handbewegungen und schickte leidenschaftliche Luftküsse. Leichtfüßig kam er die Treppe hoch.

Helena stand auf, ihre Fäuste in die breiten Hüften gestemmt.

»Wo warst du? Was hast du getan?«

»Ist das eine Eifersuchtsszene? Sind wir verheiratet?«

Charlotte fragte, wo das Stativ sei.

»Das Stativ? Oh! Sorry! Total vergessen!« Elfenartig tänzelte er an den Frauen vorbei und lief ins Haus. »Ich gehe zum kleinen Gespenst!«

12. ÖDIPUSMUTTER-KOMPLEX

In Gedanken verloren tunkte Charlotte eine Madeleine in ihren Café au lait. Mehrfach hatte sie in der Nacht versucht, ihren jungen Freund in Berlin zu erreichen, aber er war weder bei sich noch bei ihr gewesen. Sie hatte auf seinem Anrufbeantworter eine Nachricht hinterlassen und fragte sich, ob er sie je zurückrufen würde. Kaum vorstellbar, dass dieser junge Typ sich für sie interessierte. Als Elektromusiker war er auf die alte Neue Welle der Achtzigerjahre angewiesen, seine größte Inspirationsquelle. Jetzt waren die ganzen PC-Musiker so kleinlich, auf sich eingestellt. Jeder lebte in seiner eigenen virtuellen Welt, jegliches Engagement galt als lächerlich! Tobias hingegen versuchte, sich ein politisches Image zuzulegen und sich von der Radikalität jener entfernten Zeiten inspirieren zu lassen. Davon, wie sie sich damals den Kopf zerbrachen über den Zustand des Planeten, über Revolution, Krieg und Frieden. Dass alle bereit waren, psychedelische Erfahrungen zu sammeln, ohne Rücksicht auf Verluste, beeindruckte ihn nachträglich. So war es für ihn konsequent und einigermaßen schick, eine Freundin aus jener Epoche zu haben. Umso mehr, als Charlotte ihn an seine coole Mutter erinnerte. Der Junge hieß Tobias und hatte einen ausgeprägten Ödipuskomplex. Fünfundzwanzig Jahre, das war eine Menge! Ihre Berliner Bekannten hatte der Altersunterschied sehr amüsiert, obwohl sie ihn geringer schätzten: Charlotte gab niemals ihr wahres Alter an. Das hatte sie noch nie getan. Als Jugendliche hatte sie sich älter präsentiert, sich geschminkt und die Haare hoch toupiert – damals stand sie auf »richtige« Männer mit Haaren auf der Brust. Später dann hatte sich alles umgedreht. Sie konnte die »alten Säcke« nicht mehr ausstehen, allesamt verstopfte Verdränger! Mit Hilfe von teuren Cremes und modernen Outfits hatte sie versucht, sich um ein paar Jahre zu verjüngen. Da Charlotte ständig log, kannte sie am Ende ihr wahres Alter selber nicht mehr. Ein Glück! Denn sonst wäre sie samt Stuhl umgekippt. Helena und Oskar fanden Charlottes Lügen lächerlich. Zwar hatten auch sie Probleme mit dem Älterwerden, aber sie schämten sich nicht, die fatalen Zahlen auszusprechen. Schließlich kam man nicht drum herum, die Zeit lief von A bis Z und nicht umgekehrt.

War Charlotte überhaupt in diesen Tobias verliebt? Wenn Eifersucht ein Beweis für Liebe war, dann ja. Seitdem sie ihn vor zwei Jahren bei einem Dreh kennen gelernt hatte – es war ihre letzte Rolle gewesen – quälte sie sich mit Tagträumen, in denen sie von ihm verraten, zertreten, ins Lächerliche gezogen wurde. Es waren masochistische Fantasien: Er belog sie, traf sich mit jüngeren Mätressen. Wenn sie ihn anrief, glaubte sie oft, weibliches Kichern im Hintergrund zu vernehmen. Auf der Bühne hatte Tobias so viel Sex-Appeal, dass das Publikum kreischte. Das machte Charlotte krank, und sie erfand immer neue Ausreden, um bei seinen Konzerten als Museumsexponat nicht erscheinen zu müssen.

Warum eigentlich war sie mit ihm befreundet? Sie sprachen selten miteinander. Niemals erstaunte er sie, seine Sorgen waren meistens von banaler Natur. Und der Sex? Nachdem sie sich Jahrzehnte lang in den siebten Himmel hatte schicken lassen – war sie nicht ein Kind der Love Generation? –, interessierte die Sache sie eigentlich nicht mehr so sehr. War die Fantasie erloschen, blieb doch nur eine unästhetische, anstrengende Gymnastik übrig.

»Guten Morgen, Charlotte!« Oskar gab ihr einen Kuss. »Also, ich fahr gleich dahin!«

»Wohin?«

»Nach Playa Blanca! Das Stativ kaufen.«

»Ah! Okay. Sehr gut.«

»Ist was mit dir?«

Nein, was sollte schon mit ihr sein?

Oskar bat sie um mehr Geld, denn er hatte am vorigen Tag seinen neuen Freund eingeladen und alles ausgegeben.

»Und, ist er schwul?«, fragte Charlotte.

»Das ist mir egal, er ist lustig und süüüß und ich mag ihn!«

»Gibt's Kaffee?«, fragte Helena, die in einem anderen schicken Handmade-Schlafanzug aus Geschirrtüchern erschienen war. Hatte sie auch welche aus Taschentüchern, falls der Urlaub traurig verlaufen sollte?

Nach der dritten Tasse bestand Helena darauf, Oskar zu begleiten.

»Soll ich euch ein Taxi bestellen?«, fragte Charlotte.

Nicht nötig, Rudolph würde sie in die Stadt fahren.

»Könnt ihr auch ein Mikro besorgen?«

»Das eingebaute Mikro in der Kamera ist unter aller Sau«, sagte Helena. Seitdem sie bei der N.A. war, konnte sie sich allerhand merken.

Als sie weg waren, ging Charlotte in den Salon und wählte noch einmal Tobias' Nummer. Sie hatte weder Lust zu duschen noch sich anzuziehen. Stattdessen mixte sie sich einen Drink, rückte einen Sessel in die Nähe des Telefons, ließ sich hineinfallen und notierte in ihr zerpflücktes Tagebuch: »Damen mit Brillen und Pistolen. Erste Folge: Demenzia, Beruf: Männermörderin. Frage: Weshalb muss Demenzia immerzu Männer umbringen?«

»Wenn jemand so inbrünstig liebt, wird es für ihn zur verzweifelten Notwendigkeit, Lügen als die Wahrheit zu akzeptieren.«

Von wem stammte der Spruch? Keine Ahnung, und auch egal, denn das war nicht aktuell. Oder doch? Noch einmal wählte sie Tobias' Nummer.

Wozu gab es diese blöden Handys? Niemals war der Typ zu erreichen! In letzter Zeit war Tobias immer nur mit leicht getönten »Lügnerbrillen« aufgekreuzt und hatte einen neuen Humor entwickelt, der bei ihr Gänsehaut verursachte. Also führte er ein Doppelleben.

»Liebesaffären nehmen einen völlig in Anspruch, obwohl sie es eigentlich gar nicht wert sind«, zitierte sie Andy Warhol. »Aber wenn man aus irgendeinem Grund glaubt, dass sie es doch sind, sollte man genauso viel Zeit und Energie einbringen wie der Partner. Mit anderen Worten: Wie du mir, so ich dir.«

Aber bei ihr funktionierte das nicht. Sie saß im Knast der »Liebe«!

Irgendwann klingelte das Telefon.

»Hallo, ich bin's!«

»Ich bin's auch.«

»Hast du gerade versucht, mich zu erreichen?«

»Ja, dein Handy war aber ausgeschaltet.«

»Komisch ... Gibt's was Besonderes?«

»Natürlich, immer!«

»Warte kurz!« (Minuten vergingen.) »Also erzähl mal! Ich höre dir zu ... Sagst du nichts?«

Mit gespieltem Enthusiasmus berichtete sie vom Filmprojekt. Seine Kommentare und Ratschläge waren nicht nur inkompetent, sie zeugten auch noch von kompletter Gleichgültigkeit. Gerade, als sie sich entschlossen hatte, Tobias zum Teufel zu schicken, weil der Klang seiner Stimme sie regelrecht einfrieren ließ, erinnerte er sie an ein nettes Erlebnis zu zweit. Und schon verzieh sie ihm alles. Dass er untreu war und ihr Märchen erzählte. Dass er jünger, schöner, erfolgreicher war als sie. Obwohl Sex ihr überhaupt nichts mehr bedeutete, stellte sie fest, dass sie beim Telefonieren die Hand in ihre (oder eher in seine) hellblaue Pyjamahose gesteckt hatte.

Sobald er aufgelegt hatte, kamen die alten Zweifel wieder hoch. Sie war von ihm abhängig, wie sie von allem abhängig war. Das war nicht mehr auszuhalten.

Als die drei anderen am späten Nachmittag zurückkamen, war Charlotte in einem desolaten Zustand. Mit den Nerven am Ende und zu allem Überfluss vollkommen betrunken hörte sie den Jeep bremsen, Türen knallen, Schreie, lautes Gelächter. Ein akustisches

Durcheinander. Die gut gelaunten Freunde stürmten in den Salon wie aufgedrehte Punkrocker, Helena warf eine Tüte auf den Teppich, ließ sich in einen Sessel fallen und streckte die Beine aus, Oskar wirbelte wie ein Kreisel, immer noch lauthals lachend. Nur Rudolph verstummte. Mit verträumtem Blick schritt er langsam durch den Salon, wobei er jeder Einzelheit – außer Charlotte – große Aufmerksamkeit schenkte. Als er die kubistische Skulptur entdeckte, schnurrte er nur leise: »Mmmh ... Sie haben sich einen Manrique geleistet.« Dann setzte er seinen Rundgang fort, strich leicht über das alte Leder des Sofas, nahm ein staubiges Buch vom Couchtisch und blätterte es langsam durch, ohne ein einziges Wort zu lesen.

»Rudolph! Ich muss dir Charlotte vorstellen!«, meinte Oskar. »Charlotte, Liebling, sag schön guten Tag!«

Aus seiner Trance erwacht, wandte sich Rudolph Charlotte zu und hielt ihr lächelnd die Hand hin. Sie ignorierte die Geste und ging sich stattdessen einen neuen Drink mixen. Doch war ihr aufgefallen, dass seine Augen blau waren, blau und schwarz. Dunkelblau also?

Als sie sich wieder umdrehte, stand Helena zwischen ihr und Rudolph:

»Mademoiselle Charlotte Laporte, bekannt aus den billigen TV-Serien ›Inspektor Klosetts Verstopfungen‹, ›Allesbrennergeschichten‹ und ›Eine saublöde Familie‹! Sagt dir nichts?«, fragte Helena.

»Oh, mmh ... doch, natürlich! Ich habe nichts gegen leichtes Amüsement, ganz im Gegenteil!«

Leichtes Amüsement! Charlotte träumte nicht, das hatte er wahrhaftig gesagt! Von nun an war Rudolph ihr bester Feind.

»Da drin spielt sie erstens eine Croissantbäckerin, zweitens eine Puffmutter, drittens eine Putze!«

Charlotte warf Helena einen mörderischen Blick zu.

»Du blöde Kuh! Gemeine Kuh, du! Dir werde ich es, werde ich es z-zeigen!«

Sie lallte.

»Oh, Ladies! Bitte!«, rief Oskar.

Rudolph lachte. Er hatte wunderschöne Zähne. Wie jemand, der gern in den Apfel beißt. In den Zankapfel.

Plötzlich schämte sich Charlotte für ihren Morgenmantel, ihre zerzausten Haare. Wortlos und mit erhobener Nase verließ sie den Salon.

13. EISKUNSTLAUF

Nachdem er kurz an der Tür geklopft hatte, trat Oskar in Charlottes Zimmer.

»Komm, meine Kleine! Sie ist böse, denk nicht mehr an sie!«

»Ich will sie nicht sehen!«

»Komm, Charlottchen, komm schon! Wir gucken Eiskunstlauf!«

»Mir egal ...«

»Wirklich?«

Seit ihrer Kindheit liebte Charlotte Eiskunstlauf.

»Ja, ganz toll! Pärchentanz auf dem Eis!«

»Meinst du?« Charlottes Schmollen verwandelte sich in ein schiefes Lächeln.

Oskar umarmte sie, schob sie zurück in den Salon und rückte ihr einen Sessel vor den Fernseher. Sofort haftete Charlotte ihren Blick an den Bildschirm. Demonstrativ ignorierte sie Helena und Rudolph, während die zwei sie verstohlen musterten.

»Das alles ist sehr altmodisch und erinnert mich an meine Kindheit«, kommentierte Rudolph die Fernsehbilder.

Oh, wahrhaftig? Der Typ war mal ein Kind gewesen! »Dreifacher Toeloop, wunderbar! Schön synchron, die Russen!«

Es war zweifellos ein grandioses Spektakel, wie die beiden Läufer in glänzenden Kostümen über das Eis glitten. In vollkommenem Einklang, umweht vom Röckchen der Dame. Ohne jede Anstrengung trug er sie auf Händen, um zu neuen, verblüffenden Figuren ineinander zu verschmelzen. Die Pirouetten und Sprünge ließen einen vor Schreck erstarren. Hoffentlich würden sie nicht gleich ausrutschen, den schönen Fluss unterbrechen durch einen Knall auf den Po! Doch mehr als die komplizierten Figuren und Hebungen liebte Charlotte es, wenn die Paare schnell und graziös umschlungen dahinglitten. Plötzlich war das Zerhackte des gewöhnlichen Gangs weg. Befreit von der Auf- und Abbewegung entfaltete sich ein Liebestanz, fließend, wunderschön.

Auch Oskar war ein großer Fan des Eiskunstlaufs. Die männlichen Eiskunstläufer mit ihrer glamourösen, altmodischen Kleidung und ihren herausgestreckten Ärschen fand er unwiderstehlich. Außerdem hielt er alle Tänzer für schwul, einen oder zwei kannte er auch tatsächlich persönlich.

Was Helena und Rudolph betraf, so tauschten sie ihre Eindrücke, wobei sie hin und wieder Fachjargon verwendeten. Über die Noten der Jury waren sie entsetzt: »Unglaublich! Total ungerecht! Die sind gegen alles Innovative! Langeweile wird belohnt! Arschlöcher!«

Plötzlich sprang Rudolph auf. »Ich glaube, ich muss euch verlassen. Eigentlich hasse ich Sport!« Er griff nach Charlottes Zigarettenschachtel: »Sport kann tödlich sein.« Er drehte die Schachtel um. »Sport kann die Spermatozoen schädigen und schränkt die Fruchtbarkeit ein.«

»Aber Rudolph!«, protestierte Oskar. »Du schwimmst doch so gern!«

»Schwimmen ist kein Sport. Schwimmen ist: Im Element Wasser vorwärts kommen ...«

»Oh bitte! Bleib doch noch ein bisschen ... Charlotte könnte dir einen schönen Cocktail zusammenmixen, nicht, Charlottchen?«

Charlotte warf den beiden Männern einen desinteressierten Blick zu, um sich sofort wieder auf den Bildschirm zu konzentrieren.

»Nein ... Okay! ... Ich mixe mir selber einen!«

Charlotte zuckte nur mit den Schultern.

»In diesem Polyamidzeugs«, sagte Rudolph, ein orangefarbenes Glas in der Hand, »müssen sie furchtbar schwitzen und stinken! Und hoppla! Eine kleine Landung auf dem Po! Au Backe!«

Er lachte lauthals.

Unvorstellbar, wie ordinär sein Lachen war.

Der Wettbewerb wurde durch einen Werbespot unterbrochen. Charlotte holte sich einen Drink, Helena begann zu zappen.

»Guckt euch das an!«, rief sie.

Man sah Berlin, halb im Schnee begraben, einzelne Menschen auf den Straßen, mit Pelzmützen und dicken Mänteln wie in Sibirien.

»Minus zwanzig! Super!«

Alle lachten und freuten sich.

»Auweia!«, rief Oskar. »Hoffentlich explodieren meine Wasserleitungen nicht!«

»Dabei erhitzt sich die Erde immer mehr«, nuschelte Rudolph, den Strohhalm im Mund.

Dann kamen Bilder von vereisten Autobahnen, zerbeulten Autos, Lastwagen, die im Graben umgekippt waren.

»Genial! Toll! Hehe!«

»Haben wir es gut!«, sagte Rudolph. »Was meint ihr, weshalb ich jeden Winter aus Hamburg flüchte?«

Als Schriftsteller konnte er ja überall schreiben, und er fand immer wieder jemanden, der ihm sein Ferienhaus für ein paar Monate überließ.

»Aber so 'ne schicke Villa wie eure hatte ich noch nie. Wie seid ihr darangekommen?«

»Im Internet gefunden«, antwortete Helena.

»Die Villa ist einfach schick! Und wahrscheinlich irrsinnig teuer ...«

»Das schon«, meinte Oskar, »aber ...«

Charlotte warf ihm einen strengen Blick zu. Vielleicht war dieser Rudolph ein Hochstapler à la Felix Krull, ein roter und schwarzer Julien Sorel?

»Wir können es uns leisten«, fuhr Oskar fort.

»Wir werden fürs Nichtstun bezahlt«, erklärte Helena. »Aber ... Charlotte!«

Diese ignorierte sie.

»Char-lotte! Ich rede mit dir!«

»Und ich höre dir nicht zu!«

»Charlotte, stell dich nicht so an! Ich hab eine Idee. Für unser Drehbuch.«

»Ja?«, meinte Charlotte mit gespielter Gleichgültigkeit.

»Rudolph soll's schreiben! Er ist doch Schriftsteller!«

»Gustave Flaubert, c'est lui!«, unterbrach Oskar sie.

Helena nickte zustimmend. »Ich mache ein paar Rendezvous mit ihm aus und erkläre ihm dann, in welche Richtung er das Drehbuch entwickeln soll!«

Ja, das war für einmal ein guter Einfall. Aber jetzt kamen die Franzosen aufs Eis, und sie waren die Besten! Sie hatten sich eine Musik von Serge Gainsbourg ausgesucht. Unfassbar! Vorübergehend belegten sie Platz fünf, aber, wie Rudolph bemerkte, konnte man »von solch einer bescheuerten Jury nichts anderes erwarten!«

»Ich habe Hunger!«, stöhnte Helena.

Außer Madeleines, Oliven und etwas Ziegenkäse hatten sie nichts im Haus.

»Fahren wir in die Languste!«, schlug Charlotte vor.

Auf einmal war sie gar nicht mehr böse. Zum einen, weil sie hungrig war, zum anderen, weil sie wusste, dass Aggression schon immer der Motor ihrer Gruppe gewesen war.

Rudolph war mit dem Plan nicht zufrieden. »Ich kann diese ganzen Dummköpfe in El Golfo nicht ausstehen!«

Doch es war schon so spät. Wenn sie zur nächsten Stadt fuhren, würden alle Restaurants schon geschlossen haben.

»Okay«, gab sich Rudolph geschlagen. »Aber ich fahre euch nur dorthin.«

Oskar musste all seinen Charme zum Einsatz bringen, um ihn doch noch zu überzeugen, mit ins Restaurant zu kommen. Es war wirklich furchtbar, aber ohne Rudolph langweilte er sich zu Tode. Unentwegt betrachtete er ihn, hing an seinen Lippen und lächelte stolz bei jedem Wort, das Rudolph sagte, als gehöre er ihm, als sei er sein Sohn.

Señora Conception hatte schon die Stühle hochgestellt, doch weil Charlotte sie in ihrem Kauderwelsch so nett fragte, erklärte sie sich bereit, etwas Einfaches zu kochen. »No paella!«, winkte die Señora ab.

Als Rudolph ins Restaurant eintrat, warf sie ihm einen misstrauischen Blick zu, und er grüßte sie nicht. Wenn er die Menschen aus El Golfo nicht ausstehen konnte, so schien diese Abneigung auf Gegenseitigkeit zu beruhen.

Lange konnte Charlotte nicht einschlafen. Alle – sie inbegriffen – glaubten, dass sie Eiskunstlauf seit eh und je liebte. Doch am Abend hatte sie nur die Komödie ihres Lebens weitergespielt. Eiskunstlauf war ihr vollkommen gleichgültig geworden und ließ sie eiskalt. Was interessierte sie der »harmonische Fluss einer idealen Liebesvorstellung«? Scheiß drauf!

Eine Weile quälte sie sich mit Horrorvorstellungen, in denen Tobias allerhand Affären hatte. Diese Eifersucht würde sie umbringen, sie hatte jetzt Kopfschmerzen. Tobias war ungefähr so alt wie sie, als sie Helena und Oskar kennengelernt hatte. Was konnte sie schon von ihm erwarten? Niemals würde sie ihm so direkt begegnen wie den beiden. Sie waren zusammen jung gewesen!

Tobias' unwiderstehlicher Schmollmund verschwand im Nirwana. Stattdessen erschien ein regelmäßiger, präzise gezeichneter Mund, hübsch geschwungen. Im Halbschlaf hörte sie plötzlich Rudolph lachen. Sofort verschlimmerte sich ihre Migräne. Sie konnte ihn nicht ausstehen, denn er war ein richtiger Adonis. An seinem Aussehen war absolut nichts auszusetzen. Vergebens hätte man nach einem Fehler gesucht, nach zu großen Ohren, zu langer Nase, er hatte nicht einmal einen Pickel. Perfekt, der Typ war absolut perfekt! 1,85 m, 75 kg, allerhöchstens 35 Jahre alt, weder aus Schwaben noch aus Bayern – er sprach 1A-Hochdeutsch –, schwarzes dichtes Haar, dunkelblaue Augen mit extrem langen Wimpern, die auf den hohen Wangenknochen Schatten warfen. Viel Sex-Appeal, nicht nur dank des eleganten, geschmeidigen Körpers, sondern durch einen leicht ironischen – um nicht zu sagen: arroganten – Zug im Zahnpastalächeln. Ein Wunder, dass Rudolph kein Schauspieler war. Aber wer weiß? Vielleicht war er doch einer. Einer von der Sorte, die man in schicke Uniformen aus dem XIX. Jahrhundert steckt und irgendwo ins Bild als Dekoration hinstellt. Charlotte überlegte, dass er sie an den französischen Schauspieler Gérard Philipe erinnerte. Who knows, ob er nicht am Ende dessen Sohn war ... Aber Rudolph hieß mit Nachnamen »Hass«, und außerdem fehlte ihm diese Sanftheit, die aus dem fein geschnittenen Gesicht des »Fanfan La Tulipe«-Darstellers strömte. Wahrscheinlich war Rudolph ein ganz gemeiner, gerissener Egozentriker. Sie würde sich vor ihm in Acht nehmen.

Mitten in der Nacht wachte Charlotte durch einen Hustenanfall auf. Es brannte im Haus! Der Qualm stank fürchterlich, juckte in den Augen. Sie hatte vergessen, ihre Kontaktlinsen herauszunehmen.

Von irgendwoher kam ein leises Murmeln. »Von Süd nach Nord ... Von Ost nach West ...«

In der Dunkelheit erkannte sie einen Schatten, der ihr Zimmer langsam durchschritt. Sie knipste die Lampe an. Ein brennendes Etwas in der Hand, das nach Weihrauch und katholischer Messe stank, stand Oskar vor ihr.

»Was tust du da?«, fragte sie und rieb sich die Kontaktlinsen aus den Augen.

»Ich räuchere die Villa aus. Das hätte ich schon am ersten Tag machen sollen!«

»Was ist das, was da brennt?«

»Magicstick. Salbei! Toll, findest du nicht? Das verjagt die bösen Geister. Von den Menschen, die hier früher gewohnt haben ... und gestorben sind!«

»Meinst du, die sind schuld daran, dass wir immer nur streiten?«

»Bestimmt! Die Monster sollen fort. Jetzt sofort! Von Süd nach Nord ... In zehn Minuten lüften wir, und weg sind sie!«

»Huh! Hoffentlich räucherst du uns nicht alle mit aus!«

14. AM PAPAGEIENSTRAND

Je länger sie darüber nachdachte, desto weniger konnte Charlotte begreifen, was Oskar und Helena an Rudolph fanden. Er war hübsch, seine Stimme klang einigermaßen angenehm. Ansonsten kam er ihr oberflächlich und materialistisch vor. Außerdem lachte er immer an den falschen Stellen. Das störte Charlotte besonders.

Alles in allem hielt sie ihn für ein bisschen unterbelichtet. Immer wieder studierte er mit dem konzentrierten Blick eines wahren Kunstkenners das Bild der Flamencotänzerin, wobei er fast mit der Nase daran stieß. Womöglich dachte er, es sei von Picasso! »Kam der nicht irgendwie aus Spanien?«

Rudolphs Schreiberei machte Charlotte sehr neugierig. Sie würde ihn nach einem seiner »Romane« fragen! Rudolph hatte sich bereit erklärt, das Drehbuch zu schreiben, wobei er betont hatte, dass sie sich alle auf Überraschungen gefasst machen konnten. Jetzt aber war Helena mit ihm abgehauen, um das zu diskutieren. Nervös irrte Oskar durch die Villa.

»Kannst du dich nicht mal hinsetzen?«, fragte ihn Charlotte. »Oder sollen wir einen Ausflug machen?«

Sie fuhren zu den Papageienstränden. Dort, so hatte Inselspezialist Rudolph in der Languste erklärt, sei es viel schöner als bei den Flamingos.

Der Weg zu den »Papagayos« war eine Holpertour mit Steinschlag und tiefen Wagenrillen. Weil er sich Sorgen um sein Auto machte, fuhr der Taxifahrer extrem langsam und meckerte die ganze Zeit. Sie überholten einen Althippie, der splitternackt Rad fuhr, was den Taxifahrer noch mehr verärgerte. Aber schließlich befanden sie sich in einem Naturschutzgebiet, also war es nicht verwunderlich, vom Aussterben bedrohte Spezies anzutreffen. Schließlich ließ er sie an einer Wegkreuzung raus. Weiter wollte er nicht fahren.

Oskar und Charlotte gingen zu Fuß weiter. Charlotte hatte sich immer noch keine neuen Schuhe gekauft, ihre Füße schmerzten.

Sie kamen zu einem breiten Strand, von Familien besetzt, die als Sonnenschutz für die Babys kleine Zelte aufgebaut hatten. In der Languste hatte Rudolph ihnen erzählt, sie bräuchten nur weiter zu laufen, um zu Buchten zu gelangen, die nur ein paar Surfern und Tauchern bekannt waren. Tatsächlich fanden sie bald einen idyllischen weißen Strand, kaum besucht und von Felsen umringt, gegen die wilde, schäumende Wellen schlugen. Zwischen den Steinen hinterließ die Brandung Mini-Seen, in denen sich kleine Krebse seitwärts bewegten. In der bezaubernden Landschaft waren die Menschen das einzig Hässliche. Und allesamt waren sie nackt. Hängende Bäuche mit Operationsnarben, schlaffe Haut an Oberarmen und Schenkeln. Und diese Art, sich breitbeinig in die Sonne zu legen, wozu war die gut? Sollte die Innenseite der Schenkel besonders braun werden? Oder handelte es sich dabei um einen besonders intimen »Gruß an die Sonne«?

Charlotte, die Oskar noch nie vollkommen nackt gesehen hatte, fragte ihn, ob er vorhätte, Striptease zu machen. Zu ihrer Erleichterung sagte er nein.

»Weißt du, was der größte Schock in meinem Leben war?«, sagte er. »Als meine Schamhaare weiß wurden!«

Charlotte, die den faltigen, hängenden Schwanz eines älteren Mannes mit rotweißen Haaren erblickt hatte, fragte Oskar, was es mit diesem »aktiv-passiv-Verhalten bei den Schwulen« auf sich habe. Schloss das eine das andere aus?

»Ach! Das ist alles Quatsch! Bei den Spießern gibt's sowas, ja! Sie haben eine ganz feste Rollenaufteilung. Obwohl ... Ich muss zugeben, als ich mich mal in Patrick verliebt hatte, da ging's überhaupt nicht, denn wir waren beide keine Lesben!«

»Seit wann weißt du, dass du schwul bist?«

»Oh! Seit immer! ›Flipper‹! Kennst du diese Fernsehserie über Flipper, den Delphin? Ich hatte mich in den Vater von Sandy verliebt. Sandy, weißt du noch? Der, der wie Tom Sawyer aussah! Nachts stellte ich mir vor, dass der Vater auf unseren Balkon kletterte und unter meine Decke kroch. Vor Aufregung habe ich ins Bett gepullert!«

»Sag mal ... Tut es dir nicht leid wegen deines Schwulentheaters? Dass die anderen ohne dich weiter machen? War doch ursprünglich deine Idee?«

»Mmmh ... Als Teenager war es mir wichtig. Aber Politik interessiert mich nicht mehr. Dich auch nicht, oder? Weißt du, ich bin sehr faul geworden. In Berlin erledige ich nie mehr als drei Sachen am Tag: Baden, in den Park gehen, an meine Mutter denken. Das wär's dann!«

Unter ihren Berliner Bekannten war Oskar der einzige Typ, der sich in Parks herumtrieb. Die albernen Träumereien, die versponnene Liebe zur Natur, dafür auch liebte sie ihn. Vielleicht lag es daran, dass er ein waschechter Berliner war – wahrscheinlich der einzige, den Charlotte je kennen gelernt hatte –, auf jeden Fall stand er auf Grünzeug. Nur Großstädter stehen auf Grünzeug! Verbrachte lange Nachmittage im Botanischen Garten, ging alle neugeborenen Bären im Zoo besuchen. Besichtigte immer wieder gern Friedhöfe, legte Tulpen auf Nicos Grab. Stand stundenlang vor der Gruft der Gebrüder Grimm Schmiere, auf der Lauer nach Elfen. Und ging aus Spaß auf den Hundefriedhof, wo die allerliebsten Abschiedsworte im Marmor eingraviert waren. »Adieu Fifi Scheißerchen! Für unseren einzigen wahren Freund! Gerd und Gertrud.«

»Bist du müde von der Welt?«, fragte Charlotte.

Oskar hatte sich in den Sand ausgestreckt und benutzte seine bestickte Tunika als Kopfkissen.

»Relax, relax baby, be cool!«, sagte er zu sich selber.

»Regst du dich auf?«

»Helena regt mich auf. Sie ist zu dick, sie nimmt zu viel Platz ein! Sie gönnt einem nichts, reißt alles an sich!«

»Du bist eifersüchtig!«

»Gar nicht! Aber, Darling, ich habe Rudolph aufgetrieben! Ich wandelte im Schlaf, und da ist er mir erschienen. Unterm Vollmond haben wir uns geküsst, Fledermäuse flatterten um uns herum, wilde Wölfe heulten in der Nacht.«

»Du spinnst!«

Nebenan unterhielten sich zwei nackte deutsche Touristenpaare.

»Wie, ihr habt kein RTL? Also, wir haben RTL und SAT.1, ja eigentlich haben wir alles!«, sagten die, die standen.

»Hmm ... Dann werden wir uns an der Rezeption beschweren«, sagten die, die lagen.

Die einzige Frau, die Oskar und Charlotte an diesem Strand gefiel, war »die Indianerin mit den dicken Möpsen«. Eine große Frau mit sonnengebräunter Haut und langen schwarzen Zöpfen, die ohne Begleitung gekommen war, und die sich mal auf den Bauch, mal auf den Rücken drehte. Hin und wieder stand sie auf und lief entschieden ins Meer. Ihre lederne Haut spürte die Kälte nicht. Sie ließ sich hineinfallen, legte sich auf den Rücken, wobei ihre Zöpfe sich wie Schlangen um sie wanden, schwamm ein bisschen und schmiegte sich wieder in den Sand, ohne sich abzutrocknen.

Gerade war sie im Wasser, als ein schüchternes Pärchen – wahrscheinlich aus England – sich den Wellen näherte. Sobald ihre rötlichen Füße nass wurden, fröstelten sie. Ihre Haut war noch schneeweiß, Charlotte hätte schwören können, dass sie Sommersprossen auf den Knien hatten. Der Mann fixierte die Indianerin, deren großzügigen Brüste wie zwei braune Inseln aus dem Ozean ragten. Er wollte nicht feige wirken, ließ die Hand seiner Frau los, warf sich in eine Welle und erschien ein paar Meter weiter an der Seite der Indianerin wieder, die sofort mit ihm zu spielen begann. Ihre Zöpfe wickelten sich um seine Schultern wie die Tentakeln eines Oktopusses. Keine Ahnung, was sie zu ihm sagte, aber er lachte laut, während seine Frau dumm dastand. Aber dann rief die Indianerin der Ehefrau etwas zu – Charlotte wusste nicht, was es war, der Wind und die Wellen waren so laut –, und die Frau lächelte und begann, sich den beiden Badenden zaghaft zu nähern. Ja, »sea, sex and sun«, so war's im Urlaub, raus aus dem Büro und hoppla!

Als niemand mehr im Meer war, ging Charlotte baden. Währenddessen schlenderte Oskar gebückt über den Strand, auf der Suche nach Muscheln oder Steinen. Lange stand Charlotte am selben Fleck, das Wasser reichte ihr bis zu den Knien. Sie hatte keine Lust weiterzulaufen, die Wellen erschreckten sie, und sie fror. Das Bild des Ozeans, der sich am Horizont mit dem Himmel vereinigte, erregte sie. Sie hasste Aufenthalte auf dem Land oder in den Bergen, das war so langweilig, aber das Meer liebte sie. »Die Gebirge sind wie Theater, aber das Meer ist wie Kino!«, dachte sie, und ihr fielen ein paar Reime ein, die sie in der Schule gelernt hatte: »Freier Mensch, immer wirst du das Meer zärtlich lieben. Das Meer ist dein Spiegel. Du betrachtest deine Seele und …« Wie ging es weiter? Unfassbar! Vor einem Jahr noch hätte sie ohne Stocken das ganze Gedicht aufgesagt!

Während sie grübelte, türmte sich eine meterhohe Welle auf. Charlotte rannte zurück in Richtung Strand. Zu spät! Die Welle brach über ihren Kopf und zog sie vollkommen aus. Ihr Hut war weg, ihr Bikinioberteil war weg. Lediglich ihr Höschen hing noch an einem Fußgelenk. Benebelt stand sie da und hörte Glocken läuten.

»Oskar! Oskar!«, rief sie. »Hast du das gesehen?«

Oskar lief ihr lachend entgegen.

Als sie wieder im Sand lagen, zeigte er ihr die »fantastischen Steine«, die er gefunden hatte. Sie unterschieden sich kein bisschen von den anderen Steinen am Strand, doch Oskar fand sie besonders.

15. DOMINATRIX

Langsam war es nicht mehr zum Aushalten. Seit Tagen trieb sich Helena mit Rudolph herum, und Oskar war mies gelaunt. Dass Rudolph Helena nur noch bis zur Treppe begleitete und nicht mehr ins Haus kam, stürzte ihn in Verzweiflung. Charlotte gähnte vor Langeweile, rauchte trotz Nikotinpflaster eine nach der anderen. Ob man je zum Drehen kommen würde, war nicht absehbar.

Während Rudolph mit seinem weißen Jeep wendete und zu seiner Hütte zurückfuhr, erschien Helena mit rosigen Backen im Park. Ein Glück, dass Oskar spazieren gegangen war! Dieses »Teeniegetue« konnte er nicht ausstehen.

»Kannst du Rudolph mal bitten, mir einen Roman von sich zu pumpen?«, fragte Charlotte.

»Wieso?« Helena war außer Puste. »Willst du ihn kontrollieren? Ob er was draufhat?«

»Genau. Außerdem will ich, dass ihr mal weiterkommt. Habt ihr wenigstens die erste Szene fertig? Dann könnten wir sie abdrehen.«

»Fertig ist die. Aber du kommst da nicht drin vor.«

»Mir egal. Ich halte das Mikro.«

»Ins Bild!«

Es war wirklich seltsam, was für Mengen an Zeit Helena und Rudolph in dessen Häuschen oder wer weiß wo verbringen konnten. War der Typ Masochist? Womöglich peitschte sie ihn aus, haute ihn mit einem Ruder platt oder aschte ihm in den Mund. Oh nein, das nicht, sie rauchte ja nicht mehr!

Schließlich hatte Helena als Dominatrix gearbeitet, damals, als sie irgendwann in den Neunzigern »für immer« (also für ein Jahr) nach New York gezogen war. Auch schon in den Achtzigern hatte Helena nicht nur hinterm Ego-Tresen in Berlin gearbeitet, sondern auch im Sexgewerbe. Nach dem Motto: »Frauen lassen sich das Ausleben einer Sexualität, die nicht die ihre ist, sie aber benutzt, immer öfter bezahlen.« (Gudula Lorez) Die Peepshow befand sich am Olivaer Platz. Für fünf Mark ein, zwei Modelle, die Minute eine Mark, die Modelle wechselten alle fünf Minuten.

Helena war sofort eine Koryphäe. So wunderschön, so roboterhaft modern. Wegen ihrer Größe wurde sie bald nur noch als »Der Funkturm« angekündigt. Sie machte irrsinnig viel Kohle und bekam nur hin und wieder vom Boss einen Anschiss, weil ihre Füße dreckig waren.

Charlotte hatte auch mit dem Gedanken gespielt, Helena in der Peepshow zu begleiten. Sie war total blank, und von der »Heiligen Familie« war nichts zu erwarten: Seit Monaten hatte sie sich dort nicht mehr gemeldet. Von ihrem Vater kamen schon Briefe, die wie Formulare aussahen. Er stellte ein paar Fragen, sie brauchte dann nur noch das Kästchen »Ja« oder das Kästchen »Nein« anzukreuzen. Natürlich warf sie die Briefe in den Mülleimer.

Der Gedanke, sich vor fremden Männern auszuziehen, beunruhigte sie ein bisschen. »Mir egal, ich bin sowieso kurzsichtig. Ich ziehe meine Kontaktlinsen nicht an, und dann ...« Aber nach einem einzigen Versuch war klar, dass Charlotte nicht in der Peepshow arbeiten konnte. Selbst ohne Kontaktlinsen.

Lag alles an ihrer missratenen Erziehung.

Und Papa fragte: »Alles in Ordnung?

Antwort: Ja.

Auf dem Strich?

Antwort: Nein.

Unter dem Strich?

Antwort: Ja.«

Brief zerknüllen und ab in den Müll damit!

Charlotte wollte eine Party in der Villa organisieren. Geschickt würde sie im Laufe des Abends das Gespräch auf das Filmprojekt lenken.

»Für die Party werde ich kochen!«, kündigte sie stolz an.

»Bitte nicht! Wenn du kochst, schmeckt's wie im Krankenhaus!«

Wieso war Charlotte nicht einfach mit Tobias – der inzwischen verschollen war – in den Urlaub gefahren? Oder mit ihrer Rabenmutter? Einer entfernten Kusine, egal!

16. SALON SHEHERAZADE

Ein letzter Blick in den Spiegel. Früher hatten sie sich gern zu dritt im größten Friseursalonspiegel betrachtet, bevor sie ausgingen. Sie standen eng beieinander, jeder nur mit sich und seinem Look beschäftigt. Wie hübsch und mager sie damals aussahen! Charlotte fühlte sich plötzlich in die Friseursalonzeit zurückgesetzt und bildete sich ein, dass sie und ihre Freunde sich aus Spaß als »kleine

Alte« verkleidet hatten. Helena streute sich Mehl aufs blonde Haar. Sie trug eine übergroße Hildegard-Knef-Brille, Perlmuttnagellack, Perlmuttlippenstift. Einen Oma-Hosenanzug aus Jersey, beige natürlich. Und Gesundheitsschuhe »aus dem Osten«. Oskar stützte sich auf einen Stock. Sein falsches Bärtchen war schräg angeklebt. Er hatte sich oben auf dem Schädel einen Kreis Haare abrasiert, ein kleines Kissen unter den Pullover geschoben, seine Jeans mit Bundfalten waren ganz verwaschen. Und sie, Charlotte, trug auf den rot gefärbten Haaren eine selbst gehäkelte Mütze mit Blumen – sie ähnelte einem Blumentopf. Mit einem Kajalstift malte sie sich Falten aufs Gesicht. Sie hatte ein italienisches Damenkleid an – dunkelblau mit klitzekleinen weißen Punkten und einem großen schwarzen Teerfleck am Hintern –, blickdichte Strumpfhosen und flache Stoffschuhe mit extrem dünnen Sohlen, durch die man jeden Stein spürte.

»Schmeiß die Musik an, Oskar!«, rief Charlotte mit zitternder Stimme. Auf seinen Stock gestützt humpelte er zum Ghettoblaster. Klare Sache! Jetzt spielten sie »die kleinen Alten« wieder! Beim Kichern verlor Charlotte beinahe ihr Gebiss.

Das war das Lieblingsspiel von Charlotte und ihren Geschwistern gewesen. Deswegen hatten alle Laporte-Kinder Narben an den Augenbrauen. Die »kleinen Alten spielen« bedeutete, tief gebeugt auf dem Bürgersteig zu laufen. Da der Bürgersteig in Charlottes Straße sehr eng war, mussten die Kinder ganz dicht an den Häusern entlang. Wie »kleine Alte« gekrümmt, übersahen sie die Fensterladenarretierungen aus Eisen, rannten dagegen und ritzten sich die Augenbrauenbögen auf. Heulend und das Auge voller Blut rannten sie zu ihrer Mutter, die auf die Wunde Mercurochrom (Quecksilberoxydul) schmierte.

Eine wilde Party! Es lief »Küss mich, als ob es wär' das letzte Mal« von DAF und »All tomorrow's parties« von Velvet Underground. Noch fehlte es an Gästen. Rudolph war nicht da.

Charlotte zündete sich eine Zigarette an und hustete wie eine schwer Lungenkranke. Helena lächelte. Dank ihrer N.A.-Kurse hatte sie es geschafft, mit dem Paffen und so weiter aufzuhören. Charlotte fand, dass Helena sie an Nico erinnerte. Das fiel ihr ein, als gerade das Stück »One more chance« aus dem Ghettoblaster ertönte.

Charlotte war wahnsinnig traurig, denn bald musste sie ein neues Leben anfangen. Nie wieder rauchen, nie wieder trinken. Zwar kam sich Helena ganz cool vor, aber wenn Charlotte an die N.A. dachte, wurde ihr ganz übel. Dahinter vermutete sie eine Sekte. Fast so schlimm wie die Scientologen, diese Typen, die Frauen verbieten wollten, beim Gebären zu schreien. Charlotte hatte schon so oft aufgehört, mit dem Rauchen aufzuhören, dass sie genau wusste, wie es ging. Am Anfang der Entwöhnung entstand eine Art Euphorie, die schnellstens verschwand. Dann blieb nur noch das Gefühl: Entweder ich rauche oder ich beiße. Sie biss einmal, alle waren entsetzt, also rauchte sie wieder.

Endlich kam Rudolph.

»Oh! Was hast du mit deinem Bein gemacht, Oskar?« Er küsste ihn.

»Ganz schlimm den Fuß verstaucht. Wahrscheinlich Bänderriss, oder Knöchel kaputt, oder beides!«

»Morgen bringe ich dich ins Krankenhaus! Aber der Stock steht dir!« Rudolph wandte sich den Frauen zu. »Wie elegant, meine Damen!«

Während er Helena küsste, lächelte er Charlotte zu. »Und wie gut es hier duftet!«

»Charlotte hat gekocht«, sagte Helena.

»Französisch!«, fügte Oskar hinzu, und beide tauschten vielsagende Blicke aus.

»Très bon! Béchamel!«

»Crème fraîche! Oh la la! Mais quel blâmage! Le fromage est dans le garage!«

Die gute Nachricht: Morgen würde man mit dem Dreh beginnen. Die Kamera passte zwar nicht aufs Stativ, aber Oskar wollte da etwas zusammenbasteln. Es gab keine schlechte Nachricht.

In der ersten Filmszene würde Demenzia mehrere Männer umnieten, allesamt von Rudolph gespielt. Und zwar mit Rattengift, Digitalis und Rhododendron, mit einer semiautomatischen Anschutz, die man noch im Spielzeuggeschäft ergattern musste, und mit einer Wäscheleine, oder noch besser einer Angelschnur. Jeder Mord würde von vorne, von hinten, von oben, von unten und von beiden Seiten gedreht werden, so dass man mit einer schnellen Schnitttechnik einen ganz tollen Effekt erreichen würde. Und was würde Demenzia zu ihren Opfern sagen? Um die Dialoge kümmerte sich Rudolph, der geheimnisvoll tat.

Helena tanzte mit Charlotte, Rudolph mit Oskar und dessen Stock. Es lief die »traurige Mix-CD« mit Liedern von Buffy Sainte-Marie, Kahimi Karie und Françoise Hardy. Helenas großer, breiter Körper fühlte sich ganz fest an, und sie sang leise und ein bisschen falsch zur Musik.

Charlotte betrachtete Oskars Hände mit den vielen Ringen auf dem Rücken seines Partners. Hin und wieder lachte Rudolph lauthals.

»Tanzen, um zu beweisen, dass man nicht existiert«, zitierte Charlotte Alain Pacadis.

»Partnertausch!«, rief Helena und schnappte sich Rudolph. Sie war genauso groß wie er, führte ihn, und er hatte Spaß daran, schmiegte sich an ihren Körper.

Wegen entsetzlicher Fußschmerzen musste Oskar sich kurz hinsetzen. Charlotte mixte sich einen Drink und drehte sich allein weiter, ein Glas in der Hand.

Dann kam Rudolph zu ihr, nahm ihr das Glas ab und tanzte mit ihr. Er roch amüsant. Das Parfüm erinnerte sie an längst vergangene Zeiten, an die Jungs aus ihrem Gymnasium. »Kouros« von Yves Saint Laurent, nicht gerade fein! Und unglaublich, dass es noch hergestellt wurde!

»Du machst mir Angst, Charlotte!«, flüsterte er ihr ins Ohr, aber sie war nicht sicher, richtig gehört zu haben.

Wie ein Schmetterling flatterte er den ganzen Abend von einem zur nächsten, charmant und immer wieder aus heiterem Himmel lachend.

Es wurde kalt. Wie der Cromagnon-Mensch* wollte Rudolph Feuer machen, wusste auch sofort, wo Holz gelagert war. Leider zog der Kamin nicht richtig, und bald war der ganze Salon verqualmt.

Sie gingen auf die Terrasse. Am Himmel war kein einziger Stern zu sehen. Im eisigen Wind bewegten sich die Palmen wie die Federhüte der Crazy-Horse-Tänzerinnen.

»Morgen gibt's Scheißwetter«, sagte Meteorologe Rudolph.

Charlotte, die zu viel Whisky getrunken hatte, regte sich auf und fand ihn dumm. Hin und wieder lächelte er sie unterwürfig an. Sollte er doch bei Helena den Sklaven spielen!

Charlotte ging als Erste in den Salon zurück, trank noch einen Whisky und legte eine CD auf. Laut grölte sie mit.

»Alle Jungen und Mädchen meines Alters
Laufen durch die Straße zu zweit.
Alle Jungen und Mädchen meines Alters
Wissen wohl, was es heißt: glücklich sein.
Und die Augen in den Augen,
Und die Hand in der Hand,
Gehen sie, ganz verliebt,
Ohne Angst vor Morgen ...«

Während sie die Schatten ihrer drei infamen Kumpanen auf der Terrasse wahrnahm, drehte sie sich einen dicken Joint.

Und dann fing der Raum an sich zu verändern. Qualm breitete sich aus, immer mehr, die Decke rückte zum Boden und der Boden zur Decke. Charlotte hing ganz oben mit dem Kopf nach unten und sah alles falsch rum. Mon dieu! Es war ihr unsagbar schlecht. Sie rannte ins nächste Bad und, auf dem kalten Marmor sitzend, hielt sie den Kopf in die Kloschüssel. Sie liebte die Kloschüssel, ja, sie umarmte sie. Und würgte und wusste, ihr eigenes Krankenhausessen bekam ihr schlecht. Ihre Haare hingen ins Klo, sie musste kotzen, soviel, dass es wehtat. Und nie wieder, nie wieder würde sie zugleich kochen und trinken und kiffen. Von weitem hörte sie

* Unterm Kapitel Prähistorie bei Google bitte nachprüfen.

»White Rabbit« von Grace Slick und den Jefferson Airplane. Die anderen kümmerten sich nicht um sie. Sie konnte abkratzen, es ließ sie alle kalt. »Go ask Alice, Go ask Alice ...«

Charlotte stand blass und mit nassen Haaren im Türrahmen. Im Salon ging es zu wie bei Sheherazade. Pascha Oskar war mit seinem schweren Schmuck in einem Sessel eingeschlafen. Helena lag wie die tote Königin herself lang gestreckt auf dem Sofa. Rudolph kniete auf dem Boden vor ihr. Ihre lange Hand hing nachlässig auf seiner Schulter.

Als Rudolph Charlotte entdeckte, legte er den Zeigefinger auf die Lippen und machte »Psschtt!«. Charlotte drehte sich weg und ging in ihr Zimmer.

Gerade wollte sie ihre Tür schließen, da merkte sie, dass Rudolph ihr gefolgt war. Aber er sah sie nicht an, sondern drehte die idiotischen Gemälde im Flur um. Wozu bloß?

17. BÜHNENKOSTÜME

Der Erfinder des Aspirins war ein Genie. Langsam ging es Charlotte besser. Draußen regnete es, aber das war nicht so schlimm. Sie konnten in der Villa drehen.

»Wo ist Rudolph?«, fragte Oskar.

»Bei sich zu Hause«, antwortete Helena. »Er holt sein Drehbuch.«

»Sollen wir uns schon ein paar Einstellungen überlegen?«, schlug Charlotte vor.

»Geht nicht«, meinte Helena. »Ich hab nichts anzuziehen. Kein Kostüm, verstehst du.«

Sie wollte schwarzes Leder tragen, das wirkte schön gefährlich. Charlotte fand das abgedroschen.

»Demenzia, die Gans im Leder«, sagte sie und schlug vor, Helena solle sich rot anziehen. Oskar wiederum stellte sich die Mörderin in einem wehenden, schleierartigen Kleid vor.

»Das zumindest wäre einfach zu realisieren«, meinte Charlotte. »Wir bräuchten sie nur in Gardinen einzuwickeln.«

Aber Helena wollte sich wohl in ihrer Rolle fühlen, und dazu brauchte sie eine schwarze Ledermontur. Also mussten sie alle auf Rudolphs Rückkehr warten, damit sie mit seinem Jeep in die Stadt fahren konnten.

Schön erholt tauchte er am Spätnachmittag auf. Vielleicht machte er wie die meisten Spanier Siesta?

»Das ist das Drehbuch!«, sagte er stolz und drückte Charlotte eine Streichholzschachtel in die Hand.

In Katzenschrift hatte er auf die Schachtel folgende Worte gekritzelt: »Sex. Liebe, unerwidert. Rache. Diebstahl. Mord.«

»Das Drehbuch finde ich richtig gut«, sagte Charlotte. »Aber etwas knapp formuliert.«

Rudolph meinte, Godard hätte es beim Film »Außer Atem« genauso getan. Deswegen hätte Anita Ekberg abgelehnt, die Hauptrolle zu spielen. Später bereute sie bitter, dass sie den kleinen Clochard mit dem verbeulten Hut, dem schmutzigen grauen Mantel und der Streichholzschachtel nicht ernst genommen hatte. Die Geschichte beruhigte Charlotte ein wenig. Aber wiederum ... Wahrscheinlich war sie frei erfunden. Anita Ekberg mit ihren dicken Titten in der Rolle der kleinen Zeitungsverkäuferin? Rudolph hatte die Bildung jener Typen, die sich aufmerksam die Rückentexte aller Bücher durchlesen, niemals das Buch.

Sie stiegen in den Jeep. Für seine zahlreichen Rollen brauchte Rudolph noch Perücken und falsche Bärte. Charlotte wollte für den Film einen Männeranzug und fürs Leben einen Ersatzfilzhut. Und wenn sich alle schon etwas kauften, wollte Oskar auch etwas Neues für seine Garderobe. Am liebsten fein bestickt.

In Playa Blanca gab es nur Strandtücher, Pareos, Bikinis und Taucherflossen, also fuhren sie weiter.

In der nächsten größeren Stadt, Arrecife, stellte Charlotte überrascht fest, dass sie ein paar Maurern gut gefiel. Sie taten so, als würden sie am Straßenrand arbeiten, stattdessen sahen sie den Frauen hinterher. In Berlin waren alle Männer so darauf getrimmt, sich das Hinterherpfeifen abzuschminken, dass Charlotte komplett vergessen hatte, wie es war, auf offener Straße so sexy zu wirken! Und das bei ihrem Alter! Nicht übel!

18. »LES ENFANTS TERRIBLES«

Von Einkaufstüten und Kartons umgeben saß die Viererbande in einem Touristenrestaurant. Die Bedienung kam nicht. Als sie schon wieder gehen wollten, reichte der schlecht gelaunte Kellner ihnen eine deutsche Speisekarte.

Charlotte war nervös. Über ihr prangte ein Rauchverbotzeichen, und anscheinend hielten sich die Gäste daran. In El Golfo hingegen war das neue Gesetz allen egal. Ein Glück!

Aufgeregt unterhielten sich die anderen über Kunst und Filme. Helena und Oskar erzählten von ihrer Friseursalon-Kunstgruppe aus den Achtzigern. So viele gemeinsame Projekte! Ausstellungen, Konzerte, Modeshows, Filme!

So viele Streitereien, dachte Charlotte.

»Wieso habt ihr euch ›Die Friseure‹ genannt?« Rudolph tat interessiert.

»Weil wir den Namen glamourös fanden! Nicht wahr, Charlottchen?«

Charlotte nickte geistesabwesend. Rudolph drückte ihr eine Streichholzschachtel in die Hand. Schon wieder? Darauf war ein Teufel mit einer Mistgabel abgebildet. Charlotte fand das Bild hässlich.

»Wart ihr multimedial?«, fragte Rudolph wie ein Student der audiovisuellen Kommunikation.

»Wir wollten uns nicht spezialisieren.«

»Und alle nahmen an allen Projekten teil: Zeichnen, Malen, Filmen, Objekte kreieren, Kleider entwerfen ... Alle möglichen Ausdrucksformen ausprobieren. Universelle Künstler sein. Wir waren wie Jean Cocteau!«

»Verstehe.«

»Rudolph!«, rief Oskar. »Les enfants terribles, das waren wir!«

»Deswegen wurden wir nicht ernst genommen. Nur Spezialisten werden ernst genommen.«

»Quatsch, Helena!« Oskar war empört. »Du weißt doch, wie viele Fans wir hatten!«

»Ich weiß, wie viele Leute unsere Ideen geklaut haben.«

»Hat sich das Zeug überhaupt verkauft?«

»Mmmh! Nicht so toll!« Oskar lachte.

»Wer kauft Kunst? Kein Interesse daran, unsere Bildchen irgendwelchen Zahnarztpraxen oder Banken anzudrehen.«

Sie hätten sie sowieso nicht gekauft, dachte Charlotte.

»Aber ist es nicht hart, so viel zu produzieren und so wenig Erfolg damit zu ernten?«

Wie viel Erfolg hast du mit deinen Büchern?, wollte Charlotte fragen und glotzte dabei auf den Teufel mit der Mistgabel.

»Wir waren gegen Erfolg, stimmts, Helena? Ließen unserer Fantasie freien Lauf, fern von den Erwartungen des Publikums. Schockieren, ja, das gefiel uns! Eigentlich waren wir Punkrocker!«

»Punkrocker? Never mind the bollocks! Okay!«

»Ach, Rudolph!« Helena betrachtete ihn mitleidig. »In der Zeit warst du noch ein Baby!«

»Sagt mal, seid ihr Vertreter der Fun-Generation?«

»Kleiner! In unserer Zeit gab es keine Fun-Generation!«

»Nein! No fun!, wie in Iggy Pops Lied, das war eher unser Credo!«

Wie nebenbei legte Rudolph seine Hand auf Charlottes Knie. Sie war entsetzt.

»Wenn ich euch richtig verstehe, hatte das alles weder mit nouvelle vague noch mit Neuer Deutscher Welle zu tun!«

Rudolph brachte nur Allgemeinplätze in die Konversation, doch Helena und Oskar waren von seinem billigen Charme verblendet. Was er sagte, hatte überhaupt nichts mit ihm zu tun. Er plapperte nur um des Plapperns willen. Aber Charlotte war nicht blind. Und nicht taub. Rudolphs Stimme war von falschen Noten verfremdet, er war ein Meister der Tautologie. Oft wiederholte er einfach nur, was er gerade gehört hatte, und ließ dabei glauben, es selber erfunden zu haben.

Ist er ein Idiot, oder tut er nur so? Das war die Frage, die Charlotte beschäftigte.

Indessen erzählten die ehemaligen »Friseure« stolz von »Groovy Cats«, ihrem letzten gemeinsamen Projekt. Allerdings ohne zu erwähnen, dass es am Ende einen Riesenkrach gegeben hatte, der zur Explosion der Gruppe geführt hatte.

Gereizt sprang Charlotte auf, Rudolphs Hand fiel hinunter. Sie griff zu ihrer Handtasche und eilte zu den Toiletten. Diese miesen Kaffeetanten! Angeber! Egozentriker! Sture Wesen, absolut unfähig zur Gruppendynamik! Jeder glaubte, der Hauptakteur, das Genie der Bande gewesen zu sein. Doch nur gegenseitiger Neid hatte sie zusammengeschweißt.

Sobald Charlotte sich eingeschlossen hatte, zündete sie sich eine Zigarette an. Anschließend warf sie Rudolphs Streichholzschachtel in den Mülleimer, setzte sich auf den Klodeckel und grummelte.

Das ist nicht wahr, sie lügen! So war es gar nicht!

Nach unzähligen Hinterlistigkeiten und Gemeinheiten war die Friseursalon-Gruppe zerplatzt, und am Ende hieß es natürlich, es sei Charlottes Schuld gewesen!

Sie sprang auf und betrachtete sich im Spiegel. Wirklich, sie hatte die Nase voll davon, hässlich zu sein, jeden Tag hässlicher zu werden! Ihre Wut ließ sie noch schauderhafter aussehen. Rote Augen und nagelneue Falten an den Mundwinkeln. Sie stellte sich ihr Publikum als eine Hundemeute vor, die ihren Zerfall erwartete, die sich auf ihre Demontage richtig freute. Sie war zu alt, und es wurde immer schwieriger, es zu vertuschen. Mit ihrem eigenen Feuerzeug zündete sie sich eine neue Zigarette an, legte ihre Hände auf ihre Wangen und überlegte, dass sie nach einem leichten Lifting annehmbar aussehen könnte. Oder wunderbar? Doch, prima! Wie Linda Evangelista am Anfang ihrer Modelkarriere! Sollte sie es einfach mit Botox ausprobieren? Oder mit Fruchtsäure? Aber wenn sich das ganze Gesicht entzündete? Wenn sie dann überall verbrannt wäre? Krusten bekäme? Wie mit Käse überbacken?

Die Zigarette löschte sie unterm Wasserstrahl. Eines Tages würde sie es ganz einfach schaffen, mit dem Rauchen aufzuhören. Und dann wie Phönix aus der Asche wieder entstehen. Um die vorläufige Misere zu verdecken, trug sie eine dicke Schicht Make-up und ganz viel Puder auf. Dadurch bekam ihr Gesicht eine gesündere Farbe, aber sie merkte, dass es auch die Falten noch mehr hervorhob.

Als sie zurückkam, fragten alle, ob sie in Ohnmacht gefallen wäre. Bezeichnend, wie schnell sie zu ihrer Rettung gerannt waren!

Sie zahlte die Rechnung und stieg wortlos in den Jeep. Hinten rechts, das war im Familienauto ihr Platz gewesen. Und wie heute hatte sie auch damals meistens geschmollt. Sie kurbelte die Scheibe runter und ließ ihren Kopf heraushängen. Ihre roten Haare funkelten in der Nacht.

19. WAS ESSEN DIE STUDENTEN?

Dank Oskar, der nicht so arrogant wie alle anderen Ego-Besucher war, ging es mit Charlottes »Kunstunternehmen« langsam vorwärts: Am Rande bekam sie mit, dass Helena und Oskar eine Kunstgruppe gründen wollten, und zählte sich einfach dazu.

Oskar war ein echter Berliner, obgleich er nicht berlinerte und nicht »icke« und nicht »wat denn nu?« sagte. Durch einen Schulfreund aus seiner ehemaligen Schwulengruppe hatte er von einem heruntergekommenen Friseursalon in der Potse – also in der von Prostituierten gesäumten Potsdamer Straße – gehört, der für quasi nichts zu mieten war. Ein paar Waschbecken und Stühle, die man mit Hebel hoch und tiefer stellen konnte, standen noch da, ebenfalls einige Spiegel.

Eigentlich kam Charlotte den Friseursalon erst besuchen, als dieser schon »renoviert« war. Helena und Oskar hatten die Tapeten von den Wänden runtergerissen und die nackten Wände, auf denen ein paar Überbleibsel von uralten blutroten und dunkelblauen Farben und von unvergänglichen Blumen- und Wappenmusterstreifen zu sehen waren, mit durchsichtigem Lack überstrichen. Charlotte war von der kitschigen und zugleich knallharten Umgebung begeistert. Helena und Oskar hatten sich im Friseursalon eingerichtet, gingen nicht einmal mehr nach Hause schlafen. Helenas Ehemann erschien manchmal im Türrahmen und warf einen kurzen vernichtenden Blick in den Salon. Er war ein eleganter Typ und hatte sogar mal in einem Film mit Dennis Hopper aus den USA gespielt. Wenn Charlottes Gedächtnis sie nicht täuschte, so hatte er im Film sogar auf Dennis gepisst.

Charlotte hätte gern mit originellen Geschenken oder Konzepten aufgewartet. Aber das konnte sie nicht. Also lobte sie einfach nur alltäglich das Unternehmen, bis sie irgendwann wie die Friseurstühle zum Mobiliar gehörte.

Über den Namen ihrer Gruppe hatten sie sich gar nicht erst den Kopf zerbrochen. Alle hatten sie sofort »Die Friseure« genannt. Helena schrieb auf den fotokopierten Einladungen »Die Friseusen«. In Anbetracht ihrer grammatikalischen Studien über das Femininum und das Maskulinum machte das mehr Sinn. Dennoch fragten die Kunstinteressierten einander: »Gehst du heute Abend zu den ›Friseuren‹?«, wenn es im Salon eine Eröffnungsparty gab.

Merkwürdig! Alle waren verstummt. Lediglich Oskar, der neben Charlotte im Jeep saß, gab komische Geräusche von sich, regelmäßige »Hummm ... Hummm ...«-Laute, die an Kundalini-Yoga erinnerten. Helena war scheinbar ebenfalls eingeschlafen. Hin und wieder wurde ein Teil von Rudolphs Gesicht im schmalen Spiegel beleuchtet. Ernsthaft, konzentriert. Ganz anders als im wahren Leben.

Beim Friseursalon-Kunstprojekt gab es natürlich keine Chefs. Aber eine Chefin: Helena. Erstens war sie älter. War 68 mit Studenten in irgendeiner Stadt, die mit »-dam« endete, mitmarschiert. Hatte die Sehnsucht der damaligen Linken nachempfunden, sich mit dem Arbeitervolk zu solidarisieren. Hatte deshalb entschieden, Nutte zu werden.

Zweitens war sie klüger. Ihre Klugheit hatte nichts mit Bildung zu tun, die Schule hatte sie schon als Teenager verlassen, oder eher: Die Schule hatte sie entlassen. Aber sie grübelte gern. Und kam zu den abgefahrensten Schlüssen. Die sich alle sehr logisch anhörten und logisch waren – in der Optik einer Irrsinnigen! Wenn man die Nase voll hatte, sich Banalitäten über ein bestimmtes Thema anzuhören, war es sehr erfrischend, manchmal fast wie ein LSD-Trip, sich mit Helena zu unterhalten.

Drittens stand sie auf Macht. Nicht nur das: Macht bedeutete ihr alles. Deshalb war der größte Fehler, Helena zu zeigen, dass man sie gern hatte. Dann wurde man zertrampelt. Krieg! Ihr Leben war ein einziger Krieg. Freiwillig reihte sie sich ein unter die Schwulen, Schwarzen und Frauen, also den »drei am schlechtesten angesehenen Gattungen der Welt«. Sie selbst war ja eine Frau. Irgendwie. Eine Roboterfrau. Knallhart, gerecht und brutal. Eine Richterin, streng, aber gerecht!

Das zweitwichtigste Mitglied der Gruppe war Oskar. Er war auch ein Kämpfer, wenngleich mit anderem Stil. Ihm bedeutete Macht nicht viel, eigentlich gar nichts. In der Zeit stand er unter Schock, weil einige seiner Freunde »Schwulenkrebs« bekommen hatten. Jeder fragte sich, wie dieser Krebs entstanden war. Durch Genmanipulation? Durch grüne Affen? Und wenn, wo hätten sie einen beißen können? Er besuchte seine Freunde im Krankenhaus ohne Gasmaske, was einer Heldentat glich. In dem Mikrokosmos des Friseursalons und dessen Anhängerschaft bekam er viel Anerkennung. Man verzieh ihm sogar seinen Hang zur Mystik. Er kam gut an, weil er hübsch aussah, gut roch und ein Dichter war. Seine Art zu reden war reizend, voller Vergleiche, naturnah und schlichtweg verrückt!

Keiner konnte wirklich begreifen, was Charlotte, diese bourgeoise Französin, im Schlepptau der Domina und des abgefahrenen Schwulen zu suchen hatte. Sie plauderte gern – viel Unsinn. Am Montag vertrat sie die eine Meinung, am Dienstag die gegenteilige, wollte partout jedem gefallen und gehörte zum Psychiater! Aber Helena und Oskar wussten, was sie an ihr hatten: Ein Organisationstalent! Ohne sie wären die ganzen Vorhaben – durch zu langes Diskutieren und Überlegen und Träumen und Delirieren – unrealisiert geblieben. Sie war die Einzige, die einen Terminkalender besaß. Sie hatte die Fähigkeit, jede Aufgabe auf drei oder vier Punkte zu reduzieren, auf die sie sich konzentrierte. Und dann lief das auch! Schließlich war sie auch nicht ganz so konventionell, wie sie mit ihrem College-Outfit wirkte. Die anderen »Friseure« fanden sie witzig – wenn auch meistens unfreiwillig witzig.

Sie lernte alles von ihren Freunden, die ihr eine ganz neue Gedankenwelt eröffneten. Charlotte liebte sie. Sogar die Jungen, die sie beim Haarschneiden kennen lernte, waren ihr nicht so wichtig. Charlotte konnte nämlich auch noch Haare schneiden! In ihrem Dorf hatte sie allen Jungs neue Frisuren verpasst. Wären sie zum Dorffriseur Herrn Trémouille gegangen, hätten sie eine SS-Frisur bekommen! Im Friseursalon gewann sie allerhand neue Freunde, die ohne es zu wissen, an ihrer neuen Orgasmusuntersuchung teilnahmen. Jedes Mal war sie unsterblich verliebt, aber nachts träumte sie von Helena und Oskar. So ist sie, die französische Idiotie, wie bei Don Camillo! Zuerst kommt die Freundschaft. Sieht aber aus wie Feindschaft. Der kommunistische Bürgermeister und der Pfaffe trinken Pastis miteinander. Ach! Wie grauenhaft es für Charlotte war, sich an all die peinlichen Don-Camillo-Momente in ihrem Leben zu erinnern!

Die Straße war frisch geteert, was ein paar Autos dazu veranlasste, wie auf der deutschen Autobahn zu rasen. Der Lärm der Motoren mischte sich mit dem Tosen der Brandung. Auf Lanzarote war der Himmel weiter als anderswo. Gerade war er dunkelblau. Und in der Ferne erinnerte eine orangefarbene Wolke an die Hitze des vergangenen Tages. Hier und da leuchtete ein Stern. Das war pathetisch, kitschig wie ein Poster aus den Siebzigern. Charlotte betrachtete den Umriss der grauen, sanften Berge, von denen Steine runterrollten. Wie das kleine Gespenst aus der Villa hatte die Landschaft in der Nacht etwas Unheimliches und Gruseliges an sich, dennoch nichts Böses. Der Jeep rollte nah am Abgrund, aber Rudolph war ein guter Fahrer.

Die Welt der »Friseure« war klein und verschlossen, weit weg vom Rest der Welt. Eigentlich hatten sie überhaupt nichts mit »normalen« Menschen zu tun. Sie fühlten sich besser als der Rest der Menschheit, ihre Arroganz kannte keine Grenzen.

Kein Wochenplan. Im Salon putzte keiner, auch nicht, wenn eine Ausstellung dort stattfand. Waren die Gläser dreckig, brachte Helena saubere aus dem Ego mit. Mittlerweile arbeitete sie dort nur noch einmal in der Woche. Ihre Schicht war wie ein Bühnenauftritt. Von weither reisten die Gäste, um sich von ihr demütigen zu lassen.

Niemals kamen ihre Eltern zu Besuch, mit ihren Familien hatten Helena und Charlotte nichts mehr am Hut, sie hatten darunter einen Schlussstrich gezogen. Nichts mehr von sich hören lassen. Lediglich Oskar besuchte hin und wieder seine geschiedene Mutter, die sehr schön geblieben war und ihm ein bisschen Taschengeld zusteckte. Mit seinem Vater, einem Beamten, hatte er seit seiner Pubertät kein Wort mehr gesprochen.

Arbeit im herkömmlichen Sinne lehnten die drei ab, sie lebten von Arbeitslosengeld, Sozialhilfe und den Spenden von Oskars Mutter. Dennoch waren sie aktiv, hatten die perfekte Balance zwischen »superfaul« und »supertüchtig« gefunden. Für einen fremden Arbeitgeber hätten sie nicht einen Finger krumm gemacht, doch sobald das Datum des nächsten Friseursalon-Events festgelegt war, erwachten sie aus der Starre und machten sich ans Werk. Trafen sich jeden Tag. Nähten untragbare Kleider, malten Pornokitschbilder, kochten »essbare Kunst« und bestickten Dildos.

Ihre wahnwitzige Kunst nahmen sie sehr ernst, debattierten die Drehbücher ihrer B-Movies stundenlang. Nein, sie waren keine Vertreter der Fun-Generation, aber sie lehnten die Werte ihrer Eltern ab. In allem war ihr Hauptgedanke: Was würden unsere Eltern richtig hassen? Was könnte als Null Kunst verschrien werden? Was ist echter Underground?

Sie trugen irrsinnige Kleider wie von einem anderen Planeten. Auf der Straße taten sie so, als würden sie das Geglotze der Passanten nicht bemerken, doch ihr Selbstbewusstsein wurde dadurch gestärkt: »Soll doch die alte Kriegsmutter einen Kollaps bekommen!«

Oft hatten sie das Gefühl, beobachtet zu werden. Vor dem Friseursalon parkte ein Wagen, in dem zwei Typen sich hinter ihren Bild-Zeitungen versteckten. Helena ging mal an die Scheibe klopfen und streckte ihnen ihre lange Zunge raus.

Charlotte freute sich, ihr Ferienzimmer zu betreten. Das kleine Gespenst war heute so nett gewesen, ihre Bettlaken nicht als Dreieck zu falten. Dreiecke sind Anti-Feng-Shui, das wusste sie von Oskar. Sie liebte ihr Zimmer in seiner schlichten Klarheit. In Berlin besaß sie so viele Kleider und Schuhe und Bücher und Fotos und Platten und Firlefanz, sie ertrank im Chaos! Immer war irgendwas kaputt, und jeder Gegenstand erinnerte sie an grauenhafte Zeiten! Wie schön es war, aus dem Koffer zu leben! Mit offenem Fenster zu schlafen, wenn ein sanfter Wind hineinwehte.

Ob Rudolph damals von der Gruppe aufgenommen worden wäre? Charlotte streckte sich auf ihrem Bett aus und lächelte zur Decke. »Tut mir leid, Herr wie auch immer, Hübschsein reicht nicht aus!«

Ihre Kunstgruppe war ihr eigenes Universum, in das kein Fremder eintreten durfte. Typen mit Bart durften nicht in den Friseursalon. Diese »AKW-nein-danke«-Kerle mit Palästinenser-Tüchern im langen Haar. Und um die Hälse ihrer stinkenden Hunde. Hunde durften sowieso nicht in den Salon.

Nicht jeder kam in den Salon! Keine Carlos-Castaneda-Leser, keine Pazifisten, keine Müslifresser, keine Fastenkurspezialisten, keine Naturfreaks, die Körperkult betrieben und Angst vor Gift hatten. Die »Friseure« hielten nichts von den zotteligen Moralisten und deren öden Gesellschaftsanalysen. Ihnen war klar, dass die ganzen Ökos recht hatten, umso mehr, als im Mai Tschernobyl explodiert war – jetzt konnten sie nicht einmal mehr Salat essen –, aber die Typen sahen einfach vollkommen uncool aus!

Keine strickenden Tanten, die nur über »Chauvis« und »Softies«

sprachen, über »Beziehungskisten« und »Beziehungskrisen«. Keine New-Age-Affen aus der Bobkirche (»Church of Sub-genius«, neuester Ausdruck von Dummheit mit Flair), und natürlich keine Tabloid-Journalisten. Sie hassten die Presse, und besonders die billige, und bastelten immer wieder ironische Collagen aus den gemeinsten B.Z.- und Bild-Schlagzeilen.

»Die Friseure« waren wie eine Sekte. Begriffen sich als politisch, nahmen sogar an Hausbesetzerdemos teil und wie die anderen Demonstranten heulten sie bei Tränengas und rannten vor Schlagstöcken weg, hielten aber die meisten Squatters für zurückgebliebene Idioten. Nur Oskar schlief hin und wieder mit einem jungen Punker im besetzten Haus, kam dann unfehlbar mit Filzläusen, Krätze oder seltsamen Hautkrankheiten zurück.

Helena hatte mal von einer Demoschlacht profitiert, war durchs kaputte Schaufenster eines Kleiderladens gestiegen, um Lederjacken zu stehlen.

»Die Friseure« hatten viele Feinde, und es gab Streit, wenn einer der drei dabei erwischt wurde, mit einem Feind zu sprechen. Wer waren diese Feinde? Verachtenswürdige Künstler wie sie, die aber womöglich mehr Erfolg hatten.

Immerzu hatte man sie schräg angesehen und aus der Welt rausgeschmissen, nun setzten sie ihre Maßstäbe. Der Friseursalon war ein Privatklub mit einem ganz gemeinen sechzehnjährigen Türsteher in Armeeoutfit, von Generalin Helena eingearbeitet. Und wer kam durch das Nudelsieb? Allesamt Individualisten: junge übermüdete Menschen mit blassem Teint, Undergroundmusiker, New Yorker Schauspieler zu Besuch in Berlin, Vorzeigepunker, magersüchtige Mädchen, Drogenfreaks, Klugscheißer, ewig stumme Fische mit verlorenem Blick. Hippies hingegen waren nicht willkommen, wie doof sie mit ihren Latzhosen und Roots-Schuhen aussahen!

Und wenn die Aufmerksamkeit des jungen Türstehers im Camouflage-Muster nachgelassen und er irgendwelchen Soziologiestudenten den Zutritt gewährt hatte, so hieß es noch lange nicht, dass dieser Student mit offenen Armen empfangen wurde. »Was essen die Studenten? Enten!«

20. KOMM, KLEINER TYP, IN MEIN COMICSTRIP!

In ihrer Motorradfahrerkluft sah Helena fantastisch aus. Sie trug sogar eine kalifornische verspiegelte Polizistenbrille.

Sie schmierte sich Vaseline in die Haare, die sie nach hinten kämmte, zeigte ihre Metallzähne in einem breiten, zufriedenen Lächeln, und reichte Oskar die Vaselinetube.

»Hier, schmier damit die Linse an. Ich finde das schick, wenn die brutalen Szenen einen David-Hamilton-Touch bekommen.«

Wäre Rudolphs Drehbuch ernst zu nehmen und chronologisch auszuführen gewesen, hätte Helena sich sofort wieder ausziehen können. »Sex, Liebe – unerwidert«, so hätte es losgehen sollen. Keiner dachte mehr daran, ein Glück! Charlotte fand, dass es nichts Abgedroscheneres gab als Sex. Seitdem das dumme Volk die Missionarsstellung verachtete und in Ekel erregenden TV-Talkshows über seine Vorlieben für SM, Latex, Partnertausch und so weiter ausführlich berichtete und sie als neue Hobbys beschrieb, war sie gegen jede bildliche Sexdarstellung allergisch geworden. Sex war auch schuld an dem ganzen Schlamassel mit Tobias. Er war so jung, dass er sich immerzu beweisen musste, wie sexy er war!

Da die Sonne wieder schien, schlug sie vor, dass man draußen drehte. In ihrem Motorradfahrerkostüm würde Demenzia den Jeep fahren, den Tramper Rudolph mitnehmen, ihn zur Lagune schleppen, umarmen und hinunterwerfen.

Rudolph war mit ein paar Seiten »Dialog« angekommen, die er über Nacht entworfen hatte, und die ungefähr so klangen: »Komm kleiner Typ, in mein Comic Strip, komm Sprechblasen machen, du Dummkopf, dir werd ich es zeigen! BLING! Ich habe die Nase voll von dir! BLONG! Gib mir einen letzten Kuss! SMACK! Du stinkst! Aber Miss, aber Miss, aber Miss!

Nichts da RATSCH! Ich werde dein Blut trinken! SIPP! SCHLÜRF! GLUGLU! Du Hund! GRRRRRRR ... Sprich dein letztes Gebet! HALLELUJA!«

Da sich Helena keine einzige Zeile Text merken konnte und sich als Filmstar schon immer geweigert hatte, Dialoge zu lernen, begann Charlotte, große Buchstaben auf Pappschilder zu malen, die sie dann hochhalten würde. Sogar wenn das Mikro aus Versehen im Bild hing, würde man es nachher gar nicht erkennen, es eher für eine Hummel halten, denn es war klitzeklein. Was Besseres hatte Oskar auf der ganzen Insel nicht auftreiben können. Es gab auch kein Tonbandgerät, sondern nur einen Minidiskrecorder. Charlotte las die Gebrauchsanweisung durch und begriff kein Wort. Bei der Lektüre konzentrierte sie sich nicht, denn ihr war eine Super-Idee eingefallen.

»Wie wäre das, wenn Demenzia im Kloster groß geworden wäre?« – Charlotte hatte im Karnevalsgeschäft von Arrecife ein Nonnenkostüm gesehen. »Wir könnten sie als Kind zeigen, und dann ...«

»Helena als Kind!« Oskar lachte.

»Aber wieso nicht? Im Streifen ›Lady sings the blues‹ über Billie Holiday tritt Diana Ross mit langen Zöpfen als Mädchen auf, und damals war sie bestimmt schon fünfzig!«

Für einmal war Helena von Charlottes Idee angetan und sagte, mit einer dicken Schicht Vaseline auf dem Objektiv oder einer Strumpfhose darüber würde man das schon hinbekommen.

Nur um die Autostopszene zu drehen, brauchten sie drei Stunden. Helena konnte überhaupt nicht fahren. Sprang der Jeep an, so drückte sie panisch auf Gaspedal, Kupplung und Bremse, der Motor hustete ein paar Mal, und das war's gewesen.

Oskar stellte die Kamera ganz unten am Abhang auf, so dass man den Wagen in der Landschaft kaum sehen, und also den Fahrer ganz sicher nicht wiedererkennen konnte. Dann lieh sich Rudolph Helenas Brille aus und fuhr den Wagen selber. Dass er dann als Tramper gar nicht mehr im Bild war, störte nicht weiter. Schnitt. Nun stand der Jeep, Oskar drehte durch die Fahrertürscheibe. Mit ihrem Mikrofon störte Charlotte. Also stieg sie ins Auto. Um sich zu verstecken, hockte sie vor der Hinterbank.

»Wo fahren Sie hin, Miss?«, fragte der Tramper, der als Hippie verkleidet eines von Oskars bestickten Hemden trug und eine billige Afroperücke. Dann hatte Demenzia den genialen Einfall, »Zur Hölle!« zu antworten, leider streikte die Minidisk.

Als sie endlich bei der Lagune ankamen, war die Sonne schon im Begriff, ins Bett zu gehen, und es war so dunkel, dass sie überlegten, mit den Scheinwerfern des Jeeps Licht zu machen. Doch der Weg war viel zu eng fürs Auto. Rudolph fuhr nach Hause und holte eine Taschenlampe. Mit Klebeband befestigte Oskar die Kamera auf ihrem Stativ und hielt dann die Taschenlampe, die einen winzigen unnatürlichen Lichtpunkt auf Demenzias Lederjacke warf. Die Kussszene war gelungen, aber als Demenzia so tat, als würde sie Rudolph über das Seil in den Abgrund werfen, wurde er von Panik ergriffen und weigerte sich, weiterzuspielen.

»Ein Unfall ist so schnell geschehen«, wiederholte er und lachte gar nicht mehr. »Keiner denkt daran, und dann ist es passiert!«

»Okay, morgen kaufen wir ein Seil und drehen am Strand«, sagte Charlotte, »dann kann er in den Sand fallen und stellt sich nicht so an!«

Nach dem ersten Drehtag war Charlotte sehr skeptisch. Bis dato waren alle besten Friseursalon-Filme aus absurden Drehsituationen entstanden. Aus ihren Fauxpas hatte die Künstlergruppe immer das Beste rausgeholt. Aber das schien nicht mehr zu funktionieren.

Im Nachhinein kam es Charlotte so vor, als ob der Fall der Mauer auch das Ende des Friseursalons bedeutet hatte, obgleich die Gruppe noch einige Jahre danach weiter existierte. Aber war sie nicht eine typische Westberliner Erscheinung gewesen?

Die Tatsache, dass alle jetzt den Fall der Mauer als das Sinnbild für das Ende einer gesellschaftlichen Utopie, für das Ende der »kommunistischen Lüge« hielten, kam Charlotte absurd vor.

Sie und ihre Freunde hatten den historischen Augenblick verschlafen. Eines Nachts standen sie vor dem Ego, um etwas frische Luft zu schnappen. Alle trugen schwarzgraue Gewänder, hatten geweitete Pupillen und waren stumm wie Fische. Da kam ein

Bekannter vorbei und behauptete, die Mauer sei geöffnet. Sie fassten sich an den Kopf und schwiegen weiter. Dann sahen sie einen Trabant vorbeihumpeln, hielten ihn aber für eine Halluzination.

In ihrer ersten WG hatte Charlotte ganz nah an der Mauer gewohnt. Jeden Morgen lief sie da entlang, grüßte die Grenzwächter in ihrem Mirador-Wachtturm, sah hier und da einen Hasen in der »No-man's-land-Zone« hüpfen, kannte die Sprüche der Graffitis auswendig: »Keine Macht für niemand«, »Tanja fuck off«, »Alles Vergessene schreit im Traum um Hilfe«, »No future«, »Scandale cucuque«, »Freiheit für Mao« (Mao war ein Kreuzberger Anarchist, der ganz ungerechterweise im Knast gelandet war). Sie kannte flüchtig zwei französische Künstler, die sich in den Kopf gesetzt hatten, die ganze Mauer anzumalen. Duchamps war ihnen ein Begriff, und sie hatten seine Pissoir-Ready-Mades an die Mauer angebracht, was die Ostwächter dazu zwang, mit einer Klappleiter in den Westen runterzuklettern, um die Keramikteile zu entfernen. Charlotte kam beim Sonnenaufgang an ihnen vorbei ... Zum ersten Mal grüßten sie einander nicht. Die Grenzwächter kamen sich mit ihrer Klappleiter halb deplatziert vor, sie hatte zum ersten Mal Amphetamine ausprobiert und war ganz verkrampft. 1989: Plötzlich war Berlin keine »tote Stadt mit Stacheldraht« mehr, es gab nicht mal mehr die Mauer – jene Mauer, die ihr und ihren damaligen Freunden eine Art Freiheit bedeutet hatte. So sehr, dass ein paar Bekannte nach deren Fall es bevorzugten, die Stadt zu verlassen, in der Gewissheit, sie würde nie mehr »so sein wie früher«.

Und das wurde sie auch nie wieder.

21. FÜNFZIG ZENTIMETER KÜRZER

Obgleich sie richtig lange schlief, stand Charlotte immer als Erste auf. Gerade hatte sie sich einen Vitamin-Aspirin-Mix zubereitet, da kam Oskar in die Küche hereingeschneit.

»Ich habe es gesehen!«, rief er.

»Was?«, fragte Charlotte.

»Das kleine Gespenst! Sieht wie Rudolph aus. In kleiner Ausführung! Mindestens fünfzig Zentimeter kürzer!«

»Letzte Nacht war Rudolph in der Villa. Bestimmt warst du komplett verpennt und hast ganz einfach Rudolph gesehen!«

»Nein, Charlottchen! Das kleine Gespenst ist noch ein Kind! Waaahnsinnig hübsch! Ich hoffe, es kommt heute Nacht wieder. Dann rufe ich es ganz leise und verführe es!«

Im Flur hatte Helena das Ende der Konversation mitbekommen.

»Kinderschänder!« Wie eine strenge Lehrerin hielt sie Oskar den Zeigefinger vor die Nase.

»Aber wie? Vielleicht ist es schon 300 Jahre alt!«, erwiderte Oskar und wedelte dabei mit den Ärmeln seiner Djellaba.

Achselzuckend verließ Helena die Küche mit ihrer dampfenden Tasse Kaffee.

»Und?«, fragte Charlotte amüsiert. »Hat das kleine Gespenst mit dir geredet?«

»Nein. Es hat mich angestarrt.«

»Ist es auf dich gesprungen und hat dir büschelweise die Haare ausgerissen? In Maine behaupten Gruselschriftsteller, Gespenster würden sich ziemlich unartig benehmen ...«

»Nein. Es hat mich nur angestarrt.«

»Und du, was hast du dann getan?«

»Ich habe ihn auch angesehen. Rudolph als Kind! Einfach wunderschön! Genauso schön wie jetzt!«

»Ohne die Hintergedanken?«

»Ja. Ohne die Hintergedanken. Ich kann das immer noch nicht fassen!«

»Stimmt diese Lüge? Hast du auch nichts dazu erfunden?«

»Nichts. Ich habe nicht gesponnen, wenn es das ist, was du meinst!«

»War es wie ein Elf?«

»Wie ein Elf? Wie ein elfjähriger Junge?«

Mit ihren weit aufgerissenen Augen betrachteten Charlotte und Oskar Helena, die ihre Tasse wieder auffüllte.

»Er hat es gesehen«, wiederholte Charlotte. »Sieht wie Rudolph aus in klein!«

»Klarer Fall von Fixierung.« Helena, die den Zucker in ihrem Kaffee vergessen hatte, schnitt eine Grimasse. »Halluzinationen! Hoffnungslose Liebe!«

»Aber Helena, in der Villa spukt es, das hast du auch gespürt!«

»Nur weil Oskar es so will!«

22. EIN PHANTOM IM DACHBODEN

Mitten in der Nacht erwachte Charlotte. So verschwitzt, dass ihre Haare an ihrer Stirn klebten. Eindeutig vernahm sie Schritte über ihrem Kopf. Oskar hatte recht. In der Villa spukte es, und das Phantom wanderte auf dem Dach. Sie machte Licht, quälte sich aus dem Bett, zog Tobias' Schlafanzug an und verließ das Zimmer. Sie hatte ein bisschen Angst, musste dennoch unbedingt erfahren, was auf dem Dach der Villa geschah.

Ein Dieb vielleicht, der durch den Schornstein herabsteigen wollte? Oder ein gestiefelter Kater? Sie schloss die Haustür auf, lief bis zum Ende des gekieselten Weges. Eine leichte Brise wehte, und die Blätter der Palmenbäume raschelten. Im Mondschein konnte sie die Silhouette des Dachs ziemlich gut erkennen. Und dort gab es nichts, nicht mal einen Vogel!

Sie lief ins Haus zurück, schloss die Tür hinter sich ab, schritt durch die Räume, spürte mit ihren nackten Fußsohlen die verschiedenen Temperaturen der Marmorkacheln, Holzböden und orientalischen Teppiche.

Auf dem Weg zu ihrem Zimmer entdeckte sie am ganz anderen Ende des Flurs eine aufgestellte Leiter. Und eine Luke in der Decke, die ihr noch nie aufgefallen war. Leise kletterte sie die Sprossen hoch und erblickte einen niedrigen Dachboden. Unter dem Giebelfenster tanzten Staubpartikel im Mondschein. Wie dumm von ihr! Sie hatte kein einziges Mal daran gedacht, dass es im Haus einen Dachboden geben musste. Sie bückte sich, um sich den Kopf an den schrägen Wänden nicht zu stoßen, und lief auf Zehenspitzen durch einen dunklen, unsagbar heißen Tunnel, der nur hin und wieder von einem Lichtdreieck erhellt wurde. Ihr Hals war trocken, ihre Knie zitterten. Sie rang nach Luft. In dem Dachboden herrschte die Stille einer Gruft. Nur das Stakkato ihrer Pumpe war zu hören. Noch nie im Leben war Charlotte derart nervös gewesen. Hätte sie einen Herzfehler gehabt, hätte sie das nicht überlebt. Sie brauchte eine Ewigkeit, um das Ende des Tunnels zu erreichen.

Und plötzlich erkannte sie den Schatten eines Wesens. Ihr Herz schlug jetzt so heftig, dass sein beschleunigter Rhythmus laut in ihren Ohren nachhallte. Ihr Blick war verschwommen, ihre Beine wie gelähmt. Um ein Haar hätte sie das Bewusstsein verloren.

Eine Ewigkeit blieb sie hinter dem Schatten stehen und hielt den Atem an. Sie streckte ihre schweißnasse Hand aus, um auf die Schulter des Phantoms vor ihr zu klopfen. Für den Bruchteil einer Sekunde zögerte sie noch einmal. Sie hatte schon damit gerechnet, dass ihre Hand durch den immateriellen Körper flutschen würde und erschrak selbst über das laute »Toc-toc-toc«, das ihr Klopfen verursacht hatte.

Der Schatten drehte sich um, und sie erkannte Rudolph, der die Augen aufriss und sich wahrscheinlich genauso sehr erschrocken hatte wie sie.

»Rudolph, was ... Was treibst du denn hier?«

»Ich?«

»Ja, du!«

»Ich ... konnte nicht schlafen.«

»Wieso bist du nicht bei dir?«

»Ich war bei Helena.«

»Aber ich dachte, ihr würdet euch bei dir verabreden, wegen Oskar.«

»Oskar weiß nichts davon ...«

»Mir egal. Sind ja eure Geschichten. Ich wüsste nur zu gern, was du in unserem Dachboden zu suchen hast.«

»Nichts. Ich mag Dachböden, das ist alles.«

»Du suchst die ganze Zeit nach irgendwas, stimmt's?«

Ein paar Stunden zuvor hatte sie Rudolph allein in der Bibliothek vor dem alten Schreibtisch stehen sehen. Er hielt einen Briefbeschwerer in der Hand, der Charlotte an das Mordinstrument in Chabrols Film »Die untreue Frau« erinnert hatte. Ein unförmliches Etwas aus hässlicher Bronze, sauschwer und »echt Fünfziger« – wie die Berlin-Mitte-Flohmarkthändler ihre schrottreife Ware anpriesen ...

Charlotte sah sich im Dachboden um. Indessen hatten ihre Augen sich an die Dunkelheit gewöhnt, und wie eine Katze konnte sie die Gegenstände wiedererkennen, die sie umgaben. Ein paar zerschlissene Koffer, mit dicken Staubschichten bedeckt, ein alter Sessel, aus dem eine rostige Feder ragte, hässliche altmodische Stehlampen mit Schirmen wie die Hüte der Queen Elisabeth.

»Ich suche nach nichts als nach etwas Ruhe!«, sagte Rudolph irritiert.

Charlotte stemmte ihre Fäuste in die Seiten, schnellte hoch und stieß dabei mit dem Kopf gegen die Decke.

»Aua! ... Dann geh doch in dein Fischerhäuschen zurück und ruh dich dort aus!«

Sie lief ihm voraus, hielt sich dabei den Schädel, er folgte ihr wortlos und verließ die Villa, ohne sich noch einmal umzudrehen.

Am nächsten Tag zeigte er sich überhaupt nicht. Alle waren sauer auf ihn. Charlotte, weil sie umsonst die Filmausrüstung zum Drehort geschleppt und aufgestellt hatte, Helena, weil er mitten in der Nacht abgehauen war, ohne sich von ihr zu verabschieden, und Oskar, weil ihm mehr und mehr auffiel, dass er Rudolph gar nichts bedeutete, und weil er trotz Yoga und Zen-Meditation das Warten mehr als alles verabscheute.

Deprimiert hingen sie wieder in der Villa herum und wussten überhaupt nichts mehr mit sich anzufangen.

Früher hatten sie so viel gelacht. Sobald sie zusammensaßen, rief einer: »Und, was sind die letzten Gerüchte, die letzten Skandale?«

Dann ging es los, sie lästerten über die ganze Welt, übertrafen sich in Boshaftigkeit und gemeinem Humor und lachten Tränen.

Altern, war es das? Zu müde sein, sich zu amüsieren. Stumpfsinnigkeit, In-sich-gekehrt-sein, keine Neugierde mehr und keine Anstrengung, geistreich zu sein. Sich langsam in eine dunkle, tief summende Waldvegetation zu verwandeln.

Sie regten sich nicht einmal gemeinsam über Rudolph auf. Nein, jeder behielt seinen Groll für sich. Ein Mitleid erregendes Bild!

Charlotte verabschiedete sich von ihren traurigen, frustgeladenen alten Freunden, um in ihrem weißen Zimmer »Das blaue Zimmer« von Simenon weiter zu lesen. Der Roman gefiel ihr so gut, dass sie tagsüber eigentlich gar nicht mehr richtig leiden konnte. Georges wartet auf mich, dachte sie in schweren Stunden. Charlotte liebte Georges Simenon und hielt seine Bücher für schlimme Drogen. Auf die Kommissar-Maigret-Reihe konnte sie leicht verzichten – der alte Macho mit seiner Pfeife roch nach alten Socken –, aber die anderen Psychothriller fand sie sensationell. Außenseiter und neurotische Gestalten wurden dort dargestellt, egal aus welchem Milieu. Simenon war ein richtiger Maniac, ein besessener Kerl, der es mit dem ganzen Hauspersonal trieb, der seiner Familie verbot, krank zu werden, wenn er sich zum Schreiben einschloss – er schrieb über 400 Romane! –, und der aus allen vermischten Nachrichten, aus jedem persönlichen Drama (dem Selbstmord seiner Lieblingstochter sogar) einen superspannenden Thriller herzauberte.

Charlotte hatte nicht einmal eine Seite gelesen, als Oskar in ihr Zimmer stürzte.

»Er ist da! Er ist gekommen!«

Mon dieu! Der neue J.C.!, dachte Charlotte. Doch sie war zu neugierig und wollte nichts vom Wiedertreffen verpassen. Also sprang sie in Hose und Pullover und rannte in den Salon.

Oskar zog sich gerade um, ebenso Helena. Einsam stand Rudolph vor dem Portrait der Flamencotänzerin. Dieses Mal hatte er sogar sein Lieblingsbild abgehängt und suchte verzweifelt nach der Unterschrift des Künstlers auf der Rückseite des Rahmens!

Charlotte, die es peinlich fand, nach der Horrorgeschichte im Dachboden den Typen anzusprechen, lief schnurstracks in die

Küche, um eine wohlverdiente WWS (Weißweinschorle) zu trinken. Rudolph kam zu ihr.

»Charlotte? Wieso kannst du mich nicht ausstehen?«

»Ach! Unsinn!« Sie streichelte die Afro-Perücke. (Wieso hatte er sie an? Wollte er etwa mitten in der Nacht drehen?) »Ich mag dich, du bist hübsch!«

»Aber doof?«

»Was macht ihr da?«, unterbrach Helena die beiden.

»Ich habe Champagner kalt gestellt ...« Rudolph reagierte wie ein bei irgendeiner Dummheit erwischtes Kind. »Wir müssen den ersten Drehtag feiern!«

(Zufällig befanden sich kalt gestellte Champagnerflaschen im Kühlschrank. Das gibt's sonst nur im Film!)

»Na, dann Prost!« Beleidigt verließ Helena den Raum.

Später, als sie sich die Videoaufnahmen des ersten Drehtags ansahen, die irgendwie doch vage an »Faster, Pussycat! Kill! Kill!« erinnerten – das hatte man nur der Schönheit der Landschaft zu verdanken –, trank Helena doch einen Schluck mit, ja, sogar ein volles Glas Champagner. Sie lachte viel. Und am nächsten Tag war sie verschwunden.

23. HELENA, WO BIST DU?

»Oskar! Hast du Helena gesehen?«

»Nein. Ich wette, sie hat bei Rudolph geschlafen!«

In der letzten Nacht hatte Rudolph Charlotte im dunklen Park geküsst. Und wie er sie geküsst hatte! Welch ein Playboy, dass er anschließend die Nacht mit Helena verbrachte! Egal, Charlotte würde sich deswegen nicht den Kopf zerbrechen. Sie war aus dem Alter raus, in dem man für einen Kuss sein Herz hergibt.

Doch als Rudolph am nächsten Nachmittag in die Villa kam, wusste er auch nicht, wo Helena steckte. »Wie viel Geld hatte sie dabei?«, fragte er.

»Keine Ahnung ...«

»Nach dem, was sie für ihr Kostüm ausgegeben hat, kann es nicht mehr so viel gewesen sein.«

»Weiß ich nicht«, sagte Charlotte.

Der Film bereitete Helena doch Freude ... Gestern hatten sich alle ausnahmsweise prima verstanden. Es war wirklich erstaunlich, dass sie sich gerade jetzt aus dem Staub machte.

Die Übriggebliebenen fuhren durch die ganze Insel und fanden sie nicht. Am Anfang war es noch amüsant, sie glaubten sich in einem Agentenfilm und entwickelten die wildesten Szenarien. »Sie hat sich in einen Fischer verknallt, wollte mit ihm Oktopusse fangen, stattdessen zwingt er sie, als Nutte im Norden für ihn zu arbeiten.« »Sie wurde entführt! Per Post erhalten wir ihr abgeschnittenes Ohr und müssen dann total viel Lösegeld blechen.«

Im Art-Brut-Stil fertigte Oskar ein Phantombild von ihr an. Sie hielten es den Leuten vor die Nase, und in ihrem schlechten Spanisch stotterte Charlotte Nonsens zusammen. Aber die ganze Zeit machte sie sich Sorgen. Sie liebte Helena und wusste nicht weshalb.

Am Anfang hatte sich Charlottes Liebe zu Helena an Äußerlichkeiten festgelegt. Ihre Erscheinung hatte sie beeindruckt, denn Helena war eine sehr große, sehr schöne Frau. »Ja, ich bin die Tulpe, eine Blume aus Holland ...« Wie lief das Gedicht weiter? Auf jeden Fall ging es in den folgenden Strophen darum, dass die Tulpe besonders elegant war, leider hatte man vergessen, Parfüm in ihre Blüte zu gießen.

Aber bald hatten Helenas Intelligenz und »Sensibilität« – obgleich die Tulpe sich immer wieder gern wie die gemeinste fleischfressende Pflanze benahm – Charlotte zutiefst bewegt. Mit ihr zu reden, war berauschend, solch eine kluge Person, auf sehr originelle Art und Weise klug. Bis dato hatte Charlotte immer nur Wert auf Intellektualität gesetzt. Doch wie viel Angeberei und Besserwisserei hinter den scharfsinnigen Sprüchen der »dicken Köpfe« lagen! Helena, die gar nicht studiert hatte, hörte niemals auf nachzudenken. Und bei ihrem Nachdenken war sie absolut ehrlich. Eines wollte sie über alles in ihrem Leben: Die Welt und besonders sich selbst begreifen. Dabei war ihr bewusst, dass sie Opfer aller Moden war. Zuerst war sie wegen ihrem Vater auf Religion, später wegen dem nagelneuen Familienfernseher auf Hollywood-Filme aus den Fünfzigern abgefahren. Statt ihre Hausaufgaben zu erledigen, hatte sie sich alle schwarz-weißen Hollywoodstreifen reingezogen. Und schon sehr früh gewusst: Solche Leidenschaft bräuchte sie in ihrem Leben! So geschaffen war die junge Madame Bovary aus ...dam. In einem Land, in dem das Normale als »schon verrückt genug« gilt!

Später lauteten ihre Themen: Revolution, Sex, Ultrafeminismus, Drogen und Techno-Fitness. Doch zu all diesen Phasen in ihrem Leben hatte sie eine bizarre Distanz bewahrt, die sie stets in ihren Filmen oder Modeschöpfungen zum Ausdruck brachte. Über diese Distanz lächelte das Publikum und fragte sich, ob Helena nur mit Fashion-Begriffen spielte, oder aber ernst zu nehmen war. Aber die Frage stellte sich eigentlich nicht, denn Helena hatte instinktiv den hundertprozentig »besten Geschmack« – Charlotte zumindest war davon überzeugt.

Sie hatte sich an Helenas besonderen, sehr langsamen Rhythmus gewöhnt. Jedes Mal, wenn sie sich mit ihr über ein bestimmtes Thema unterhielt, hatte sie den Eindruck, mit einer Slow-Motion-Hexe zu reden. Aber sie wusste, dass Helena keine Show vorführte, und das schätzte sie an ihr. Es konnte einen auch schon auf die Palme bringen, wenn Helena bei jedem Film alles von allen nur erdenklichen Seiten drehen wollte, aber – so war es nun einmal – ihr holländischer Kopf brauchte so viel Zeit, um sich eine Meinung zu bilden über das, was geraaaaade vor sich ging. Helena war nie wirklich deprimiert, denn mit einem war sie stets beschäftigt: mit der Interpretierung des Kosmos durch ihre Kaleidoskopbrille. Unfähig, sich in andere hineinzuversetzen, lebte sie in ihrem eigenen Universum. Absolut mit sich und ihrer Selbstanalyse beschäftigt. Bewundernswert egozentrisch.

Den ganzen Tag irrte Charlotte mit Rudolph und Oskar durch die Insel. Charlotte konnte es sich nicht verkneifen, nebenbei nach einem neuen Hut Ausschau zu halten.

Eine vergebliche Suche, bei der sie einsehen musste, dass sie gar nichts mehr über Helena wusste und gar nichts mehr mit ihr am Hut hatte. Sie hatte sie einfach vergessen. »Verdrängt«!

Hatte sie einmal im Laufe ihrer »Karriere« ihre ehemaligen Freunde angerufen, sich nach ihnen erkundigt? Nein. Aber das hatten sie auch nicht getan.

Vor einer Woche erst hatte Charlotte interessante Dinge über Helenas Sexualität erfahren. Am Swimmingpool hatte Helena nämlich erklärt, dass sie noch nie einen Orgasmus durch einen Mann erlebt hätte, sie hätte tüchtig dabei masturbieren müssen. Welch eine Überraschung. Das Thema Nummer eins in Helenas Leben war doch immer Sex gewesen. Ob es sich um ihre bezahlten Jobs handelte (in Holland hatte sie als Prostituierte gearbeitet, in Berlin als Peepshow-Modell und in New York als S.M.-Queen), um ihre Kunst (all ihre Bilder und Filme besaßen eine starke pornografische Komponente), oder um ihre Kleider (ihre Kollektionen waren von S.M.-Kleidung und Fetischismus geprägt). Vielleicht wollte sie ihren Liebhabern nicht die Freude gönnen, sie befriedigt zu haben. Wahrscheinlich wegen ihren Jobs in der Sexbranche hatte sie sich zu einer extremen Feministin entwickelt, wenngleich ihr Ton sich komplett von dem der Althippie-Feministinnen unterschied. Sie hatte nichts mit Prüderie am Hut und regte sich niemals auf, wenn sie auf dem Titelblatt von Zeitschriften Titten sah, sie selbst schnitt gern zwei runde Löcher in den von ihr entworfenen Gummikleidern aus, um die Brüste zu lüften. Aber Hass auf das männliche Geschlecht brodelte in ihr. Niemals trennte sie sich von einer fotokopierten Ausgabe von »S.C.U.M. – Society for Cutting Up Men« von Valerie Solanas, der Frau, die im Jahre 1968 auf Andy Warhol geschossen hatte. Hatte die brutalsten Sprüche auswendig gelernt und ließ sie gern mitten in einer Konversation fallen: »Ein Mann würde durch ein Meer von Sperma und Rotze schwimmen, wenn ihn am Ende ein Fötzchen erwarten würde.« Oder wie lautete Helenas Lieblingszitat? Tausendmal hatte Charlotte es gehört! Verdammt! Zu viele WWS!

Auf jeden Fall tröstete sich Andy Warhol damit, dass »man auf Bobby Kennedy einen Tag nach (ihm) geschossen hatte.«

Wie Oskar und Charlotte war Helena Andy Warhols Fan, dennoch konnte sie absolut nachvollziehen, wieso Valerie Solanas versucht hatte, ihn umzubringen. Valerie Solanas, die Männer auf den Tod nicht ausstehen konnte, hatte für ihn eine kleine Ausnahme eingeräumt – weil er Künstler war und schwul, fatal error – und ihm von einem ihrer Projekte erzählt. Sie wollte einen Film mit ihm machen und hatte ihm ihr Drehbuch zu lesen gegeben. Er hatte sich kurz für sie interessiert (»Yeah! Eine Irre! Wird ein ganz gutes Bild in meiner Factory abgeben!«), sich rasch wieder desinteressiert (»God! Ist sie aufdringlich!«), sie immer wieder vertröstet (»Sorry! Keine Zeit!«) und sich anschließend vor ihr versteckt (»Boys! Sagt, ich bin verreist!«). Kurz: Er hatte sie nicht ernst genommen.

Sein Pech. Peng Peng Peng! Das kam dabei heraus! Sie verwandelte seinen öden Oberkörper in eine wüste Landschaft, sah am Ende wie Fleischpatchwork aus, grob zusammengenäht. Nebenbei hatte sie dem arroganten Künstler Paranoia bis ans Ende seiner Tage eingeimpft.

Voilà! So sah die Rache der Frauen aus. Und so hätte auch Helenas Rache aussehen können. Mutige oder ahnungslose Kerle fingen Geschichten mit ihr an: richtige Weltkriege, Intimität empfand sie als Unterdrückung und ließ sich das nicht gefallen. Ein Glück, dass sie wegen ihrem steigenden Drogenkonsum mitten in den heftigsten Streitereien immer öfter den Faden verlor oder einfach einschlief.

»Was ist S.C.U.M.?«, fragte Helena.

»Abschaum!«, rief das Sprachgenie Charlotte.

»Was ist S.C.U.M?«, fragte Helena erneut.

»Society for Cutting Up Men«, sagte Oskar, »dein Valerie-Solanas-Buch.«

»Was ist S.C.U.M.?« Drohend las Helena aus ihrem fotokopierten Manuskript vor: »Jene Hass erfüllten, gewalttätigen Huren, die unweigerlich jeden fertig machen, der es wagt, sie aufs Blut zu reizen.«

Eines Tages war Helena auf die Idee gekommen, eine Soap-Opera zu drehen, eine Saga über Valerie Solanas und ihr S.C.U.M.-Manifest.

Jede Woche würden »Die Friseure« eine neue Episode herstellen, im modernen und billigen Videomaterial. Oskar war traurig, seiner Super-8-Kamera Adieu sagen zu müssen. Charlotte hingegen war begeistert. Alles fing wieder von vorne an, und insgeheim hoffte sie, Valerie Solanas' Rolle spielen zu dürfen. Vorsichtigerweise gab sie es nicht zu, Helena hätte es sofort verhindert. Oskar wollte Mrs. Warhol spielen, die Mutter, die den armen Andy im Krankenhaus besucht, und über die er tagelang deliriert.

Ab dann trafen sich die drei Freunde jeden Tag, um am Drehbuch zu arbeiten. Eigentlich trafen sie sich nicht einmal, nein, sie schliefen im Friseursalon und gingen gar nicht mehr nach Hause. Um sich in Stimmung zu halten, hatten sie jede Menge Speed und schlechtes Koks besorgt, wobei Oskar nichts von diesen Drogen hielt und sich nur hin und wieder einen kleinen Grasjoint drehte. Alle sprachen durcheinander, und Charlotte hatte die Aufgabe, den ganzen Irrsinn aufzuschreiben. Wehe sie vergaß ein Wort, Helena prüfte nach!

Nach ein paar Abenden hatten sie angefangen, über die RAF-Terroristen zu reden, die immer noch eine ungemeine Faszination auf sie ausübten, die schöne Gudrun Ensslin als Porno-Darstellerin, ihr Verlobter Bernward Vesper als LSD-Freak, Andreas Baader als Zigarren rauchender Angeber ohne Unterhose und Ulrike Meinhof – der Kopf –, mit der Helena sich am meisten identifizierte. Also sollten die Terroristen irgendwie mit der Serie zu tun haben, die bald »Groovy Cats« hieß – obwohl der Titel eher wie ein Rockabilly-Songtitel klang. Charlotte wusste jetzt nicht einmal mehr, wie sie darauf gekommen waren!

Sie sammelten alte Zeitungsartikel über die Baader-Meinhof-Bande, fertigten Listen über alle Drogen, die sie sich eingepfiffen hatten: Benzedrin, Captagon, Ephedrin, Dexedrin ... (in ihren Ohren hatten diese Drogen einen poetischen Klang) – und über alle Waffen, die sie gelagert hatten.

Dieter Kunzelmanns Schwanz wurde von den Frauen seiner Kommune abgeschnitten, Andy Warhol rannte immer wieder zu seiner Mummy (Oskar), um in ihrem Schoß zu heulen. So wurde es im Drehbuch vorgesehen. Die gewalttätige, ultrafeministische Valerie Solanas wurde von Charlotte gespielt, während Regisseurin Helena auch noch die doppelte Rolle der öden Theoretikerin Ulrike Meinhof mit Brille und Pfeife und der supersadistischen S.C.U.M.-Armee-Generalin übernahm.

Dann wurden die Nebenrollen vergeben. Jedes Mädchen im Bekanntenkreis bekam einen Auftritt in der Frauenarmee. Die Kostüme wurden im Bundeswehrfundus billig ergattert. Was die Korsetts betraf, die die S.C.U.M.-Armee-Soldatinnen unter ihren Uniformen tragen sollten: Jede Schauspielerin brachte ihre persönliche sexy Unterwäsche mit.

Es war das erste (und letzte) Mal, dass Charlotte in einem Friseursalon-Film die Hauptrolle bekam. Sie hatte einfach am meisten Ähnlichkeit mit der Heldin. Körperlich zumindest. Valerie Solanas sah total französisch aus!

Und übernahm bald die Rollen aller Mädchen, die an einem bestimmten Drehtag nicht hatten kommen können. Wegen Rendezvous im Kino, im Restaurant, Blasen an den Füßen und Blasenentzündungen. Sie koordinierte alle Feldzüge der S.C.U.M.-Armee und hatte so viel zu tun, dass sie sich auf ihre Rolle überhaupt nicht konzentrieren konnte, die sie am Ende mittelmäßig spielte.

Die männlichen Rollen waren eher rar. Es gab Andreas Baader und Andy Warhol, der von einem Typen gespielt wurde, von dem man nur hoffte, er würde die Dreharbeiten überleben. Und noch ein paar Gefangene der S.C.U.M.-Armee, die im Stroh schliefen und hin und wieder exemplarisch ausgepeitscht wurden.

Es war schon Nacht, der Himmel violett. Erschöpft saßen Oskar, Charlotte und Rudolph auf der Languste-Terrasse und tranken aus einer Flasche Wein, die sie einander reichten. Das Restaurant war lange geschlossen. Ihre Schuhe lagen noch am Strand, nach den Strapazen hatten sie ein Fußbad in den kühlen Wellen genommen.

»Ich hätte gedacht, dass sie in der Villa wäre«, meinte Charlotte traurig. Sie hatten nicht einfach so schlafen gehen können, ohne Helena, und waren zurück nach El Golfo gefahren.

»Die Nacht ist mild ... Immerhin! Wenn sie unter freiem Himmel schlafen muss!«

»Tut sie oft so was?«

»Was? So was?«, fragte Charlotte irritiert.

Rudolph stand auf und lief zum Strand. Er warf auf die dunklen Steine einen merkwürdigen Schatten mit extrem langen Beinen und klitzekleinem Kopf.

»Er wird durch einen See voll Rotz schwimmen, meilenweit durch bis zur Nase reichende Kotze waten, wenn er nur glaubt, dass am anderen Ufer ein freundliches Fötzchen auf ihn wartet.« Uh! Jetzt war Charlotte der S.C.U.M.-Spruch wieder eingefallen.

»Rudolph!«, rief sie ihn zurück.

Er kam und trank aus der Flasche, die sie ihm hinhielt.

Sie blieben so lange, wie sie nur konnten, auf der Languste-Terrasse am dunklen Strand sitzen, denn sie hofften, Helena bei ihrer Rückkehr in der Villa anzutreffen. Doch erneut wurden sie enttäuscht. Es kam nicht in Frage, dass Charlotte und Rudolph unter solchen miesen Bedingungen ihre Zungenküsse wiederholten, also fuhr er in seine Hütte zurück. Stundenlang lag Charlotte hellwach in ihrem Urlaubsbett und achtete auf jedes Geräusch. Irgendwann hielt sie das nicht mehr aus und begab sich in den Salon. Auf dem Ledersofa lag Oskar in einem langen weißen Baumwollnachthemd und tat so, als ob er schlafen würde.

»Oskar, schläfst du?«

»Nein, und du?«

»Ich auch nicht. Ich kann nicht.«

»Setz dich hin!«

»Was meinst du, was ihr schon wieder in den Kopf gefahren ist?«

»Don't ask me, ask my agent!«

Lange blieben sie stumm beieinander. Charlotte küsste Oskar auf die Stirn und ging in ihr Urlaubsbett zurück.

24. WARUM BIN ICH ICH?

Nach drei Tagen kam Helena total ramponiert zurück. Charlotte fand sie heulend am Schwimmbadrand. Sie war schmutzig und stank, ihre Augen waren gerötet, und sie hatte einen Sonnenbrand. Charlotte war so froh, sie wieder zu sehen, dass sie sie stürmisch umarmte. Beinahe wäre Helena ins Wasser gefallen.

»Ich bin ein Loser! Ein Loser!«, wiederholte Helena unentwegt.

Nun kam Oskar auch angerannt. Sein Fuß hatte sich allein kuriert.

»Aua! Darling! Wo warst du bloß?« Wie eine durchgedrehte Mutter gestikulierte er wild und fasste sich an die Stirn. »Wir haben uns solche Sorgen um dich gemacht!«

»Ich war schon beim vierten Schritt!«

Wovon sprach sie bloß?

»Ich bin langsam, aber ich war schon beim vierten Schritt! Ja, war ich! Und jetzt muss ich alles wieder von vorne anfangen! Alles!«

Sie sahen sie verständnislos an.

»Die vierte Stufe, ihr Schwachköpfe! Wo ist das Telefonbuch?«

Jetzt kam es raus. Sie hatte sich die Kante gegeben. Ob die »Höhere Macht« in den Gelben Seiten stand?

»Wie, Schätzchen, du hast hier Drogen aufgetrieben? Ich dachte, es gäbe gar keine! Außer Charlottes Hasch!«

Nein, sie hatte nur gesoffen.

»Oh«, sagte Charlotte, »wenn es nur das ist! Leg dich ins Bettchen, ich bringe dir ein Aspirin!«

»Du verstehst nichts! Gar nichts! Seit fast 3600 Tagen war ich trocken, weißt du, was das heißt?«

»Meine Arme! Muss furchtbar sein!«

»Leih mir dein Handy! Ich muss nach Deutschland telefonieren! Mit meiner Bezugsperson reden!«

»Aber Helena, mit uns kannst du auch reden!«

»Nein! Mit euch nicht! Das ist sowieso eure Schuld! Die hatten recht, dass ich meine früheren Bekannten nicht mehr sehen sollte!«

Ach, das hatte sie lange genug getan. Auf Befehl ihrer »Sekte« hatte sie Charlotte zehn Jahre lang ignoriert, obwohl Charlotte sie immer davon abhalten wollte, sich die Gesundheit dermaßen zu ruinieren. Denn Helena war eine süchtige, in jeder Hinsicht exzessive Frau (abhängig von Alkohol UND Drogen), die sich systematisch selbst zerstörte. Und als sie plötzlich mit fast fünfzig Jahren ihre Polytoxikomanie aufgeben wollte, hatte sie es mit demselben Eifer getan und war beinahe zur Nonne geworden!

Helena fragte nach dem Sinn des Lebens. Verzweifelt rief sie: »Warum bin ich ich?«

»Helena! Helena! Beruhige dich, Schätzchen!« Oskar streichelte das fettige Haar.

»Ja! Das bleibt unter uns. Die N.A.-Affen brauchen gar nichts davon zu erfahren!«

»Meint ihr? Ach! Ich könnte ein Schlückchen vertragen!«

»Nein, nein, jetzt nicht! Schön ausschlafen, ja?«

Sie stützten sie beim Laufen, halfen ihr aus ihren verschwitzten Klamotten, packten sie ins Bett und küssten sie. Puh! Die stank ganz schön aus dem Mund.

»Bleibt ihr bei mir, ja?«, bettelte sie wie ein kleines Kind. »Bis ich eingeschlafen bin, okay?«

Um ihn von Helenas Rückkehr zu unterrichten, rief Oskar Rudolph an, der prompt aufkreuzte.

»Wie geht's ihr? Wo ist sie?«

»Sie schläft, die Arme!«

Rudolph ließ Oskar und Charlotte in der Küche sitzen und lief auf Zehenspitzen zu Helenas Zimmer.

Ein paar Minuten später war er wieder da.

»Sie hat den Mund auf und schnarcht wie ein alter Mann.«

»Die Welt gehört den Omas.«

»Charlotte!« Rudolph lachte lauthals. »Kommst du mit? Ich habe eine Überraschung für dich.«

Oskar zuckte nur mit den Schultern. Er konnte sich lebhaft vorstellen, um welche »Überraschung« es sich handelte.

25. REGENWETTER UND DEPRESSIONEN

Es regnete ununterbrochen, der Himmel war nur noch eine graue Bleifläche, wie in einem Horrorfilm erzeugte der starke Wind unheimliche Geräusche in der Villa, die geschlossenen Türen vibrierten, das Holz der Möbel krachte, und alle – außer Charlotte – hatten Depressionen.

»Ich beschwere mich bei der Reiseagentur«, sagte sie, und keiner lachte. »Mein Leben kennt nur eine Melodie, ohne besondere Variationen«, zitierte sie Italo Svevo. Keine Reaktion.

Sie hatte ein kleines Abenteuer mit Rudolph angefangen, ihn jedoch darum gebeten, es keinem zu verraten, um nett zu Helena zu sein, die sich in einer zerbrechlichen Phase befand.

Zwischendrin hatte Tobias angerufen. Ungeheuerlich, was er Charlotte für Lügen aufgetischt hatte, sie hörte nicht einmal zu, legte den Hörer auf den Tisch, lief zum Kühlschrank, kam mit einer Flasche Wein zurück, murmelte »Ja, ja« in die Hörmuschel und legte auf.

»Der kleine Witzbold kann mir gestohlen bleiben«, sagte sie zu Oskar, der mit einem traurigen Lächeln nickte.

»Was hast du? Ach, was habt ihr denn alle immer?«

»Depression.«

»Das ist, weil du zu lange schläfst! Mach es wie ich, steh früh auf!«

»Du stehst früh auf?«

»Na ja, um elf oder zwölf, seitdem ich hier bin.«

Oskar meinte, er sei als Jugendlicher immer erst um siebzehn Uhr aufgestanden, kurz bevor die Geschäfte zumachten, und sei trotzdem immer sehr gut gelaunt gewesen.

»Stimmt! Wir lebten in der Nacht! Es war toll, als wir aus dem Nachtklub mit der U-Bahn zurückfuhren, gerade wenn die Bürger zur Arbeit gingen, erinnerst du dich?«

Und sie erzählten sich von den alten Zeiten, stellten die These auf, dass diejenigen, die die Achtziger richtig erlebten, sie nicht überlebt hatten. Damals ging es darum, gefährlich zu leben, keine Angst vorm Fliegen zu spüren. Oskar konnte sich glücklich schätzen, kein AIDS bekommen zu haben – seit Mitte der Achtziger hatte er unablässig Freunde verloren. Und jetzt all dieses Yoga und Soja und Fitness, be relaxed, bleib jung, jogge, sei Zen im Stress, ja, sie hatten sich infizieren lassen!

Auf der Insel war das Wetter unter aller Sau, den ganzen Tag lungerten Charlotte und Oskar im Salon herum. Helena, die sich wiederfinden wollte, verbrachte viel Zeit allein in ihrem Zimmer.

»Was meinst du, was sie die ganze Zeit da macht in ihrem Zimmer?«

»Don't ask me, ask my agent!«

»Schläft sie, denkt sie nach?«

»Wahrscheinlich muss sie sich wieder zusammenraffen!«

»Vielleicht schreibt sie Briefe an ihre N.A.-Bezugsperson!« Charlotte lachte. »Sag mal, Oskar ... Fandst du das scheiße, als die Mauer runtergefallen ist?«

»Nein! Es war wunderschön! Für mich war das wie umziehen, ohne umzuziehen.«

»Typisch deutsch! Sehnsucht nach mehr Raum!«

»Aber nein, Charlotte! Kannst du dich nicht erinnern, wie langweilig Westberlin geworden war?«

»Unser Berlin ja, weil wir immer in denselben Orten verkehrten, im Ego und ...«

»Im Friseursalon! Aber der Friseursalon hatte immer noch eine besondere Atmosphäre, sogar als du weg warst ... Der war immer ein bisschen wie Osten im Westen!«

Unmerklich hatte sich das Leben in Westberlin zu einer unerträglichen Routine entwickelt. Mit dem Fall der Mauer wurde die Stadt wieder frisch und spannend. In ihrem Ostteil schossen täglich illegale Klubs aus dem Boden wie Psilocybinpilze. Sie hießen Selbstmord und Mon amour Tokio und sahen haargenau aus wie die Westberliner illegalen Klubs am Anfang der Achtziger. Man trieb einen größeren Keller oder eine alte Fabrik auf, renovierte nichts, brachte eine gute Musikanlage mit, ab ging die Post! Unzählige Häuser wurden besetzt, und – das gab's früher nie – sogar ein paar von Nazis! Im Rave-Magazin Frontpage wurde beim Persönlichkeitsprofil eines jeden erwähnt, wie viele Loveparaden er schon mitgemacht hatte. 1989 war die erste Loveparade auf dem Ku'damm entstanden. DJ Motte, der in seine damalige Freundin unsterblich verliebt war, hatte ihr zu Ehren eine originelle Geburtstagsparty veranstaltet: einen VW-Bus aufgetrieben, der riesengroße Lautsprecherboxen transportierte, aus denen seine Lieblingsmusik ertönte, etwas simpel und reduziert, aber mit richtig harten Beats. Und dort auf dem Ku'damm fand die erste Demonstration statt, die gar keine politische Ambition hatte. Es ging nur darum, bis in die Puppen die Liebe im Freien zu feiern und zu tanzen, bis die Beine nachgaben. Was später aus diesem romantischen Event wurde, quelle horreur! Charlotte erinnerte sich gern an ihre zweite oder dritte Loveparade. Zum Spaß hatte sie ihrer zufälligen Nachbarin mit Ecstasy-Augen und Hot Pants gesagt, der Augenblick sei gekommen, einen Schmuckladen leer zu räumen, da der ganze Ku'damm den Tanzenden gehörte. Weit und breit kein Polizist und kein Bürger in Sicht! Uh! Dann bekam sie einen Anschiss, Love sei Love und nicht Diebstahl und nicht Anarchie! Charlotte lachte, aber zum ersten Mal fühlte sie sich zu alt und deplatziert.

»Im Ego war ich manchmal wieder! Nach einem langen Drehtag, zum Beispiel. Komisch, dass ich euch nie getroffen habe!«

»Helena hat aufgehört, dort zu arbeiten. Es war ihr viel zu langweilig. Mir auch. Wie im Rentnerheim!«

»Stimmt! Die ganzen Speedfreaks sind nicht so gut gealtert. Aber weißt du was? Die meisten Ego-Typen habe ich im Osten wieder getroffen. In Technoklubs.«

»Oh ja, die Techno-Opas!«

»Plötzlich sportlich angezogen! Sie wollten den Eindruck vermitteln, dass sie die Musik erfunden hätten.«

»Stimmte auch teilweise!«

»Ach, Quatsch! Die wenigen, die damals wirklich Musik machten, haben doch nur Hippiebands wie Ash Ra Tempel kopiert, das weißt du noch!«

»Jeder kopiert jeden, Charlottchen! So haben wir es auch getan.«

»Aber wir gaben unseren Senf dazu!«

»Bei der Musik ist es dasselbe. Und so passiert es, dass trotz aller Widerstände die Musik sich nach und nach verwandelt.«

»Mmmmh ... Meinst du? Wirklich?«

26. TAGELANG RUDOLPH UMBRINGEN

Als Helena wieder einen gemeinen Spruch von sich gab, wussten die anderen, dass die Krise überstanden war.

Also konnte es mit dem Film weitergehen, umso mehr, als die Sonne erneut strahlte.

Aber zuerst wurde diskutiert.

»Mich interessiert Demenzias Kindheit null! Ich weiß, was du im Sinn führst, so einen beschissenen Psychothriller à la Française!«

»Nein, aber man müsste schon wissen, was sie für eine Person ist!«

»Weiß man doch: eine Serienkillerin!«

»Vielleicht könnte sie eine Hexe sein?«, schlug Oskar vor.

»Sag mir, Helena, was du mit diesem Film erreichen willst!«

»Schocken!«

»Schocken? Na, toll. Du willst ein paar brutale Bluttaten aneinanderreihen, und das ist dann der Gipfel der Kreativität?«

»Vergiss nicht, dass sie eine Frau ist!«

»Aber was für eine Frau? Weshalb tut sie das?«

»Man sieht, du hast beim Mainstream mitgemacht: Ein Film muss eine nachvollziehbare Story haben, oder wie?«

»Also, den Streifen sehe ich mehr als ästhetisches Produkt«, mischte sich Rudolph ein.

»Kunst muss künstlich sein«, spottete Charlotte.

»Genau, Schatz!« Oskar war immer Rudolphs Meinung. »Die Ästhetik des Mordens. Mir fallen da ein paar surrealistische Bilder ein ...«

Charlotte gab es auf. Ihr Nonnenkostüm würde im Laden in Arrecife hängen bleiben, derweil Demenzia völlig unmotiviert weiter killte. Daraus würde ein uninspirierter, überflüssiger Splatterfilm herauskommen, in dem die Spannungskurve als permanenter Tiefpunkt laufen würde.

Nach zwei Drehtagen konnte Charlotte bereits nicht mehr. So was Schwachsinniges wie dieses sinnlose Aneinanderreihen von Morden hatte man selten zu sehen bekommen.

»Ich sage es noch einmal: Wir brauchen eine Geschichte, und wäre sie nur so minimal! So kann ich nicht weitermachen!«

»Dann machen wir nicht weiter! Du wolltest doch diesen Film, wir nicht!«

»Ich wollte und ich will einen Film mit euch drehen, aber nicht diesen!«

»Und ich will diesen, und sonst keinen!«

»Charlottchen, hör mal zu! Rudolph kümmert sich um das Drehbuch.«

»Quatsch! Er schreibt drei Wörter auf, kommt mit einer Sammlung lächerlicher Lautmalereien angetrudelt, und DAS soll ein Drehbuch sein?«

Rudolph schien etwas irritiert.

»Sonst bist du auch nie so wählerisch gewesen!«, spuckte Helena.

»Ach, ihr kotzt mich an! Ich ...«

»Pschht! Sie hat recht.« Rudolph hatte sich wieder beruhigt. »Ich gebe auch gerne zu, dass ich keine Erfahrung in dem Metier habe. Also, Charlotte, sag einfach, was du gerne hättest!«

»Ich hätte gern, dass es einen Grund gäbe für Demenzias Serienmorde.«

»Hast du doch schon, Demenz!« Helena klopfte sich auf die Stirn.

»Confusione mentale, Darling!« Oskar zeigte Charlotte einen Vogel.

»Eine Spinne an der Decke!« Rudolph ließ seinen Finger über Charlottes Kopf wandern, den sie angewidert schüttelte und wegdrehte. Rudolph schlug sich auf die Hand und somit »die Spinne« tot. Charlotte fand das nicht witzig.

»Also, Prinzessin! Wir hören zu. Deine Wünsche sind uns ein Befehl!«

»Sprich für dich, Rudolph!«

»Komm, Helena ... Lass sie reden, mmmh?«

»Also, wenn Demenzia Männer umbringt, dann ist es, weil sie Männer hasst. Und weshalb hasst sie Männer? Weil sie ihren Vater hasst. Und wen bringt sie jedes Mal symbolisch um? Ihren Vater.«

»Ach, symbolisch, ja ja ...«

»Lass sie! Weiter, Charlottchen!«

»Und weshalb hasst sie ihren Vater?«

»Weil-er-sie-als-Kind-miss-han-delt hat!«, sang Helena mit der Stimme eines kleinen Mädchens.

»Pourquoi pas?«

»Da sage ich: NEIN! Oh-ne mich. Das Thema hängt mir zum Hals heraus! Oh-ne mich!«

»Stimmt schon, Charlotte, ist ziemlich abgedroschen.«

»Wie? Abgedroschen? Verstehe ich nicht!«

»Aber doch, in jeder Scheißfernsehserie, in jeder Zeitschrift ...«

»Na gut, dann ... Hat er sie eben nicht misshandelt. Sondern Demenzias Mutter gekillt! Er hat sie so sehr gehauen, dass sie an den Folgen gestorben ist.«

»Verstehe. Jetzt will sie ihre Mama rächen. Aber steckt Papi nicht im Gefängnis?«

»Nein. Denn er ist ein reicher, mächtiger Mann, und damals hat er glauben lassen, seine Frau hätte einen Unfall gehabt.«

»Ach so. Patrizid, Vatermord! Dann können wir aber alles, was wir bis jetzt gedreht haben, vergessen. Schade um die gefährlichen Stunts!«

»Gar nicht. Sie hat lange Jahre nach ihrem Vater gesucht. Nun hat sie gehört, dass er sich irgendwo auf dieser Insel aufhält. Sie ist auf dessen Suche, trampt von einer Stadt in die nächste und killt alle Typen, die sie mitnehmen oder die ihr irgendwo begegnen.«

»Das macht Sinn!«

»Das macht gar keinen Sinn!«

»Aber doch, Helena, Darling, wenn sie irrsinnig ist!«

»Man müsste eine Szene drehen über ihre Verwandlung von einem ganz normalen Mädchen in eine Killermaschine.«

»Ich bin aber sehr gespannt, wie Helena ein ganz normales Mädchen spielen will!« Rudolph lachte aus voller Kehle.

»Das kann Helena! Sie ist ein Profi, nicht?«

»Ich will aber kein normales Mädchen spielen! Kein Interesse!«

»Und sie sollte immer ein Foto ihres Vaters bei sich haben und es den Leuten zeigen.«

»Kein Problem, ich schieße das Foto. Wir verkleiden Rudolph in einen schicken Opa, und ...«

»Wirklich ein Hammer, dass die immer mit ihrer Groschen-Psychologie durchkommt«, grummelte Helena und verließ den Salon.

Rudolph folgte ihr, und Charlotte sah, dass er auf dem Weg einen kleinen Abstecher durch die Bibliothek machte. Wie neugierig der Typ war, unfassbar.

»Patrizid! Pfff! Dass ich nicht lache!«, regte sie sich nachträglich auf.

»Nein, das geht gar nicht!« Oskar gestikulierte hinter der Kamera. »Man sieht ihn in den Sand plumpsen!«

»Na und?«, sagte Charlotte. »Wird sowieso weggeschnitten!«

»Aber das Bild geht nicht! Man sieht das Meer im Hintergrund! Auf der gleichen Ebene!«

Charlotte lief zur Kamera, warf einen Blick hinein.

»Stimmt! Kannst du nicht einen höheren Ausschnitt wählen?«

»Dann sieht man gar nicht, dass sie ihn schubst!«

»Mann!« Helena wurde ungeduldig. »Jetzt sind wir doch extra hierhin gefahren!«

Playa el Paso stand nicht einmal auf der Karte. Mit seinem schwarzen Sand zog der Strand keine Touristen an. Lediglich ein paar Spanier verfolgten die seltsamen Dreharbeiten.

»Dann dreh mal die Kamera in die andere Richtung«, schlug Rudolph vor, dessen Gesicht wegen der Perücke mit Schweißperlen übersäht war.

»Gute Idee!«, rief Oskar.

Aber Dünen und Felsen waren auch kein Abgrund. Also packten sie das Seil, die Pfosten und die Kamera zusammen und fuhren auf den Rubicon. Oben auf dem Berg lag ein Dörfchen namens Femes. Dort gab es einen natürlichen Balkon, auf dem man mitten in den Wolken auf das Tal hinunterblicken konnte. Das war wirklich perfekt! Leider schon etwas dunkel! Ansonsten absolut perfekt!

Der Mord war in der Kiste. Alle waren sehr zufrieden. Man brauchte jetzt nur noch Rudolph neue Outfits zu verpassen und ihn irgendwie anders umzubringen. Bis der Urlaub zu Ende war.

Wenn sie daran dachte, regte Charlotte sich auf. Auf der Fahrt zum Rubicon war ihr die allerbeste Idee eingefallen, aber es war zu spät. Science-Fiction hätten sie machen müssen! Bei der Landschaft! Hatten sie alle gar keine Augen im Kopf? Die Insel sah doch absolut aus wie ein bizarrer, wüster Planet! Ganz weit von Planet Erde entfernt ... Doch es hatte gar keinen Zweck, mit den anderen darüber zu reden. Es reichte aus, dass Charlotte sich etwas wünschte, sofort waren alle dagegen. Es war ein dummes Spiel, das für sie seinen Reiz seit einem Vierteljahrhundert scheinbar nicht verloren hatte, und bei dem sie immer verlor. Wollte sie irgendeinen Einfluss ausüben, und das wollte sie, so müsste sie diskret, taktisch vorgehen. Ihnen vielleicht sogar das Gegenteil von dem, was sie vorhatte, vorschlagen? Warum nicht?

»Super, dass wir keinen Science-Fiction drehen!«, sagte sie.

»Da hast du aber recht«, meinte Helena. »Das wäre ja das Nächstliegende!«

»Nicht gerade originell, stimmt!«

27. DIE SCHREIBBLOCKADE

Um den weißen Jeep standen ein Esel und zwei Ziegen, die auch kleine Rollen im Film erhielten. Rudolph hätte gern in Femes gespeist, doch Charlotte wollte unbedingt in die Languste. »Dort schmeckt der Fisch am besten! Und wir können draußen sitzen und uns den Sonnenuntergang ansehen.«

Aber was war bloß mit Señora Conception los? Statt sie wie gewöhnlich herzlich zu begrüßen, lief sie mit zornigem Blick auf Rudolph zu, packte ihn am Hemdkragen und fing an, ihn auf Spanisch zu beschimpfen. Charlotte versuchte sie zu verstehen, doch außer »el mio hermano« begriff sie keinen Ton.

»Was hat sie über ihren Bruder gesagt?«, fragte sie Rudolph.

»Bis morgen, ich gehe!« Rudolph hatte einen langustenroten Kopf und lachte gar nicht mehr.

»Warte! Warte!« Aber schon war er in seinen Jeep eingestiegen und fuhr davon.

Aufgeregt wendete sich Señora Conception Charlotte zu, zeigte zur Tür und meinte, Rudolph sei ein böser Mann. Zwei ältere Damen mit schreiendem Schmuck stimmten ihr per Kopfnicken zu.

»Das wissen wir doch schon«, bemerkte Helena lakonisch.

»He's just a gigolo, just a gigolo!«, sang Charlotte und amüsierte sich über die beiden alten Tanten, die mit den Augen rollten und sich aufgeregt die unglaublichsten Geschichten zuflüsterten.

»Was soll das?«, meinte Oskar. »Okay, Rudolph lässt sich gern einladen, aber jeder weiß, wie hart es ist, als Schriftsteller zu überleben! Umso mehr, als er scheinbar unter einer anhaltenden Schreibblockade leidet.«

»Stimmt«, sagte Charlotte, »du hast vollkommen recht!«

Und wenn Rudolph nur an einer Schreibblockade litt! An seiner stark ausgeprägten Libido ließ er alle teilhaben, aber im Gegensatz zu Tobias log er nicht. Mit seinen schönen Zähnen biss er einfach ins Leben. Wollte Spaß, ohne sich anzustrengen, war er nicht also genauso wie sie alle?

Verkrampft lächelnd brachte Señora Conception eine Paella, die für eine zehnköpfige Familie gereicht hätte. Schämte sie sich, die Nerven verloren zu haben? Oskar aß den Safranreis, Helena das Hühnchen, Charlotte die Meeresfrüchte.

28. DAS NIKOTINPFLASTER

Als die anderen im Bett lagen, ging Charlotte zu Rudolph. Ganz oben auf dem Berg stand das einfache weiße Häuschen, das einem Hamburger Pärchen gehörte. Ein ehemaliger Schafstall, so klein wie die separate Garage. Hier durfte Rudolph umsonst bis zum Frühjahr wohnen. Es gab nur ein Zimmer, dessen unregelmäßige Wände mit Kalk getüncht waren. Die Eingangstür war tief und die Fenster sehr klein.

»Oh! Charlotte!« Rudolph bat sie herein.

Beide saßen auf dem Bett und hatten ihre Gläser auf die kalten Fußbodenkacheln gestellt. Sofort küsste er sie auf den Hals und roch an ihren Haaren.

»Hör auf, das kitzelt!« Sie warf den Kopf nach hinten, und er küsste sie weiter.

»Mach das Licht aus!«

Er weigerte sich. »Ich will dich sehen, Charlotte, du bist schön!«

In der Dunkelheit fühlte sie sich aber noch schöner. Rudolph war kein guter Liebhaber. Er hatte ein einfaches Ziel und verfolgte es schnurstracks, ohne Umwege. Aber an dieser wilden Entschlossenheit fand Charlotte Gefallen.

»Brrr ... Kalt!«

Nun lagen sie nebeneinander unter der Wolldecke, er hatte das Licht angemacht, und sie rauchte. Dabei betrachtete sie ihn, wie er mit den langen, halbgesenkten Wimpern dalag. Ein verdammt schöner Dämon! »Jung inmitten all dieser Trümmer« von Colette fiel ihr dabei ein.

»Was war denn das für eine Geschichte mit Señora Conception und ihrem Bruder?«, wollte sie seine Geheimnisse erforschen.

»Ach, gar nichts! Ich habe mir von ihm ein Boot ausgeliehen und es noch nicht zurückgebracht ...«

»Wieso nicht? Macht es dir richtig Spaß, so böse zu sein?«

»Ich hatte keine Zeit!«, sagte er gähnend. Sein Gesicht verriet eine fast barbarische Arroganz. »Es liegt ganz oben im Norden.«

»Wo denn?«

»In Famara«, antwortete er gelangweilt.

Charlotte schlug vor, dass sie in den nächsten Tagen dahinfuhren, eine Szene mit dem Boot drehten und es anschließend zurückbrachten.

»Geht nicht! Es hat ein Leck! Aber sag mal! Sehe ich richtig? Dieses Ding an deinem Arm ist doch ein Nikotinpflaster, oder? Und du rauchst?«

»Ist dir nicht aufgefallen, dass ich viel weniger rauche?«

»Nein!«

Und er warf ihre Zigarette weg und küsste sie erneut.

Aber sie wollte nicht bleiben. Nicht bei ihm schlafen.

Als sie in der Nacht zur Villa hinunterlief, überlegte sie, dass sie ihm das Geld für die Reparatur geben würde. Um diese Männer musste man sich wie um Kinder kümmern.

29. DEMENZIA WIRD IMMER BESSER

Ihn am nächsten Morgen beim Set anzutreffen, erfüllte sie mit Freude. Hatte sie sich verliebt? Wenn ja, dann war sie nicht die Einzige. Oskar sorgte dafür, dass der Schauspieler immer im besten Licht stand, Helena brachte ihn mit einer Leidenschaft um, die zu ihrer Rolle gar nicht passte. Sie spielte sowieso schlecht, war absolut unsportlich, schwerfällig, neigte dennoch zum hysterischen Overacting. Sie, die gewöhnlich eine schöne tiefe Stimme hatte, kreischte, sobald eine Kamera auf sie gerichtet war und riss dabei die Augen auf wie in der Stummfilmzeit.

Charlotte kam sich langsam überflüssig vor. Alle Szenen, die außen gedreht wurden, würde man wegen der miesen Soundqualität nachsynchronisieren müssen, der Wind blies ins kleine Mikrofon und deckte die Stimmen zu. Allerdings waren die Sprüche, die Demenzia und ihr Opfer klopften, dermaßen dumm, dass da nicht viel verloren ging. Und wenn Charlotte versuchte, Spielanweisungen zu geben, wurde sie daran erinnert, dass es in dieser Gruppe – im Gegensatz zur Filmindustrie – gar keine Hierarchie gab, und dass sie es gleich vergessen konnte, sich als Regisseurin aufzuführen.

»Also wisst ihr was? Ihr macht das, und ich gehe an den Strand!«

Das war die Krönung! Zuerst hatte Charlotte alle mit diesem Filmprojekt vollgequatscht, und nun verduftete sie.

»Lasst sie mal ein Opfer spielen!«, schlug Rudolph vor.

Der Anzug wurde geholt.

»Als Mann siehst du echt gut aus, Charlottchen!«, rief Oskar. »Reizend!«, sagte Helena gereizt.

Charlotte war im Bild hinter Helenas Rücken zu sehen und bemühte sich, ihren Körper zum Zittern zu bringen. Ihre Mörderin sah sie gleichgültig an. Unfassbar! Sobald sie wusste, dass man ihr Gesicht nicht filmte, hörte Helena einfach auf zu spielen. Sie hatte die Augen eines toten Fischs.

»Stopp! Ich kann nicht! Sie spielt nicht mit mir!«

Ja, was hatte denn Charlotte die ganzen Jahre gelernt? Brauchte sie noch die Illusion? War sie auf der Suche nach dem »echten Gefühl«? Ob das professionell sei?

»Also Helena! Hilf ihr doch!«, sagte Rudolph.

»Du ... kümmerst dich ... um deinen Scheiß!«

Rudolph war schockiert.

»Komm, Schatz!«, beruhigte ihn Oskar. »Du machst die Kamera, ich halte das Mikro! Siehst du den Knopf? Da drückst du drauf, und das war's! Brauchst nicht zoomen, alles schon eingestellt. Also Ladies, vier, die Zweite! Sound läuft! Kamera ... läuft!«

»Ich habe euch gesehen ... im Park«, flüsterte Helena. Dann holte sie die Angelschnur aus ihrer Lederjacke. Aus ihr strömte eisige Kälte. Charlotte betrachtete sie fasziniert und vergaß ihren Text. Helena legte ihr die Schnur um den Hals und zog sie kurz zusammen.

»Bravo! Perfekt!« Oskar applaudierte.

Helena fühlte sich verraten, das wusste Charlotte. Die Strafe, hochnäsige, unerschütterliche Ignoranz – ihre Spezialität – würde grauenhaft sein.

»Nur sieht man die Schnur gar nicht«, bemängelte Rudolph. »Könnte man das Ganze mit der Wäscheleine wiederholen?«

»Und könnte Demenzia lauter reden? Und Charlotte ihren Text auch aufsagen? Hier, Charlotte, Darling! Ich halte dir die Tafel hin! Miss, was wollen Sie von mir? Ich sehe wie alle aus, Sie müssen mich verwechseln ... Nein! Aaah! Gut! Vier ... die Dritte!«

30. DER VERRAT

Dass die »Friseure« nie wirklich mehr bedeuteten als ein kurzer Rausch für manche, ein knappes Amüsement für andere, lag an Charlotte, davon waren Helena und Oskar bestimmt überzeugt. Durch ihren Drang, sich ständig in den Mittelpunkt stellen zu wollen, hatte Charlotte jedes Projekt in den Sand gesetzt, so lautete der zum Teil unausgesprochene Vorwurf. Denn sie hätte es nie verstanden, die Produkte zu repräsentieren. Stattdessen immerzu geplappert und mit den Spaghettihaaren rumgewedelt und den Pony zurechtgerückt! Auch bei der Darstellung alltäglicher Undergroundbanalitäten und -abstrusitäten bedarf es einigen Ernst. Charlotte aber habe das niemals begriffen, sei immer zu spießig dazu gewesen, habe durch ihre französischen Witzchen stets versucht, der Friseurkunst das Gewicht zu nehmen: »Très amusant, n'est-ce pas?«*

Konnte sein! Eventuell! Aber eins war sicher. An der Explosion der Gruppe im Jahre 1993 war Charlotte richtig schuld. Als sie zur »Karrieristin« wurde. Der Verrat (mitten in den »Groovy Cats«-Filmaufnahmen) geschah durch Schröders Aufdringlichkeit.

In den Achtzigern zählte Martin Schröder nicht zu den Genialen Dilletanten mit zwei L. Obgleich er damals ein verrücktes

---

* »Schön ... Schön doof!«

musikalisches und wissenschaftliches Projekt mit zwei Mädchen teilte. Im Norden Italiens maßen sie den Einfluss der Musik auf die Vegetation. Alle Pflanzen ihres Gartens wurden mit Elektroden an einem teuflischen Urcomputer angeschlossen, der sie aufnahm und von ihren Freuden und Leiden berichtete. Es ist so, dass jede Pflanze von sich aus Musik macht, Geranien zum Beispiel singen den ganzen Tag im Plauderton kompletten Blödsinn, wie alte Tanten, die sich zum Kaffeekränzchen treffen. Efeu und Farn und jedes Waldgewächs hingegen bleiben unendlich lange auf einer sehr tiefen Note stehen, das ist zugleich gruselig und aufregend. Aber was geschieht, wenn man dem wilden Garten wochenlang dieselbe Art von Musik vorspielt? Allerhand, denn Pflanzen haben Ohren! So konnten die drei Gartenexperten beweisen, dass Acid-Rock die Pflanzen regelrecht killte! Ein bisschen Mozart ließ sie gedeihen und erblühen, Punkrock konnten sie nicht ab! So hinterwälderisch sind unsere kleinen grünen Freunde!

Aus den Pflanzenklängen, die sie aufgenommen hatten, bastelten die drei Musique-concrète-Kollagen und sangen manchmal sogar dazu. Einmal gab es einen Artikel darüber in der tageszeitung, ansonsten wurden die Gartenforscher vollkommen ignoriert.

Als er anfing, den Friseursalon zu besuchen, hatte Martin Schröder längst dieses Projekt aufgegeben und sich in den Kopf gesetzt, Filmemacher zu werden, obgleich die Berliner Filmakademie DFFB ihn bereits zweimal abgelehnt hatte. Helena, Charlotte und Oskar konnten ihn auf Anhieb nicht ausstehen. Ein ganz eingebildeter Idiot, der sich gern reden hörte, und der nur zu ihnen kam, um ihnen die Ideen zu mopsen. Außerdem körperlich ziemlich widerlich: Wie ein durchgedrehter Italiener gestikulierte er beim Reden und hatte eine aufdringliche Art, sich über einen zu bücken, als würde er einen gleich beißen wollen, und diese unerträgliche Manie, einen im Feuer seines Geredes anzuspucken – was Charlotte »Mon PaPa est PomPier à Paris« nannte.

»Shit! Der Schröder ist wieder da!«

»Gähn! Kotz!« Keiner wusste, weshalb der Türsteher ihn hineinließ.

Mit seinen kleinen Filmen, in denen keiner sprach, hatte der »Regisseur« es schon zum »respektablen Erfolg« gebracht, und das bezeugte nur einmal wieder den kulturellen Tiefpunkt in Deutschland. Seit Fassbinders Tod gab es überhaupt gar keine schönen Filme mehr.

Diese »Groovy Cats«-Serie aus dem Friseursalon interessierte Martin Schröder ungemein, er kam zu jeder Projektion und ließ sich dann unterrichten, wusste zwar allerhand über Pflanzen, aber nicht einmal, wer Valerie Solanas war.

An dem besagten Abend (ein Tag vor dem Verrat) setzte er sich neben Charlotte an die Bar, die ihn ziemlich angewidert ansah.

»Charlotte, im Laufe der Episoden habe ich dich genau beobachtet ...«

Sie drehte den Kopf weg, denn was er zu sagen hatte, interessierte sie nicht die Bohne. Wahrscheinlich würde er gleich ihre Person als Platt, Passend, Peinlich, PlumP, Pikant, PomPös, Protzig oder Puffig bezeichnen, und sie hatte keinen Regenschirm dabei.

»Ich weiß dein Spiel zu schätzen«, setzte er fort.

Kurz erhob sie eine Augenbraue zum Zirkumflex.

»Du wechselst so leicht das Register.«

Sie sah ihn verständnislos an.

»Und es wäre mir eine große Freude, wenn du bei meinem neuen Film mit von der P-P-Partie wärest.«

Sie lachte nur und lief zur Toilette.

Er wartete vor der Tür.

»Es ist eine wunderbare Rolle. Nicht eine, sondern zwanzig Rollen in einer. Du würdest eine Frau spielen, die an einem Multiple Personality Complex leidet. Sie ist zugleich ein Mann, der ...«

»Ich lass es mir durch den Kopf gehen!«

Und sie wischte sich die Personality-Spucke von der Backe.

Eigentlich war es so, dass Charlotte, als Martin Schröder sie ansprach, keine Sekunde zögerte, ihm zu folgen, denn sie hatte die Nase voll von dieser Gruppe, die zu ihrer Knastzelle geworden war. Ihr war vollkommen egal, wie sehr ihre beiden Freunde sie verachten würden. Ja, sie ging zum Feind! Ja, sie verriet sie! Mit dem größten Enthusiasmus. »Fuck you!«, fluchte sie unentwegt. Denn Oskar mit seiner empfindsamen Poetenseele hatte sie nie verstanden. Geschweige denn Helena, die nur eins konnte: Einen beleidigen, zertreten, begraben! »Under My Thumb«, die Ekel erregende Nummer der Rolling Stones, kam Charlotte dabei wieder in den Sinn.

Am nächsten Morgen war sie weg. Kam nicht einmal im Friseursalon vorbei, um ihre Sachen abzuholen. Meldete sich nie wieder und erfuhr nur von gemeinsamen Bekannten, wie es ihren früheren Freunden erging. (Schlecht: arm und out!) Wenn sie in irgendeiner Bar einem Menschen begegnete, der wahrscheinlich etwas von Helena und Oskar wusste, wurde sie sofort von einer perversen Neugier bewegt und stellte stundenlang Fragen, wobei sie sich den Anschein gab, rein zufällig und ohne jedes wahre Interesse das Interview zu führen:

«Ach ja? Und Helena ist jetzt bei der N.A.? Was für ein Klub ist das denn? Und wie sieht sie aus? Was trägt sie zurzeit? ... Ach, Oskar hat einen Film gemacht? Wie heißt der? Oh oh! Lustiger Name! Ich sehe ihn nie, er geht niemals aus, oder?«

Und mit falscher Bescheidenheit prahlte sie nebenbei mit ihren kleinen Erfolgen in der Filmbranche.

31. IN JAMES BONDS HÖHLE

Wie beleidigte Teenager sprachen Helena und Charlotte kein Wort mehr miteinander. In der Villa verbrannte Oskar stinkende Kräuter, nichts half. Dennoch wurde der Film weitergedreht. Um die verpestete Atmosphäre am Set zu ertragen, trank Charlotte jede Menge Alkohol, sogar schon nachmittags beim Frühstück. In ihrer Stofftasche trug sie einen Flachmann und nippte die ganze Zeit daran.

Helenas letzte Worte – zwischen den Zähnen gefaucht –, bevor sie sich in Granit verwandelte: »Es war schon immer schrecklich, deine Freundin zu sein, und wenn es etwas gibt, was ich nie bedauert habe, dann dich.« Ja, das war ein Schock gewesen! Und dies alles wegen Rudolph? Der es sich nicht verkneifen konnte, immer noch an den unpassendsten Stellen zu lachen? Zum Beispiel jetzt? Und der sich nach dem Dreh feige verkroch, unter dem Motto, er würde schreiben? Mit der Katzenschrift? Der Orthografie? »Unerwidert« – bei »Liebe, unerwiedert« – hatte er mit e geschrieben, und »Szenario« ohne z: »Senario! Oh oh!«

Auf Charlottes Wunsch hin waren sie alle früh aufgestanden und in den Norden nach Jameos del Agua gefahren. Weil sie in diesen Grotten schon einmal bei einem Film mitgespielt hatte. Natürlich nicht bei James Bond. Aber nur die Tatsache, dass eine James-Bond-Szene dort ebenfalls gedreht wurde, erfüllte Charlotte mit Stolz, und Helena, die keine spöttischen Bemerkungen mehr machen durfte, da sie sich fürs Grabesschweigen entschieden hatte, war wie ein Dampfkochtopf, der bald explodieren wird. Wortlos sah sie sich das ganze Theater an und war von Hass erfüllt. Durch die Vulkanhöhle schritt sie mit einem Blick, der die Touristen zur Seite springen ließ. Das einzig Positive am ganzen Ärger war, dass sie ihre Rolle immer besser spielte. Mit richtiger Herzenskälte konnte sie einen Rudolph nach dem anderen erledigen.

Charlotte war so wütend auf Helena, dass sie in Jameos del Agua so tat, als sei sie wahnsinnig gut gelaunt, und um sie noch mehr zu ärgern, sprach sie ununterbrochen und mit großer Begeisterung von ihren tollen Erfahrungen in der Höhle. Wie ein Kind tänzelte sie durch den von Manrique gestalteten Vulkantunnel, ließ dabei ihre Stofftasche kreisen und führte die Gruppe. Es lief ein esoterisches Musikstück, das sie furchtbar fand, aber Oskar mochte es. Steintreppen führten nach unten zum Restaurant und zum See. Touristen warfen Münzen in den See. Das sollte ihnen Glück bringen. Wie Perlen glänzten die Albinokrebse, die die Vergiftung durch die Münzen überleben konnten. Es war dunkel, aber etwas weiter weg ließ eine nach oben offene Grotte einen Sonnenstrahl hinein.

Und nun kamen sie zur leeren Bar, in der James B. und Charlotte mal gefilmt worden waren. Die Bar mit den weichen Feng-Shui-Konturen war in den Fels eingelassen, Demenzia könnte sich hinter die Zen-Steintheke stellen und Rudolph vergiften – oder ihn mit der Spielzeug-MP umnieten. Rudolph war als Tourist verkleidet. Mit Strohhut, Sonnenbrille, Hawaii-Hemd, lächerlichen Shorts und Flip-Flops. Mit seinen langen dünnen Beinen erinnerte er irgendwie an eine Heuschrecke.

Oskar stellte die Kamera aufs Stativ, die stumme Demenzia verwandelte sich in eine Bardame, vor der Szenerie standen ein paar Touristen herum und glotzten.

»Immer in die Sonne gucken, Helena!«, rief Oskar. »Die Sonne bin ich!«

Sie zuckte nur mit den Schultern.

Als sie hinter sich nach einem Glas griff, kam ein Securitymann und wollte die Amateurfilmer wegscheuchen. Doch Charlotte erklärte ihm in schlechtem Spanisch, sie würden nur mit Video drehen und nichts kaputt machen, worauf er in akzentfreiem Deutsch »In Ordnung!« sagte.

»Trink, Mäuschen« waren die ersten Worte, die Helena seit Tagen aussprach. Ihre eingerostete Stimme klang ganz kratzig, aber Charlotte hütete sich, sie darum zu bitten, den Spruch zu wiederholen.

Die Art, wie Rudolph vom Hocker »fiel«, war miserabel. Man sah ihm an, dass er sich vor einem blauen Fleck fürchtete.

»Kommt! Kommt mit!«, rief Charlotte, als die Szene im Kasten war.

Sie liefen hinaus, wurden von der Sonne geblendet. Am Rand der künstlichen Lagune mit knallblauem Grund wuchsen riesige weiße Kakteen.

»Oskar! Oskar!«, rief Charlotte. »Filme mich unter diesen Bäumen!«

Wie ein Fotomodell posierte sie, warf die rot gefärbten Haare nach hinten, legte eine Hand auf den Schenkel, stellte einen Fuß nach vorne, während Rudolph lauthals lachte. Dabei bekam sie im

Blickwinkel mit, wie sehr Helena innerlich kochte. Gut für dich, blöde Kuh!, dachte sie insgeheim.

32. WARTEZEITEN UNBEGRENZT

Charlottes Leben als Schauspielerin: ein einziges Warten. Zu Hause auf Angebote warten (die wegen ihrem starken französischen Akzent sehr begrenzt waren, schade, dass die Zeit des Stummfilms schon lange vorüber war, denn sie konnte exzellent mit den Augen rollen), am Set tagelang auf ihren Auftritt warten ... Ihr ganzes Leben: warten. Auf die große Rolle, auf die große Liebe.

»Weniger ist mehr!«, rief ihr der Regisseur Martin Schröder beim ersten gemeinsamen Film zu. Doch wegen der schlechten Schule der »Friseure« musste sie immerzu übertreiben und in ihrem Spiel einen Kommentar zu ihren Rollen abliefern, sie spielte die Personen nicht, sondern Parodien von ihnen. Man fand sie lustig, sie sich aber nicht. Eigentlich war Charlotte überzeugt, die tief psychologische, tragische Rolle sei ihre Stärke. Wenn sie ausnahmsweise keine komische Figur interpretieren musste, litt sie jedes Mal unter exzessiver Identifikation, lebte für Wochen in einer Art Trance, konnte nach Drehschluss ihren erneuten Müßiggang nicht mehr aushalten und trieb mit ihren Launen ihre Boyfriends in den Wahnsinn.

Sie hatte vergessen, nein zu sagen. War sie in der Friseursalon-Zeit wie ihre Freunde Helena und Oskar übervorsichtig und extrem wählerisch gewesen, so war ihr jetzt alles egal, und sie nahm jede Rolle an. Wurde meistens in Komödien eingesetzt, schlechten deutschen Möchte-gern-Komödien mit fraglichem Humor, meistens über das Thema Fall der Mauer, Ossis/Wessis, gute Nachbarn, schlechte Nachbarn. Oder in Fernsehserien, üblen Krimis und Krankenhausgeschichten. Da sie nicht einmal richtig fahren konnte, hatte sie im Laufe ihrer Karriere allerhand Autos und Mopeds zu Schrott gefahren, obgleich das Drehbuch es gar nicht erforderte. Je öfter sie spielte, desto mehr verlor sie ihr Selbstbewusstsein. Hatte oft mit Theaterschauspielern zu tun, die einen Hang zu bombastischen Gesten hatten und sogar bei Liebesszenen brüllten, aber sie ließen sie spüren, dass sie – im Gegensatz zu ihr – das Metier gelernt und sich nicht »hoch gebumst« hatten. Weder mit Schröder noch mit den anderen hatte sie es getrieben, aber so sprachen die Theatermenschen über sie, sei's drum! Charlottes Art der Übertreibung war ganz anders als ihre; wenn ihr nichts mehr einfiel, sah sie sich »Chelsea Girls« von Andy Warhol an oder auch »Nosferatu« von Murnau. Gern wäre sie als eine sensible, originelle und dennoch reale Schauspielerin durchgegangen.

Um sich selbstsicherer zu fühlen, hatte Charlotte zu trinken angefangen. Vor jedem Take, vor jedem Interview nahm sie diskret einen Schluck aus dem silbernen Flachmann, den sie wie Joan Crawford stets in ihrer Handtasche mit sich trug. Jahrelang fiel es keinem auf, aber irgendwann vernahm man ihren wirren Blick bei den Großaufnahmen, und sie hatte zunehmend Schwierigkeiten, sich ihren Text zu merken. Sie begann, sich ihre Dialogparts aufs Handinnere aufzuschreiben, oder legte Zettelchen mit Stichwörtern auf die Tische. Dennoch konnte sie nicht wie Marlon Brando fordern, dass man ihr riesengroße beschriftete Tafeln hinhielt. (Deswegen Marlons cooler verlorener Blick in die Ferne.)

Jede Nacht ging sie bis in die Puppen aus, trank am nächsten Morgen zehn Tassen Kaffee, während die Maskenbildnerinnen sie sanft beschimpften, die ihr Beautyflashmasken aufs Gesicht schmierten und künstliche Tränen in die geröteten Augen hineintröpfelten. War sie endlich fertig, sah einigermaßen akzeptabel aus, ging es mit dem Warten los. Unglaublich, dass sie sich so früh aus dem Bett quälen musste, um dann stundenlang in einem Stoffsessel zu verbringen. Dann wusste sie mit sich absolut nichts anzufangen, langweilte sich zu Tode, regte sich nur insgeheim über die ganze Crew auf. Die meisten Regisseure fand sie unsagbar dumm. Sie litt regelrecht, als sie sich deren Anweisungen anhören musste, dicht gefolgt von haargenau denselben Ratschlägen, dieses Mal vom Regieassistenten, der eine kleine billige psychologische Interpretation hinzufügte und ihr anschließend auf die Schulter klopfte. Oh! Sie hasste dieses ganze Business, diese unglaublich feste, feudale Hierarchie. Okay!

Sie war nicht dort, um irgendwelche Besserungsvorschläge zu machen, das hatte man ihr eingebläut, nein, sie musste ihre Rolle wie im Drehbuch beschrieben spielen, Punkt aus.

Nach Stunden des Wartens ist es endlich soweit: »Ruhe!« (Charlotte ist hypernervös.) »Ton läuft!« (Sie räuspert sich noch kurz.) »Action!« (Mit den Beinen verfängt sie sich im langen Abendkleid und fällt auf die Nase.)

33. GUTE NACHT

Unruhig wälzte sich Charlotte in ihrem Urlaubsbett hin und her. Ihr war zu heiß, gereizt schmiss sie ihre Decke auf den Fußboden. Das kleine Gespenst konnte sie gern wieder in ein Dreieck falten, wenn ihm danach war!

Wie wäre es, wenn ich jetzt in den Salon ginge und Tobias anriefe?, fragte sie sich, so mitten in der Nacht?

Aber sie war sich dermaßen sicher, ihn nicht erreichen zu können, dass sie den Gedanken wieder verwarf. Außerdem hatte sie ihn in den letzten Tagen vollkommen vergessen. Wegen der ganzen Aufregung mit Rudolph! Und wenn sie zum Playboy hochliefe? Ihn in seiner Hütte besuchte? Heute hatte er ihr kein Geheimzeichen gegeben, bestimmt nicht, denn er hatte Angst. Helena hatte die Gabe, solch eine Terrorstimmung zu verbreiten, unfassbar! Konnte sie sich nicht mal mit Dingen beschäftigen, die Damen ihres Alters hätten interessieren sollen? Stickerei? Kreuzschmerzen? Gesundheitsschuhe? Musste sie jeden mit ihrer lächerlichen Teenie-Eifersucht quälen? Charlotte sprang von ihrem Bett auf und zertrampelte ihre Bettdecke. Der Mond war voll und schien in der oberen Mitte des Fensterrahmens.

»Loup y es-u? M'entends-tu? Tu es où, loup-garou?«*

* »Wolf, bist du dort? Hörst du mich? Wo bist du, Werwolf?«

Hastig zog sie ihr dunkelblaues Kleid mit den weißen »Pokerdots« an, knöpfte gerade drei Knöpfe zu und ging auf Zehenspitzen hinaus, an Oskar vorbei, der selig schnarchte ... Als sie endlich draußen stand, fühlte sie sich so erlöst, dass sie vor Freude hätte schreien können. Der Wind rauschte in den Palmenbäumen. Zwar hatte sie vergessen, Schuhe anzuziehen, aber je rascher sie den Hügel hochlief, desto weniger spürte sie den Schmerz an ihren Fußsohlen. Mitten im Weg blieb sie außer Puste stehen. In Rudolphs Häuschen brannte kein einziges Licht! Dann verließ sie jeder Mut.

Niedergeschlagen setzte sie sich auf einen Felsen am Rande des Weges.

»Er pennt! Er pennt!«, heulte sie unterm Mond. »Ihm ist alles egal, und er pennt!«

Irgendwann machte sie kehrt.

»Der Penner! Er pennt!« Jetzt taten ihr die Füße wirklich weh, immer wieder bückte sie sich, nahm ein paar spitze Steinchen in die Hand und schmiss sie in die Luft. »Aua, Scheiße! Merdre! Mist! Bullshit!« Und bis zur Villa hielt sie sich durch Schimpfen in Stimmung.

Ja, sie hätte Rudolph aufwecken können, aber so gut kannte sie ihn noch nicht! Außerdem war sie ihr Leben lang immer höflich gewesen. Oder nennt man so was feige?

Als sie an der Salontür entlang schlürfte, konnte sie nicht anders als hinein zu treten, um dort Tobias Nummer zu wählen. Er meldete sich! Mit ganz verschlafener Stimme.

»Ich wollte nur hören, wie es dir geht«, flüsterte sie in die Telefonmuschel.

»Oh! Gut gut ... Dir auch?«

»Mir geht es blendend. Ich ... wollte dir eigentlich nur eine gute Nacht wünschen.«

Ein paar Mal wiederholten sie »Gute Nacht« hin und her.

Liebe ist doch so einfach, dachte sie, als sie die dreieckige Decke wieder auseinanderfaltete.

Glücklich und tief schlief sie. Aber kurz. Der Mond war zu hell.

Ob diese jungen Jungs nur mit ihr ausgingen, weil sie sie schon mal im Fernseher gesehen hatten, oder schätzten sie ihre persönlichen Eigenschaften? Wiederum, woraus bestand ihre Persönlichkeit, wenn man das TV wegstrich? Als Charlotte entdeckt wurde, freute man sich über sie und lud sie zu allen möglichen Talkshows ein. War die Sendung ihr zu doof, so rettete sie sich durch ihren französischen Charme, war sie ihr zu intelligent – das soll es gegeben haben! –, so rettete sie sich ebenfalls durch ihren französischen Charme. Die Karriere lief gut an. Endlich hatte sie Geld und kaufte sich so viele Kleider, dass sie die meisten gar nicht trug. Sie träumte von dem Tag, an dem sie elegant ausgehen würde, und dafür sammelte sie die Klamotten, die in ihrer Wohnung Berge bildeten. Zwischen diesen Bergen fuhren junge Männer Ski, mal waren es die, und mal andere. Schlank, gebildet und meistens unsagbar langweilig. Hin und wieder bildete sie sich eine leidenschaftliche Liebesgeschichte ein, die unfehlbar in einem Fiasko endete ... Indessen wechselte sie die Geliebten häufiger als die Garderobe.

Die Angebote in der Filmbranche hatten sich rar gemacht. Nach und nach musste sie ihre Kleider und Schuhe auf Ebay verkaufen. Ihre letzten Freunde waren allesamt Saufbrüder. Ihr Gesicht im Spiegel ähnelte mehr und mehr einer Ruine. Es kam die Zeit, in der sie jeden Nachmittag beim Wachwerden »Scheiße!« rief. Der Schrei aus ihrem Herzen. Papa war gestorben, und mit der ganzen Heiligen Familie hatte sie nichts mehr am Hut. Bald bevorzugte sie es, nicht mehr aufzustehen. Ganze Tage verbrachte sie im Bett, sah danach kein Stück erholt aus. Und war trotzdem hart zu sich, zwang sich zu Diäten: Trennkost, Montignac, Glyx-Diät, Bananendiät, Nulldiät. Sie war wie ein Luftballon, der mal prall aufgeschwollen war und dann pfff! seine Luft verlor, wobei unsagbar viele neue Falten entstanden.

»Scheiße!« So einsam zu sein, verschuldet und dennoch eingebildet! »Scheiße!« Ihr Leben dermaßen verpfuscht zu haben. Ihre Freiheit. Drei Ausrufezeichen.

Mitten in dieser Apokalypse vermachte ihr Onkel Auguste ihr sein Hab und Gut. Wie viel Glück ich habe, dachte sie, unvorstellbar! Und nun durfte sie sich das aussuchen, worauf sie am meisten Lust hatte. Materielle Güter, das war ihr schon klar, machten sie nicht glücklich. Weiß ja auch jeder. Eingebildete Lieben, bezahlte Lieben ebenso wenig. Das Haus ihrer Eltern kaufen? Wozu? Sie hatte das Burgund immer abgrundtief gehasst, das Leben auf dem Land, die kleine rechtsradikale Bourgeoisie, die Kartoffeln und die Gurken und das ganze Grünzeug. Und plötzlich fiel ihr ein, dass die schönste Zeit in ihrem Leben die Friseursalon-Zeit gewesen war.

34. KOPFWEH

»Charlottchen, Augen aufmachen! Glückstea is ready!«

Charlotte setzte sich auf und rieb sich die Augen. Wie hübsch bestickt Oskars Djellaba war! Aber irgendwo im Haus roch es nach bitterem Kaffee ... Plötzlich fiel Charlotte der ganze Ärger mit Helena wieder ein. Entmutigt legte sie sich wieder hin und schloss gequält die Augen.

»Ich bin krank!«, jammerte sie und zündete sich eine Zigarette an.

»Was hast du, Liebes?«

»Alles!«

Oskar befühlte ihre Stirn.

»Stimmt! Ganz heiß! Was machen wir jetzt? Soll ich den Herrn Doktor kommen lassen? Liebespillen besorgen?«

»Das ist nicht lustig, mir tut alles weh.«

»Warte, bin gleich wieder bei dir!«

Als Oskar ihr Zimmer verlassen hatte, fasste Charlotte an ihre Stirn, die eher kalt war.

Bald kam er mit einem goldenen Tablett zurück, auf dem er lauter bunte Tabletten wie Blumenblätter um eine qualmende Tasse Glückstee arrangiert hatte.

»Ich habe mit Helena gesprochen. Wir verschieben den Dreh auf morgen oder übermorgen!«

»Nein!«, schrie Charlotte.

Heute war der Tag, an dem sie in Rudolphs Zimmer filmen wollten. Dort sollte ihn Demenzia mit einem Hammer erschlagen.

Hastig griff Charlotte nach ein paar Pillen, die sie mit einem heißen Schluck Tee hinunterwürgte.

»Gib mir mein Kleid!«

»Das mit dem Teerfleck?«

Ein unverständliches Grummeln ließ Helena von sich, als sie die beiden im Salon aufkreuzen sah. Hörte sich wie ein Tiergeräusch an.

»Dreh doch nicht verschoben!«, kündigte Oskar an und breitete dabei die Arme aus. Im ganzen Spiel hatte seine Rolle dermaßen an Bedeutung verloren, dass ihm indessen alles egal war.

Der Hammer, den Charlotte für die neue Mordszene besorgt hatte, lag noch auf dem Couchtisch.

»Hier! Nehmt lieber die Statue mit!«

Charlotte hielt das schwere Manrique-Objekt im Arm.

»Wieso? Kommst du doch nicht mit?«, fragte Oskar amüsiert.

Nein. Die Perspektive, dieses Bett wieder zu sehen, in dem sich alle ausgetobt hatten! Und das auch noch in Helenas stummer Gegenwart! Wenn Charlotte etwas absolut nicht ausstehen konnte, dann war es, dass man nicht mehr mit ihr reden wollte. Lieber tausendmal beschimpft werden!

»Ich habe schwer Kopfschmerzen, und es gibt zu viel Wasser im Booooot«, zitierte Charlotte eine amerikanische Band, die wahrscheinlich ein Deutschsprachbuch auf dem Flohmarkt ergattert hatte.

»Lass die!«, Helena schnappte sich den Hammer. »Wir hauen ab!«

»Wie wäre es, wenn Demenzia statt mit dem Hammer, Rudolph mit der ...« Gereizt warf Helena den Hammer in den Kamin. »Skulptur ...«, sagte noch Charlotte.

Oskar nahm die Manrique-Statue mit, und weg waren sie.

»Uff!«, sagte Charlotte und ließ sich erlöst in einen Ledersessel fallen.

Geschafft, ihr Plan war aufgegangen! Einen schönen Tag würde sie sich ohne die Nervensägen machen, und außerdem: nie wieder irgendwas mit dem blöden Film zu tun haben. Mit dem blöden Film nicht, und mit dem blöden Feigling auch nicht! Der Roman der Rose, die Zeit der Ritter ... Aua! Plötzlich hatte sie wirklich Kopfschmerzen bekommen, lächerlich! Wie ihr Bruder, der bei der Ausmusterung zum Militär vorgespielt hatte, wahnsinnig zu sein und dann wochenlang nicht mehr ganz dicht wurde. Aïe! Eine richtige Migräne ... Ihre Stirn war heiß geworden. Auf unsicheren Beinen schleppte sie sich zum Kamin, holte den Hammer aus der Asche heraus und kam auf allen Vieren zum Sessel zurück. Zu schwach, ihn zu säubern, schlug sie mit dem Hammer sanft auf ihren Schädel, in der Hoffnung, mit dem damit entstandenen Gegendruck die Schmerzen zu lindern. Dabei fielen Aschpartikel in ihr Haar.

»›Die nicht enden wollenden Bestrafungen, die nicht enden wollenden Bestrafungen‹, von wem ist das? Von wem ist das? Von wem ist das denn? ›Die nicht enden wollenden ...‹«

Die heilende Kraft der Sonne! Mit ihr versuchte sie es auf der Terrasse. Aber sogar mit Sonnenschirm, Sonnenhut und Sonnenbrille war sie nicht zum Aushalten. Nicht fünf Sekunden lang! Die Sonne störte sie ungemein, ihre »geliebte Sonne«!

Sie nahm alle Aspirintabletten ein, die sie finden konnte und legte sich ins Bett. Was für ein Tag! Für den bräuchte sie kein Jubiläum zu feiern! Keuchend stand sie wieder auf und hing das Pokerdots-Teekleid vors Fenster. Dicke brennende Strahlen kamen noch an den Seiten durch, das wäre mit einem Kleid von Helena nicht passiert!

Wie würde Charlotte sich je an das ganze Leid gewöhnen können? Dabei ließ sie sogar die Frage der psychischen Folter außen vor.

Früher hatte sie niemals körperlich gelitten, und nun fühlte sie sich immer öfter wie ein altes Auto, das nicht mehr fahren will.

Manchmal konnte sie nirgendwo sitzen, so sehr schmerzte ihre Wirbelsäule.

Womöglich war sie selber schuld daran. Jeden Morgen hatte sie einen Kater. Täglich nahm sie sich vor: Morgen höre ich auf zu rauchen, aber wenn sie aufstand, fühlte sie sich so miserabel, dass sie sofort nach einer Zigarette griff. Und sie zog daran wie eine Besessene. »Aus Liebesmangel«, meinte Helena in der Zeit, als sie noch miteinander kommunizierten. Ein seltsamer Liebesersatz also. Als ob sie ein neues Hochzeitskleid benötigt und dafür ein paar hässliche blickdichte schwarze Witwenstrümpfe bekommen hätte. Jedes Mal, wenn sie den Abhang zur Villa hoch klomm, keuchte sie wie eine Tbc-Kranke und bekam das Gefühl, nicht mehr atmen zu können und gleich zu ersticken. Sie hatte schon immer Sport gehasst, und jetzt verachtete sie ihn mehr denn je, denn sie wusste, sie war immer unfähiger, sich zu bewegen, und sie wollte sich nicht öffentlich blamieren. Wie ungerecht! Sogar die sehr viel ältere Helena war fitter, trotz dekadenter Laufbahn. Als Kind schon Gras geraucht und LSD geschmissen, im Berlin der Achtziger waren ihre Lieblingsdrogen Speed, Ephedrin, Kokain – wenn sie reich war – und um sich wieder zu beruhigen, war sie dann irgendwann auf Heroin umgestiegen, zuerst einmal die Woche und dann immer öfter. Dabei hatte sie die ganze Zeit tüchtig getrunken. Sie war damals von Selbstzerstörung fasziniert. Von diesem besonderen Lifestyle, den man »Sex & Drugs & Rock'n'Roll« nannte. (Mit dem Rock'n'Roll allerdings trieb sie es nicht so toll. Selten jemanden getroffen, der falscher gesungen hätte!) Erst ihre Gelbsucht hatte sie umgestimmt. Und am Ende hatte sie nicht einmal Ecstasy ausprobiert! Geschweige denn Krack! Und hielt dann Charlotte Reden in dem Stil: »Du bist süchtig, weil du dich nicht liebst. Deine Eltern liebten dich nicht. Deswegen liebst du dich auch nicht.« Sehr einfallsreich!

Bald dachte Charlotte, Helena hätte eigentlich wie sehr oft recht gehabt, und die Eltern seien schuld an dem ganzen Schlamassel. Aber für eine Rache war es zu spät. Vater tot, Mutter am Parkinsonrande! Also noch nicht so schlimm, aber demnächst!

Sie träumte von einem eigenartigen Haus, in das alle gerade eingezogen waren. Am Anfang des Traums lag sie in einem Bett mitten auf der Straße. Ich muss nach Hause, dachte sie und stand auf. Ihr Haus aber war mit hässlichen Möbeln und lächerlichem Nippes vollgestopft. Dort herrschte die größte Unordnung, denn Schopenhauer (!) war mit vielen Kindern zu Besuch gekommen. Diese rannten überallhin, fassten alles an und steckten sich ständig irgendwelche Gegenstände in die Taschen. Charlotte bat sie zu gehen, sie sei sehr müde. Sie hörten ihr nicht zu, schließlich entschied sie sich, das Haus selber wieder zu verlassen. Als sie die breite Treppe hinunterstieg, folgte ihr ein Typ mit der Figur eines Besens, der einen großen Haufen schmutziger Wäsche trug. »Vorsicht!«, rief er, und Tonnen von Bauschutt purzelten die Stufen hinunter und hätten sie beinahe lebendig begraben. Sie rannte Hals über Kopf, riss eine Tür auf, trat in ein Zimmer ein, Horror! Es war ein Krankenhaus-Schlafsaal, ein grünlicher, stinkender Raum mit aufgereihten Betten, auf denen Kranke – unter anderem Helena und Oskar – wie Automaten schaukelten. »Ach nein! Ich will nicht hier sein!«, rief sie, aber die Finger eines Skeletts griffen nach ihrem Handgelenk, um sie zurückzuhalten. Genau dann erwachte Charlotte. Sie hatte Geräusche in der Villa vernommen, schloss daraus, dass das Filmteam zurück war, und quälte sich aus ihrem Bett.

35. DER UNFALL

»Oh Gott, oh Gott!«

»Oooh! Gott!«

»Oh mein Gott, oh mein Gott, oh mein Gott!«

Im Flur hörte sie Helenas und Oskars ungewöhnliche Rufe.

Als Charlotte die Tür zur Küche aufmachte, riefen sie immer noch nach ihrem Gott. Helena saß am Tisch, begrub ihren Kopf in den Händen und schluchzte, während sich Oskar wie ein Kreisel um sie drehte und die Arme melodramatisch hochwarf.

»Oh mein Gott! Charlotte! Oh mein Gott!«, rief er.

»Ogottogott! Charlotte!«, heulte Helena.

»Was ist los mit euch? Was ist passiert?«

»Furchtbar!« Helena zitterte. »Ein furchtbares Unglück!«

»Ein Unfall! Helena!« Während Oskar den Kopf nach hinten warf, verwandelten sich seine schwarzen Augen in Flammenwerfer. Das hatte Charlotte schon einmal erlebt ... Früher, bei einem Theaterstück, noch bevor sie ihn persönlich kennen lernte. Oder war es bei einem ihrer ersten gemeinsamen Filme gewesen?

Sie brauchte mehrere Minuten, bevor sie endlich begriff, weshalb sich die beiden so bizarr aufführten. Rudolph war verletzt, »weil ihm die Manrique-Statue auf den Kopf gefallen war.« Kein Wunder! Ließ man die drei einen Nachmittag lang allein, mussten sie sofort Scheiße bauen.

»Wie? Er ist verletzt? Und ihr habt ihn dort liegen lassen?«, fragte Charlotte ungläubig.

»Er ist schwer verletzt!«

»Oh nein! Schwer, schwer verletzt.« In ihrem Pathos sprach Helena das R von »schwer« wie das zweite CH von »schwach« aus. (Back to the Tulpen-roots!)

Nachdem sie eine Weile in ihrer Stofftasche gewühlt hatte, goss Charlotte deren Inhalt auf den Küchentisch.

»Oskar, hol mir das Telefonbuch!« Ihr Handy hielt sie bereits am Ohr. »Wir brauchen einen Krankenwagen!«

»Nein! Nein!« Er nahm ihr das Gerät aus der Hand. »Bitte komm mit, Charlotte! Du musst ihn dir ansehen!«

»Was soll das Theater? Los, gib das Telefon her!«

»Ich kann nicht mit, ich kann nicht mit«, jammerte Helena. »Ogottogottogott! Niemals! Ich kann nicht mit!«

»Ich telefoniere vom Festnetz aus!« Charlotte verließ die Küche und lief entschieden zum Salon, Oskar ihr auf den Fersen.

»Nein! Bitte, tue es nicht! Bitte nicht!« Oskar warf sich auf den Fußboden. »Ich glaube, ... er ist tot!«

»Er ist tot? Bist du irre geworden?«

Charlotte holte ihre Jacke aus ihrem Zimmer, zog sie jedoch

nicht an – wozu auch, bei der Hitze – und ging dann mit Oskar hinaus. Lange noch hörten sie Helena »Ogottogott« in der Küche rufen, während sie den Abhang zu Rudolph hoch klommen.

Charlotte trat als Erste ein und sah ihn sofort vorm Bett liegen. Mitten in einer Blutlache, die sich um seinen Körper wie eine Aura bildete. Ein Kunstwerk. Die Wahnsinnigen hatten nicht einmal die Tür zugemacht! Wieso war Charlotte überhaupt auf die Idee gekommen, diese Affen auf Lanzarote einzuladen? Eine schlechte Chemie! War schon lange bewiesen. Diese Chemie war tödlich! Dumm, zu dumm von ihr! Aber zu spät.

Rudolph hatte ein breites Grinsen im Gesicht und eine noch breitere Wunde im Schädel. Charlotte bildete sich sogar ein, dass ein Stückchen Gehirn aus der Wunde kroch. Sie dachte, sie müsse sich gleich übergeben, tatsächlich, so war es, und sie rannte zum Klo.

»Oskar!«, rief sie zwischen zwei Würgelauten. »Schließ die Tür! Schließ die Tür!«

Ihr kam das Camping-Sex-Lied wieder in den Sinn, das genauso hieß. »Schließ die Tür! Schließ die Tür!«, wiederholte der Sänger manisch. So wurde es in den Achtzigern gemacht. Man wählte einen Satz aus und sang ihn immer wieder. Dadurch entstand eine düstere Black-Voodoo-Atmosphäre.

»Schließ die Tür, Oskar! Schließ sie ab!«

Als sie zurückkam, irrte Oskar durchs Zimmer, hob wahllos irgendwelche Gegenstände hoch.

»Ich weiß nicht, wohin der seinen Schlüssel gepackt hat«, schluchzte er.

»Los! Wühl in seiner Hosentasche!«

»Ich kann nicht!«

»Doch, das kannst du! Los! Habe ich gesagt!«

Sie übernahm das Kommando. Diese Trottel! Diese unfähigen Idioten! Die Manrique-Statue war kaputt! Entzwei lag sie in der roten Pfütze. Aber vielleicht war Rudolph gar nicht tot. Gerade noch hatte sie den Eindruck gehabt, ihn lachen zu hören.

»Leg dein Ohr auf sein Herz und hör zu!«

Oskar kniete vor Rudolph, wühlte in dessen Hosentaschen und legte gleichzeitig den Kopf auf dessen Brust. Ohne das Blut hätte das eine passable Liebesszene ergeben.

»Nichts! ... Ich höre gar nichts!«, heulte er los.

Angewidert griff Charlotte nach der blassen, kalten, erstarrten Hand und fühlte den Puls.

»Das war's dann! Holen wir die Bullen!«

»Aber die werden glauben ... Die werden glauben ...«

»Was werden die glauben? Es war doch ein Unfall, oder?«

Steif wie eine Schuldirektorin lief sie zur Kamera, die nicht einmal umgefallen war, sondern noch brav auf ihrem Stativ stand.

»Bitte, Charlotte! Lass uns gehen! Sieh, sieh her, ich habe den Schlüssel!«

Sie packte die Kamera ein, nahm Helenas Sonnenbrille mit, drehte den Schlüssel zweimal im Schloss, und sie liefen zurück zur Villa.

Trotz der Hitze zitterte Oskar am ganzen Leib.

»Reiß dich bitte zusammen!« Charlotte warf ihm ihre Jacke auf die krummen Schultern. »Ihr habt's doch gefilmt, oder? Dann seid ihr aus dem Schneider!«

Als sie kurz vor der Villa standen, verlor Charlotte ihren Mut und musste sich auf den Vollmondfelsen setzen.

»Ich kann es nicht fassen ... Ich denke, ich habe ihn geliebt, verstehst du?« (Sie wischte sich eine Träne vom Auge.)

Oskar bückte sich zu ihr und nahm sie ungeschickt in die Arme.

»Doch, ja! Ich habe ihn auch geliebt.«

»Und Helena ebenfalls, ich weiß!« Wieder wurde Charlotte wütend. »Aber wenn man jemanden liebt, dann passt man auf ihn auf!«

Oskar nickte traurig.

»Und ... Es war das erste Mal, dass ich einen Toten gesehen habe.« Wie im Stummfilm riss Charlotte die Augen auf.

»Wirklich?«

»Einen toten Menschen!«

Charlotte hatte sich immer davor gedrückt. Nicht einmal ihren toten Vater hatte sie sehen wollen.

»Und ich habe ihn angefasst ... Oh! Es war ... unglaublich!«

»Wie? Denn? Unglaublich?« Geheimnisvoll ließ Oskar seine langen beringten Finger vor ihrem Gesicht tanzen.

»Na, einfach nicht soooo ...«

Plötzlich mussten sie lachen. Und hielten sich dabei die Hand vorm Mund.

36. DOCH KEIN UNFALL

»Habt ihr die Skulptur nicht mitgebracht?« Helena sah aus, als sei sie schon hundert Jahre alt.

»Charlotte will die Polizei anrufen!«

»Lass sie! Es ist das Beste.«

Das Video war echt, und es wirkte wie Fake. Der Sound, den das integrierte Mikrofon aufgenommen hatte, war nur ein lautes Summen, wie aus einem elektrischen Generator. Während der ganzen Projektion versteckte sich Helena hinter Charlottes Stofftasche, Oskar riss die Augen auf und kaute an seinen Fingern. Beide Gesichter waren zu sehen, das von Rudolph, das von Helena, beide der Kamera zugewandt. Wie stolz sie waren, er kaum verkleidet, sie mit einem harten, perfekt gezeichneten Mund. Durch die doppelte Reflexion einer Lampe in ihrer Sonnenbrille wirkte sie satanisch. Sie hob die Skulptur über ihren Kopf und haute sie runter auf Rudolphs Schädel. Man sah die Statue entzwei fliegen. Das war ganz bestimmt kein Unfall! Sofort nahm Oskars breiter Rücken die ganze Bildfläche ein. Dann sah man noch sein Folklore-Hemd nach unten rutschen, und es gab zwei Hände mit indischen Ringen, die eine Statuehälfte hochhielten und wieder fallen ließen.

»Oskar!«, rief Charlotte außer sich. »Was hast du da getan?«

»Ich ... wollte nicht, dass er leidet ...«

»Aber du ... Du bist ein Monstrum! Er ist doch kein Pferd! Rudolph – ist – kein – Pferd!«

Helena schrie: »Quatsch! Er hat den Stein neben Rudolph fallen lassen! Und der war sowieso schon tot! Er wollte mich nicht allein mit der Verantwortung lassen. Rudolph war sofort tot, sofort, das weiß ich!«

»Nein, Helena, das war er nicht!«

Wie kleine Kinder, die sich um einen zerfetzten Teddybär fetzten! Nein, hundertmal schlimmer, wie Science-Fiction-Monster, die um ihr Gewaltpotenzial miteinander konkurrierten! Charlotte war entsetzt.

»Es war Mord! Ihr seid Mörder, das seid ihr!« Sie flippte aus und biss sich in die Hand. »Und ihr habt alles zerstört!«

Das Licht in Helenas Augen war ganz erloschen.

»Es war ... Es war, als ob ich auf meine ganze Jugend gehauen hätte ... Auf die Illusionen ... Auf die ganzen Enttäuschungen!«

Na, war das nicht spottbillige Psychologie? Degoutiert ließ sich Charlotte aufs Sofa fallen.

»Okay, Oskar«, sagte sie nach einer Weile. »Du löschst mir das alles!«

»Den ganzen Film?«

»Den ganzen Film.«

»Aber Charlotte!«, sagte die schlotternde Helena, »die haben uns alle gesehen, hier auf der Insel, wie wir gefilmt haben!«

»Gut! Dann lösch nur die allerletzte Mordszene!«

Charlotte hatte den Eindruck, einen Hörsturz zu bekommen, wenn das nicht pure geistige Umnachtung war. Die Projektion lief nicht mehr, dennoch hörte sie immer noch – und immer intensiver – das unerträgliche Summen der Filmmaschinerie. Wie in Trance erhob sie sich.

»Hopp, hopp!« Sie klatschte in ihre Hände. »Alle ins Bett! Fortsetzung folgt! Mor-gen-früh-um-acht!«

Und wie brave Soldaten gehorchten sie ihr, trotteten zu ihren Zimmern, nachdem sie Charlotte ehrfurchtsvoll eine gute Nacht gewünscht hatten.

Vor lauter Mitleid konnte Charlotte kein Auge zudrücken. Mitleid mit Rudolph, der so jung gestorben war, beim Lachen erwischt. (Die Leiche lächelte.) Mitleid mit Helena, die aus Versehen – halb? – gemordet hatte, weil in ihren Gehirnresten wirklich nichts mehr funktionierte. Mitleid mit Oskar, dessen Großzügigkeit sich darin ausdrückte, den Gnadenstoß zu geben. Und endlich Mitleid mit sich selbst, die dalag ohne Geliebten. Die Bilder der süßen vergangenen Nächte jagte sie fort. Das war's, sie standen alle im selben Boot, das Boot der kaputten, der toten Seele. Alle waren sie tot. Wie Rudolph waren sie alle tot! Durch sanfte Windstöße in Bewegung gesetzt, klopfte die Schlafzimmertür regelmäßig gegen ihren Rahmen. Es war unerträglich, es trieb Charlotte in den Wahnsinn, aber sie war so unsagbar müde, dass sie nicht aufstehen konnte. Die Tortur nahm einfach kein Ende!

37. PAUSCHALURLAUB MIT CHARLOTTE LAPORTE

Um acht ging Charlotte die anderen wecken, die mit offenen Augen schliefen.

»Wo liegt der verdammte Schlüssel? ... Ach, ich habe den verdammten Schlüssel! Wir gehen hin!«

Helena, die keinen Kaffee bekommen hatte, war wie eine Schlafwandlerin. Bei jedem Schritt stöhnte sie. Hörte sich an wie das Wiehern einer alten Stute. Und blieb dann unschlüssig vor Rudolphs Häuschen stehen, bis Charlotte sie mit Gewalt hinein schubste.

Noch stinkt er nicht, dachte Charlotte erleichtert.

Die gesamte Organisation nahm sie in die Hand.

»Oskar, such nach einer Tasche für die Statue! Und du, Helena, wisch das Blut weg!« Das konnte Helena nicht, also tat Charlotte es selber. »Was ist mit dem Jeep? Ist es ein gemietetes Auto?«

»Nein, das ist der Wagen seiner Freunde, denen das Haus gehört. Das hat mir Rudolph gleich am ersten Tag erzählt, als ihr ihn noch gar nicht kanntet.«

»Sicher? Oskar! Such nach den Papieren! ... Ach, hier habe ich seinen Pass! Irre! Er heißt gar nicht Rudolph! Seht mal her, Alexander heißt er, es ist ja viel schöner! Oh! Alexander, du bringst mich so durcheinander! Aber, Alexander Philips, passt gar nicht zusammen! Mutter German, Daddy Engländer! Oder umgekehrt! Hier, zieht euch diese Gummihandschuhe an! Wischt alles, aber wirklich absolut alles ab, was man hier anfassen kann! Ich bringe den Jeep in die Garage!«

»Philips? Strange, isn't it?«, sprach Charlotte laut mit sich am Steuer des Jeeps. »Rudolph (also Alexander) hatte wirklich nichts von einem Engländer. Außer dieser lässigen Art, helle, sportliche Sommerkleidung zu tragen, die bei älteren Damen very good ankommt, gentleman's like. But still with sex-appeal, sexe à piles, Sex mit Batterien. Konzentration! Nicht Hass, sondern Philips! I'm your chauffeur!«

Das Einparken klappte, ohne die geringste Beule!

»Seht, was ich in der Garage gefunden habe! This is just perfect!« Hinter sich schleppte Charlotte einen riesigen blauen Leinensack, der wahrscheinlich für Segelbootausrüstung gedacht war.

»Wir brauchen ein Boot!«, sagte sie.

»Das Boot des Bruders?«, suggerierte Oskar.

»Geht nicht. Es hat ein Leck!« Unfreiwillig hatte Charlotte Rudolphs Intonierung imitiert. (Wegen dem verschwundenen Boot würde Señora Conception bestimmt noch allerhand Ärger machen wollen. Worum ging es eigentlich? Um Familienehre oder um geheimnisvolle vergangene Liebschaften? Als Gerontologe hatte Rudolph bestimmt irgendwann Señora Conception sexy gefunden ...)

»Das Boot! Das verdammte Boot! In welcher verdammten Stadt hat er es liegen lassen?« Charlotte kroch unters Bett und fand dort ein paar Pornohefte und Comics. Kurz darauf blätterte Helena, die zu nichts zu gebrauchen war, die Comics durch.

»Charlotte, sieh dir das an!« Sie reichte ihr »Cat Woman«. Nachdem sie eine Seite durchgelesen hatte, schüttelte sich Charlotte vor

Lachen. Die Sprechblasen beinhalteten haargenau die Dialoge, die Rudolph »geschrieben« hatte. Die wiederum waren bestimmt von irgendeinem Lied geklaut. Aber die Zeit drängte, Charlotte wurde plötzlich wieder ernst.

»Hat euch keiner hier am Tatort gesehen? Ist kein Auto vorbeigefahren?«

»Nein, Charlottchen, du weißt doch, dass niemand hier lang fährt!«

»Der Postmann vielleicht? Seht nach, ob er Post bekommen hat!«

Gehetzt hörte sie sich Fetzen von Botschaften auf dem Anrufbeantworter an, erkannte durcheinander ihre und Helenas und Oskars Stimmen wieder, drückte aber sofort auf die Taste weiter, bis eine fremde Stimme erklang: »Hi, hier ist Erik. Wie geht's, wie steht's? Vergiss nicht, das Wasser und die Elektrizität zu überweisen! Wir sind hier eingeschneit. Ruf zurück! Katharina grüßt dich auch schön!«

»Oskar, verbrenne diesen Pass! Nimm ihm den Ring ab!«

»Sollen wir ihm auch die Plomben rausreißen?«, fragte Helena.

»An deiner Stelle würde ich keine Witze machen, okay?«

Helena drehte sich verschämt weg, nahm ein Tuch und wischte pflichtbewusst den Boden.

»Helft mir jetzt, wir müssen ihn in diesen Sack packen!«

Charlotte warf noch einen letzten Blick in die Runde. Alles in Ordnung, die Vorhänge waren zugezogen, und wenn sie den verdammten Schlüssel wiederfand, konnten sie gleich wieder gehen. Da hing er auch schon im Schloss! Und was hatte dieses Heftchen mit seinem schwarzen Ledereinband ganz einsam und verloren auf dem Schreibtisch zu suchen? Rudolphs Kalender! Sehr gut! Vielleicht würde sie darin erfahren, in welcher verdammten Stadt das verdammte Boot des verdammten Bruders parkte? Sie steckte es ein.

38. RUDOLPHS KALENDER

1.1.: Happy new year! Hatte keine Lust auf Silvesterpartys und bin in meiner Hütte geblieben. Wieso gibt es auf dieser Insel nur ALTE reiche Frauen? Sollte ich vielleicht nach Kreta? Nein! Dort sind sie alle alt UND arm. Oder nach Miami? Oder nach Malibu?

6.1.: Katharina hat Mitleid mit mir. Deswegen lässt sie mich in ihrem Häuschen wohnen, aber ich weiß ganz genau, dass ihr Scheißtyp dagegen ist. Ein richtiges Arschloch. Versäumt es nie, mich anzurufen, wenn ich mit den Rechnungen im Verzug bin. Und mit den Rechnungen bin ich immer im Verzug. Denn ich bin »irre«, und ich bin »ein Mörder«, ich habe Jonathan auf dem Gewissen. Ach, wie konnte mir das nur geschehen? Manchmal denke ich, ich war dazu berufen, ein Scheißtyp mit einem Scheißleben zu werden. Oder etwa nicht?

17.1.: Jemand wohnt in der Villa. Habe eine Tante mit Hut auf dem Abhang gesehen.

18.1.: Heute lustigen Typen kennen gelernt. Oskar. Hippie, schwul und komplett gaga.

19.1.: Keine Kohle für Rechnung. Sage Erik, dass schon überwiesen. Hoffentlich glaubt er das.

21.1.: Oskar wohnt in der Villa Del Golfo. Mit zwei Tanten. Die mit dem Hut. Und eine andere mit Blechzähnen. Erik meint, Kohle nicht angekommen. So ein Wunder!

22.1.: Oskar verknallt. Will mich immer küssen. Muss wohl durch. Nichts mehr zu mampfen.

23.1.: Zum ersten Mal seit Jahrzehnten wieder in der Villa gewesen. Ein paar alte Möbel sind noch da, ansonsten ist alles renoviert. Sieht richtig doof aus. Wie im Hotel. Und: Sie haben sich eine Skulptur von Manrique geleistet!

24.1.: Die Nachbarn wollen einen Film drehen. Ich schreibe das Senario (!). Dieses Mal habe ich mich als Schriftsteller ausgegeben – schon besser als das letzte Märchen, als ich behauptete, ein Künstler zu sein, und dann wollten diese Touristenäffinnen meine

Bilder sehen! Die drei neuen Villenbewohner mag ich irgendwie. Sie hassen sich gegenseitig und sind ganz bekloppt. Am besten wäre, ich würde ihr wahrer Freund werden.

25.1.: Jetzt hat die Alte mit den Zähnen es auf mich abgesehen. Ich glaube, sie hat die Kohlen. Hässlich, aber aufregend. Hat mir ihr halbes Leben erzählt.

26.1.: Sie steht auf S.-M.! Aua, aua. Arschbacken tun weh. Aber hat mir Geld gepumpt.

27.1.: Muss die mich immer so kratzen und beißen und hauen? Nase voll. Schwer zu überleben. Coup landen? Durch die Taschen gehen? Abhauen? Die andere ist ganz stolz und hält sich für was Besseres. Ob sie die Kohlen hat? Oder doch die Tunte mit dem Holzbein?

28.1.: Ich bin so arm, dass ich nicht einmal weiß, wie ich in den nächsten Wochen essen soll. Ich kann unmöglich schon wieder Katharina anhauen. Die Neuen sind lustig, und sie haben Geld. Oder zumindest einer von ihnen. Ich kann nicht zurück nach Hamburg. Dort kotzt mich alles an. Das Wetter und der Rest. Ich muss hier bleiben. Helena hat 899 € für ihr Kostüm ausgeben. (Echtes Leder steht auf der Etikette.) Ohne mit der Wimper zu zucken. Sie ist es! Ich halte mich an sie.

29.1.: Die Stolze guckt mich an. Immer hochnäsig. Glaube immer mehr, dass sie die Kohle hat.

30.1.: In ihrem (zugegeben auch meinem) idiotischen Drehbuch werde ich jeden Tag umgebracht. Und ich muss gestehen: Ich habe Spaß daran. Außerdem: Habe ich es nicht verdient? Ha Ha!

31.1.: Die Alte mit den Zähnen ist verschollen! Meine Pobacken erholen sich.

1.2.: Helena immer noch nicht wiederaufgetaucht. Charlotte ein paar Scheine gemopst. Sie ist es, sie hat geerbt. Hat mir von einem Tobias erzählt. So ein junger Typ. Genauso langweilig wie ich früher. Ich halte mich dran.

2.2.: Sammlung komplett. Charlotte rumgekriegt. Sie macht es nur im Dunkeln. Ansonsten nicht schlecht. Beißt nicht, aber riecht wie ein Aschenbecher.

3.2.: Erik und Katharina wollen schon im März hierher. Scheiße! Muss dann nach Deutschland zurück. Vielleicht nach Berlin? Zu meinen »neuen Freunden«?

4.2.: Die kleben mir alle am Arsch wie Pattex. Ihr Film ist ein Haufen Dreck. Gestern Nacht wurde ich von Charlotte im Dachboden der Villa erwischt. Die blöde Kuh nennt das IHREN Dachboden! Diese reichen Arschlöcher meinen, die ganze Welt gehört ihnen. Sie hält mich für einen Dieb! Dass ich nicht lache! Diese Scheißer wohnen bei mir! Überhaupt, was mischt sich diese Charlotte in meine Familienangelegenheiten ein? Was hat sie mit der Familie zu tun? Und was habe ich mit der Familie zu tun? Am Ende ist mir vielleicht diese Helena am Liebsten, weil sie auf alles scheißt.

Zu allem Überfluss hat mir die alte Conception eine Szene wegen dem Boot ihres Bruders gemacht. Was kümmert sie das? Pedro hat noch gar nicht nachgefragt.

5.2.: Charlotte hat mir Moneten fürs Boot gegeben. Gut. Brauche Taschengeld.

6.2.: Jetzt ziehen sie alle eine Flappe. Charlotte kommt nicht mehr. Gut so. Die alten Tanten gehen mir total auf die Nerven. Alle drei. Kann sie alle nicht mehr sehen. Ich habe eine Allergie gegen Schnurrbart und Frauenbart und Schnurrbartkleber.

7.2.: Ob sich so eine Scheißskulptur noch verhökern lässt?

Zwar begriff Charlotte kein Wort von Rudolphs Tagebuch, dennoch hatte sie zum ersten Mal den Eindruck, dass er sich in eine tragische Person verwandelte. Sein Leben erschien ihr als eine einzige Kalamität, und wer wusste, ob es ihm jetzt doch am Ende nicht besser ging?

Es war nicht das erste Mal, dass Charlotte mit einem Mann ein Abenteuer angefangen hatte, den sie überhaupt nicht verstand. Aber dieser Rudolph war doch sehr eigenartig. Am Anfang hatte sie ihn für einen einfachen Idioten gehalten, jetzt wusste sie nicht mehr, was sie von ihm halten sollte. Ihre Version, dass es sich bei ihm um einen materialistischen Kerl und eventuellen Dieb handelte, wurde durch seine Kalendereintragungen unterstützt. Wahrscheinlich lag ihre Einsicht daran, dass sie zu viele Krimis gelesen und in zu vielen Krimis gespielt hatte. Krimis machen einen misstrauisch.

Im Gegensatz zu ihr war Oskar von Anfang an positiv zu Rudolph eingestellt gewesen und hatte sich sofort mit ihm verbunden gefühlt. Allerdings war er bestimmt von Rudolphs Schönheit geblendet. Wiederum musste Charlotte Oskar einräumen, dass er über einen quasi unfehlbaren Instinkt verfügte. Was also?

Wie Rudolph es aufgeschrieben hatte, war ihm »Helena am Liebsten«, denn sie schiss auf alles. Was hatte das zu bedeuten? Weil sie mit sich selbst viel zu sehr beschäftigt war, dachte Helena nicht über ihn nach. Eher sah sie Rudolph als Sexobjekt. Und hatte damit vollkommen recht, denn am Ende stellte sich heraus: »He was just a gigolo!« Trieb es mit reichen Omas, wollte sich aushalten lassen und entpuppte sich in Charlottes Augen als eine Null.

Ihr fielen ein paar Szenen in Restaurants wieder ein, in denen alte Frauen mit viel Schmuck äußerst seltsam auf Rudolph reagiert hatten. Hatten sie ihn angelächelt? Oder über ihn geflüstert? Waren sie nicht irgendwann entsetzt aufgestanden? Charlotte fragte sich, ob er auch noch ein Abenteuer mit Señora Conception gehabt hatte, oder ob sie ihn nur deshalb so verabscheute, weil sie im Laufe der Zeit sein Spiel durchschaut hatte? Eventuell beinhaltete Helenas Mord an Rudolph eine politisch korrekte Dimension? Ganz klar wurden dadurch die nächsten Omas vor ihm geschützt!

Die Tatsache, dass sie auf einen Gigolo reingefallen war, fand Charlotte einigermaßen schick, umso mehr, als sie den Film »Honeymoon Killers« liebte und außerdem nie wahrhaftig in Rudolph verliebt gewesen war. Das würde auf jeden Fall eine amüsante Anekdote abgeben, die sie nach ihrer Rückkehr in Berlin in den Kneipen erzählen würde!

39. DER ROTE BMW

Das war wirklich jämmerlich, dass »der Unfall« – wie sie ihn nannten – geschehen musste, damit die drei ehemaligen Freunde sich besser verstanden. Sie rückten näher und näher zusammen, übernachteten – wie in der Ferienkolonie – zu dritt im Salon. Eins musste man Charlotte lassen: Sie hatte gute Nerven.

Und immer noch Organisationstalent. Wollte so wenig wie möglich dem Zufall überlassen. Das Ziel war, glauben zu lassen, Rudolph sei unerwartet nach Deutschland zurückgereist. Also mussten sie die Leiche loswerden. Sie weder zerstückelt in Blumentöpfen begraben noch sie in der Badewanne mit Säure auflösen, sondern sie ganz einfach in den Ozean werfen.

Helena, Oskar und Charlotte saßen beisammen auf der Terrasse und entwickelten einen Plan, als sie plötzlich eine fremde Gestalt wahrnahmen, die den Abhang hochlief. Ein junger Mann, eher klein, mit dunklen Haaren, wahrscheinlich ein Spanier. »Holà!«, rief er ihnen zu. Verdutzt sahen sie ihn zu Rudolphs Haus gehen. Zehn Minuten später kam er wieder vorbei und grüßte sie erneut. »Holà!«, antworteten sie einstimmig.

»Oh Gott, wer war das?«, fragte Helena.

Oskar war der Meinung, der Junge sähe »haargenau« wie Señora Conception aus und stamme ganz bestimmt aus ihrer Familie. Zwar stimmte die Haarfarbe überein, ansonsten konnte Charlotte gar keine Ähnlichkeit entdecken.

»Erinnert mich daran, dass wir bei der Languste halt machen!«

Jedes Detail musste stimmen, Charlotte durfte nichts vergessen. Mental fertigte sie Helena-Listen an, die sie immer wieder nach Dringlichkeitsgrad neu ordnete. Und das Schlimmste bei der ganzen Sache war: Sie würde fahren müssen! Sie, eine »öffentliche Gefahr hinterm Steuer«!

Sie stiegen ins Taxi. Der Fahrer war wieder der stinkende Typ mit den gruseligen Fingernägeln. Wenn das kein schlechtes Zeichen war? Kein böses Omen? Aber es war wirklich nicht der Augenblick, an Voodoo zu glauben. Die langen Krallen und die schwarzen Katzen, das Schreien der Eulen, der Hut auf dem Bett und der Herpes an den Lippen! Einfach ignorieren, Zen bleiben, sich konzentrieren, an alles denken! Die anderen wollten, dass Charlotte den Jeep fuhr, dass sie die Leiche in die grüne Lagune warf. Viel zu gefährlich! Sie mussten in den Norden fahren, dorthin, wo man sie noch nie gesehen hatte.

In Playa Blanca mieteten sie einen BMW. Der Mann am Schalter lachte, als er Charlottes Führerschein sah. Auf dem Schwarz-Weiß-Foto war sie erst achtzehn, man konnte sie jetzt überhaupt nicht wiedererkennen. Leider war der BMW rot, sie hätten lieber einen grauen bekommen (oder einen tarnfarbenen, oder einen durchsichtigen). Dann fuhren sie zum Bootsverleih. Extrem langsam. Charlotte hielt verkrampft das Steuer, Oskar, der neben ihr saß, half ihr: »Vorsicht, Stoppschild! Fußgänger! Dromedar! Du hast die Vorfahrt, glaube ich, oder, Helena? ... Okay, hattest du nicht, sorry!«

Immer wieder hupten ungeduldige Urlauber, die es nicht aushielten, dem roten BMW im Schneckentempo hinterherzufahren.

»Lass dich nicht aus der Fassung bringen, Charlotte!«

Es hatte keinen Zweck, überhaupt zu versuchen, das Auto einzuparken. Charlotte hatte das noch nie gekonnt. Den Rückwärtsgang benutzte sie grundsätzlich nie. Also hielten sie einfach in der zweiten Reihe vor Nautioscar. Der Name des Bootsverleihs hätte sie an einem anderen Tag bestimmt amüsiert. Der Inhaber konnte perfekt Deutsch, er fragte sie, ob sie schon mal ein Boot manövriert hätten. »Klar!«, antworteten sie, ließen sich aber lieber noch einmal erklären, wie man den Motor anschmiss. Zwei Männer halfen ihnen, den Anhänger an den BMW anzubringen.

»Ich glaube, ich schaff's nicht bis ganz nach oben mit diesem Gewicht am Arsch!«

»Doch, doch, Charlotte! Du schaffst es!«

Bei Rudolph angelangt, wischte Charlotte sich den Angstschweiß von der Stirn und musste sich kurz erholen. Die anderen machten ihr Komplimente. Welch eine Heldin! Wie bravourös sie gefahren sei.

Und jetzt musste der Jeep aus der Garage, weil sie stattdessen das Boot unterbringen wollten. Hoffentlich kam Conceptions Bruder (oder Cousin) nicht wieder auf die Idee, Rudolph einen Besuch abzustatten. Helena stand auf dem Weg und blickte in die Ferne.

»Die Luft ist rein!«

Wie Ackerpferde zogen sie den Anhänger in die Garage. Sie hoben den blauen Sack hoch und trugen ihn hinaus. Lieber sprachen sie vom »blauen Sack« als von Rudolph. Unglaublich, wie viel dieser Sack wog, drei Tonnen? Extrem mühselig, ihn auf den Anhänger hoch zu hieven, ihn auf den Boden des Boots zu legen. Aber mit dem Ergebnis waren sie zufrieden. Ein paar Decken und Jacken würden sie noch auf dem Sack lässig arrangieren ... Helena und Oskar hätten gern die Fahrt auf den nächsten Tag verschoben, aber Charlotte wollte keine Zeit verlieren. Außerdem kam ihr die ganze Geschichte wie ein Marathon vor. Sie war schon so lange gelaufen, sie spürte ihre Beine nicht mehr. Wie in einem Traum rannte sie einfach weiter. Und morgen, das ahnte sie bereits, würden alle Kräfte sie verlassen.

Im Reiseführer hatte sie über einen ganz kleinen Hafen im Norden der Insel gelesen, Arrieta. Über das Städtchen hatte es nur zwei Zeilen zu lesen gegeben, das sprach nicht für Massentourismus.

Die Berge warfen bedrohliche Schatten auf die Straße, die glücklicherweise wenig befahren war. Die Kurven waren nicht Charlottes Spezialität, immer wieder landete der BMW auf der falschen Spur. Keiner sagte was, die Geräuschkulisse bestand ausschließlich aus dem leisen Motorsummen. Und plötzlich ertönte aus dem Nichts eine Sirene.

»Was ist das?«, fragte Charlotte, die niemals einen Blick in den Rückspiegel warf.

»Die Polente!«, rief Helena.

»Fahr zur Seite und lass sie vorbei!«, riet Oskar.

Als der Bus mit dem sich drehenden Licht sie überholte, erschien ein uniformierter Arm aus dem Beifahrerfenster, der ihnen das Zeichen gab anzuhalten.

»Ogottogottogott!«

»Also, Helena! Fang bitte nicht wieder damit an!«

»Alle brav lächeln und Holá sagen!«

»Holá!«, riefen sie im Chor, als die beiden Polizisten am BMW standen. Charlotte kurbelte die Scheibe runter.

»Holá!«, wiederholten sie.

Die Polizisten fragten nach Führerschein und Papieren, liefen um das Auto herum, blieben hinterm Boot stehen, verschwanden in ihrem Bus. Alle drei dachten, sie würden gleich einem Herzstillstand erliegen.

Wieder sprachen die Polizisten mit Charlotte auf Spanisch, doch sie verstand überhaupt nichts. Was wollten sie von ihr? Wieso pusteten sie ihr immer wieder in die Nase? Schließlich tat sie dasselbe und hauchte sie an.

»No beber? No alcohol?«, fragten sie.

»No. No alcohol!«

»Niemals! Sie trinkt nie!«

Die Polizisten gaben ihr die Papiere zurück und fuhren weiter. Erst als sie nicht mehr in Sicht waren, schmiss Charlotte den Motor wieder an.

»Ogottogott! Sie haben sich die Nummern notiert!«

»Na und? Was macht das schon? Bitte, Helena, hör auf, mich nervös zu machen!«

»Schlaf, Darling, schlaf!« Oskar strich Helena über die Haare.

»Ich? Schlafen? Ich schlafe überhaupt nicht mehr! Ich werde nie wieder schlafen!«

40. ABSCHIED

In Arrieta fanden sie sofort den kleinen Hafen. Vor dem Restaurant Casa Miguel, das schon geschlossen war, gab es ein Stückchen Strand, auf dem ein paar alte Ruderboote umgedreht lagen.

Das Meer war silbern. Eine abgemagerte Katze streunte im Sand herum. Wie ein Blitz durchfuhr Charlotte das schreckliche Bild ihres Onkels Auguste – von dem sie geerbt hatte –, der einmal vor ihren Augen neugeborene Katzen, noch unbehaart und mit zugeklebten Augen, gegen die Stallwand totgeschlagen hatte. Damals war sie noch ein Kind.

»Wir müssen den Sack wieder aufmachen!«, sagte sie.

»Sag mal«, sagte Helena, »bist du noch ganz dicht?«

Wenn die Familienkatze Mitzi Kinder bekam, war Charlottes Vater folgendermaßen verfahren: Er hatte die Katzenbabys in eine Tüte voller Steine gesteckt, bevor er sie im Bach ertränkte. Mit Tränen in den Augen erzählte er es dann beim Mittagessen.

Charlotte begann, fieberhaft schwere Kieselsteine zu sammeln und zum Boot zu tragen. »Los«, sagte sie anschließend, »den Sack öffnen wir später!«

Die Wellen übersprühten die Felsen mit Wolken von Gischt. Endlich hatten sie ihr Boot im Wasser, aber der Motor ging nicht an. Alle zogen am Drahtseil, es war zum Verzweifeln, nichts geschah! Und schon hatte ein torkelnder Idiot sie gesehen und seine Hosen hochgekrempelt. Er lief ins Wasser, ein breites Grinsen im unrasierten Gesicht, griff nach dem Drahtseil und versuchte, das Boot verkehrt herum ans Land zu ziehen!

»No, no!«, rief Charlotte und zeigte zum Horizont.

Am Ende begriff er doch, stieg ins Boot, das gefährlich schaukelte, setzte einen Fuß auf Rudolph und zog am Riemen. Der Motor sprang an, der Mann lallerte etwas von »demasiado tarde«, stieg wieder hinaus, zuckte mit den Schultern und trampelte wahrscheinlich in die Dorfkneipe zurück, wo er seinen Saufkumpeln vom Ereignis berichten würde. Hoffentlich würden sie alle tüchtig trinken und am nächsten Morgen das Ganze wieder vergessen haben.

Der Motor machte einen Höllenkrach, das Meer war schwarz, genauso der Himmel, in dem kein einziger Stern strahlte. Irgendwann erkannten sie die Lichter eines Flugzeugs. Sie fuhren weit hinaus, tief in die Nacht, und als Arrieta nur noch als heller Punkt erschien, brüllte Charlotte Oskar an, er solle den Motor abstellen.

»Will ich nicht!«, schrie er zurück. »Dann kriegen wir ihn nicht mehr an!«

Nachdem sie angeekelt die Steine in den blauen Sack gelegt hatten – zum Glück konnten sie nichts sehen –, versuchten Helena und Charlotte, ihn hoch zu hieven, aber er war zu schwer, das Boot schaukelte zu sehr, es war unmöglich, sie wären beinahe ins Meer gefallen. Endlich schwieg der Motor. Wie unheimlich, nur noch das Brausen der Wellen war zu hören. Der Wind begann, laut zu blasen, das Meer wurde unruhig, eine urkatholische Angst packte Charlotte, die jetzt einen gewaltigen Sturm, einen Orkan – den Zorn Gottes – erwartete. Zu dritt ließen sie den Sack über Bord rollen. Dabei kippte das Boot fast um. Sie richteten ihre Taschenlampe auf den Sack. Er blies sich auf wie ein Luftballon. Alle hielten den Atem an. Wieso hatten sie kein Ruder dabei? Aber bald verschwand die Luft blubbernd aus dem Ballon, nach ein paar Sekunden war Rudolph nicht mehr zu sehen, und sie weinten. Der Wind hatte sich gelegt, Oskar schmiss seinen schönsten Ring ins Meer. Charlotte riss sich die Goldkette vom Hals, einen Madonnenanhänger mit klitzekleinen Zahnabdrücken, den sie zur Taufe bekommen hatte. Helena warf ihr Seidenhalstuch weg, das auf der Wasseroberfläche schwamm. Traurig betrachteten sie das Halstuch, sprachen leise Heidengebete, nahmen heulend von ihrem Rudolph Abschied. Armer Rudolph. Es war seine letzte Reise. Die große Reise. Es war ein Unfall! Kadaver, Korps, Wasserleiche, kaltes nasses Fleisch.

»Acta est fabula«, sagte Charlotte.

Das Theaterstück war gespielt, der Vorhang gefallen, und Rudolph hatte keine alten Knochen abgegeben. Dabei hatte er so hübsch seine langen Wimpern flattern lassen. Charlotte dachte, dass sie als Tote auch lieber ins Wasser geschleudert würde. Lieber von kannibalischen Fischen gefressen werden als von Würmern. Wiederum: Einfach in der Erde verfaulen, nachdem man auf der Erde gefaulenzt hatte, auch das hatte seinen Reiz.

Der Motor hustete und ratterte wieder los.

41. PARANOIA

Charlotte schlief, bis sie nicht mehr konnte, und stand erst spätnachmittags auf. Im Salon warteten Helena und Oskar auf sie. Oskar trug einen Poncho, eine Kordhose und Stiefeletten, und Helena den Anzug, den sie beim Hinflug angehabt hatte, nur mit einem schwarzen Halstuch. Und die beiden hatten ihre Koffer gepackt!

»Was habt ihr vor?«

»Abhauen natürlich! Ist uns zu heiß hier!«

»Geh auch packen, Charlotte, Darling!«

»Aber nein! Spinnt ihr?« Charlotte erklärte, es wäre total verkehrt, frühzeitig abzureisen. Zum einen musste sie noch einiges regeln, zum anderen war es das Beste, sich so zu benehmen, als ob gar nichts geschehen wäre. »Redet euch ein, dass Rudolph in Hamburg ist, bis ihr daran glaubt.«

»Ich kann die ganze Insel nicht mehr ausstehen«, sagte Helena.

»Ja, Charlottchen, hast du diesen tanzenden Teufel mit seiner Mistgabel gesehen, den sie als Lanzarote-Symbol in den Souvenirläden anbieten?«

»Die Insel ist verdammt!«

»Verdammt verdummt seid ihr!«, schimpfte Charlotte. »Damit hat die Insel nichts zu tun!«

»Die Energien aus dem Erdreich kannst du nicht ignorieren! Wir sitzen hier auf einem Vulkan!«

Doch Charlotte, die ihre neu errungene Machtposition genoss, befahl ihnen, die gepackten Koffer in ihre Zimmer zurückzubringen. Denn jetzt mussten sie alle in die Stadt, um die gemieteten Vehikel loszuwerden.

Weil sie sich nicht traute abzubiegen, fuhr Charlotte dreimal um denselben Kreisverkehr, ansonsten verlief die Fahrt ohne bösen Zwischenfall.

Der Taxifahrer aus Playa Blanca wollte nicht bis zur Villa fahren. Stattdessen ließ er sie vor der Lagune aussteigen, und als sie durch El Golfos Straße liefen, hatten sie den Eindruck, die Leute würden sie seltsam ansehen – also noch seltsamer als sonst. Paranoia machte sich breit. In Playa Blanca hatte Oskar kurze hysterische Schreie von sich gegeben, jedes Mal, wenn jemand hinter ihm stand.

In der Lagune reichte Charlotte Señora Conception ein Bündel Scheine. »Rudolph e a Alemania«, erklärte sie. »A donato la moneda por el boot de el hermano. El boot e en el norte a … a …«

»Famara, yo lo so!«

»Si! Si! Verdammt! Famara!«

Skeptisch fächelte sich Señora Conception mit den Scheinen zu.

»Da Rudolph?«, fragte sie ungläubig.

»Sí, sí, Señora!«

»Dónde está la llave de la casa?«

Was meinte sie bloß? Charlotte zog ihren Sprachführer aus ihrer Stofftasche.

»Aspeta!«

Señora Conception holte hinter der Theke einen Schlüssel hervor.

»La llave? De Rudolph?«

Nein! Verflucht! Charlotte hatte Rudolphs Schlüssel weggeworfen! Kurz nachdem Oskar dessen Pass verbrannt hatte.

»No lo so«, sagte Charlotte unschuldig. Wieso diese Conception wie ein Gefängniswärter alle Schlüssel der Stadt sammeln musste?

Als Charlotte wegging, spürte sie Señora Conceptions Blick auf ihrem Rücken, doch sie drehte sich nicht um und ließ lässig ihre Stofftasche in der Luft kreisen.

»Und, was macht ihr Schönes?«

»Wir langweilen uns!«

»Wann fliegen wir endlich zurück?«

Am Sonntag fuhren sie nach Teguise. Am Eingang der Stadt bewunderten sie den Garten eines naiven Künstlers. Ein Sammelsurium aus altem Spielzeug, zerbrochenen Schallplatten, bunten Altären und sonnengelben Skulpturen: Ponys, Menschen und Kamele.

Senegalesen waren mit dem Boot gekommen und boten auf dem Markt Holzfiguren und Masken an.

»Möchtest du nicht diesen Elefant als Glücksbringer?«, fragte Charlotte. Oskar antwortete nicht. »Lasst uns Spielkarten kaufen, dann können wir Sado-Maso-Poker spielen!«

Charlotte konnte die beiden traurigen Faulpelze, die ohne ihren Spielgefährten Rudolph nichts mehr mit sich anzufangen wussten, nicht mehr ertragen.

»Hier, Oskar, such dir doch bunte Fäden aus! Willst du nicht ein bisschen sticken? Und du, Helena, möchtest du keine Farben? Du malst doch so schön!«

»Doch, ja, Mama!«

Als sie auf der Plaza General Franco waren, kaufte Charlotte extra eine Wegwerfkamera, um ein Foto von ihnen unterm Straßenschild zu schießen. Es war nicht zu fassen!

»Ladies, stellt euch vor, es gäbe einen Adolf-Hitler-Platz in Berlin!«

»Tschuldigung«, widersprach Helena, »Franco war nicht so schlimm wie Adolf!«

»Vor ein paar Jahren war es hier verboten, schwul zu sein!«, unterbrach Oskar sie. »He! Pedro! Holá, Pedro!«

El hermano! – Oder, der Cousin. Der kleine Typ, der zu Rudolph nach dessen Abschied gegangen war ...

»Holá, Oskar, qué tal?« Pedro klopfte Oskar freundlich auf die Schulter. Charlotte sah ihn interessiert an. Er war viel jünger als Señora Conception, seine dunklen Augen glänzten amüsiert, er hatte überlange dichte Wimpern, wunderschön geschwungene

Augenbrauen, und seine Lippen waren wie aus Velours. Er ging mit ihnen in ein altes Lokal in der Callejón de la Sangre (Blutgasse), in dem Tapas und Landwein angeboten wurden. An der hohen Wand des Lokals hing ein Portrait – eventuell von Mozart – im naiven Stil gemalt. Wenn sie nicht im Innenhof am plätschernden Brunnen stand, um zu rauchen, versuchte sich Charlotte als Dolmetscherin. Immer wieder zwinkerten Oskar und Pedro sich zu und lachten.

»Wo hast du ihn kennen gelernt?«

»Pschtt ... Geheimnis! Ich habe ihn verhext! Ist er nicht süüüß? Mein kleiner Pirat?«

»Könnten wir nicht ein paar Szenen mit ihm drehen?«, schlug Helena vor.

Oh nein! Das nicht schon wieder!

»Also, Helena! Ich verstehe dich nicht!«, sagte Charlotte vorwurfsvoll.

»War nur so 'ne Idee gewesen ...«

»Vergesst ihn, meine Lieben! Er steht wirklich auf Männer!«

42. ZIEGEN UND TOTE REHE

»Fällt euch nichts auf?«

»Nein, hast du eine neue Haarfarbe?«

Helenas Haare waren richtig weiß geworden.

»Dort, an der Wand!« Helena zeigte auf eins der kitschigen Gemälde, die den Salon schmückten.

Oskar ließ seinen Stickrahmen fallen. »Ich hab's, Darling, du hast da ne Ziege draufgemalt!«

»Es ist keine Ziege, sondern ein totes Reh!«

Das war ja wirklich widerlich. Um das halbverweste Tier kreisten Fliegen.

»Wetten, dass keiner das je bemerken wird?«

»Ladies, wir sehen uns später! Ich habe ein Rendezvous!«, verabschiedete sich Oskar.

»Mit Pedro? Was macht ihr denn?«, fragte Charlotte neugierig.

Am Ende saßen alle in Pedros Auto, und sie fuhren nach Famara, um sein Boot zu holen. (»Geht nicht, es hat ein Leck!« Hin und wieder vernahm Charlotte Rudolphs Stimme, das war unheimlich!)

Das war kein »Leck«, sondern ein Riesenloch, da fehlte glatt ein Drittel des Boots! Sah aus, als ob Rudolph versucht hätte, es wegzusprengen. Zuerst war Pedro wütend, stand da mitten im Boot, mit den Füßen im Sand, gestikulierte wild und schimpfte auf Spanisch. Aber bald lachte er wieder.

»Vamos a la playa!«, sang er.

Konnte der altmodische Hit Charlotte auf die Palme bringen!

Indessen waren sie alle schöner anzusehen. In braun wirkten sie schlanker als in weiß. Und die gesunde Hautfarbe brachte ihre Augen zur Geltung. Jeder hatte in der Iris goldene Strahlen bekommen. Früher hätten sie ihren Urlaubsteint gehasst. Blass wollten sie sein, krankhaft blass, um der kranken Welt ihren Spiegel hinzuhalten. Versteckten sich vor der Sonne, krochen erst am Spätnachmittag aus ihren armseligen Wohnungen. Damals war es »in«, total ungesund zu leben. War die Haut zu frisch, so verpasste man ihr eine Salamimaske. Man gab sich den Look eines Existentialisten. Das Leben war es nicht wert, gelebt zu werden. Gesundheit ein spießiger Wunsch (»Bonne année! Bonne santé!«), Leben ein bürgerlicher Besitz. »Ein langes, gesundes Leben!« Welch ein langweiliger Spruch! Das Schickste war, so früh wie möglich zu sterben. Man gab vor, nicht länger leben zu wollen, weil man instinktiv spürte, dass man – wegen dem immanenten Atomkrieg – bald sterben würde. Helden waren mutig, abenteuerlustig und fürchteten sich nicht vor dem Tod – im Gegensatz zu ihren an materieller Sicherheit interessierten Eltern. Helden waren die, die am heftigsten mit ihrem Leben spielten, die keine Angst vor Drogen hatten, alles blitzschnell erleben wollten und sich einen Dreck um die Folgen scherten. »Schieß dein Leben in die Luft, schieß dich selbst in den Himmel!«, bei diesem Spiel hatte Helena zweifellos die Goldmedaille gewonnen.

Wie junge Hunde spielte die neue Viererbande in den Wellen. Dort irgendwo, ganz hinten in der Ferne, schwammen bunte Fische um Rudolph herum. Gut, dass die Fische nicht reden konnten. Denn das Wasser trägt den Schall ewig weiter.

Während Oskar und Pedro im Sand knutschten, führten Helena und Charlotte romantische Gespräche.

»Fehlt er dir?«

»Ja.«

»Mir auch. Aber stört es dich nicht, dass er ein Gigolo war?«

»Nein. Nobody is perfect.«

»Ich habe trotzdem den Eindruck, dass er uns geliebt hat, was meinst du?«

»Doch. Hat er getan. Er wollte zu uns nach Berlin ziehen.«

»Oh! Helena! Er fehlt mir so!«

»Mir auch.«

Um sich zu trösten, küssten sie sich. Ihre Strandnachbarn packten demonstrativ ihre Badetücher zusammen und setzten sich weiter weg. Von ihrem neuen Standpunkt aus beobachteten sie dennoch die beiden Paare weiter.

»Sieh mal, die Idioten!«

Helena und Charlotte streckten ihre Zungen raus.

»Hunger!«, rief Charlotte. Eigentlich hatte sie Durst.

Im Restaurant unterhielten sich Oskar und Pedro aufgeregt miteinander, jeder in seiner Sprache. Aber war es nicht unter Menschen sowieso immer der Fall?

Seitdem Helena eine Mörderin war, zeigte sie eine ganz neue Sanftheit. Die grausame Wahrheit lautete: Der Mord hatte ihr gut getan! Sie war jetzt absolut Zen und lächelte selig, wobei ihre Metallzähne hin und wieder blitzten.

Indessen empfand die positiv eingestellte Charlotte Rudolphs Mord als kreativ oder zumindest von sozialem Nutzen. So wurden die nächsten Omas vor dem Gigolo geschützt!

43. FAST PERFEKT

Die letzten Urlaubstage waren schön, aber Charlotte fürchtete sich vor den Nächten, in denen sie von Alpträumen geplagt wurde. »Der Mord war fast perfekt«, dieser Satz kam immer wieder darin vor.

Wahrscheinlich erging es ihren Freunden nicht anders, denn sie sahen beim Frühstück wirklich kaputt aus, mit tiefen schwarzen Rändern unter den Augen.

»Ich habe geträumt, dass ich in Indien war …« Oskar zuckte nervös zusammen. »Im Ganges schwammen Leichen vorüber. Allesamt Rudolphs!«

Wenn Pedro in der Villa schlief, wirkte Oskar allerdings etwas ausgeruhter. Man hätte Pedro, der viel kleiner war als Oskar, für seinen jüngeren Bruder halten können. Er hatte viel mehr Ähnlichkeit mit ihm als mit seiner viel älteren Schwester Señora Conception. (Als Tante wäre sie besser durchgegangen.)

Pedro, der Tauchlehrer war, wollte den drei Freunden das Tauchen beibringen, doch sie zeigten keinerlei Interesse für die bunte Unterwelt des Atlantiks. Zusammen liefen sie über die Lavafelder, betrachteten pferdehufenförmige Mäuerchen, die den Wein vor dem Wind schützen sollten. Der vergebliche Versuch, in dieser rauen Landschaft, aus dieser trockenen, steinigen Erde etwas wachsen zu lassen: Der Wein war meist nur ein weißer, knochiger, verkümmerter, gespenstischer Ast, der an einen Mumienarm erinnerte.

Einen ganzen Nachmittag verbrachten sie im Jardín de Cactus, dem Kakteengarten von Guatiza, ebenfalls von dem aufdringlichen Künstler César Manrique entworfen. Charlotte bemerkte, dass es sich bei den Pflanzen anders verhielt als bei den Menschen: »Die mit den Stacheln haben eine sympathische Ausstrahlung.«

Sie gingen oft in die Languste essen, und weil Pedro dabei war, wurden sie alle von Señora Conception eingeladen. Charlotte rauchte eine nach der anderen. Ganz bestimmt würde sie in Berlin aufhören. Sie hatte gar keine Lust auf Deutschland. Viel lieber wäre sie für immer hiergeblieben. Sie konnte sich nicht vorstellen, wieder ohne Sonne zu leben. In Berlin verbrachte sie oft ganze Tage im Bett, und egal, um wie viel Uhr sie die Augen aufmachte, war es dunkel, das konnte sie nicht ertragen, also schlief sie weiter.

»Was für ein Durcheinander die Welt ist!«, zitierte sie die Dichterin Sylvia Plath.

Die Statue hatten sie wieder zusammengeklebt und neu angestrichen. Wenn Helenas Theorie stimmte, dass keiner sich je richtig Kunst ansah, würde der Riss nicht auffallen. Und auch die hellbraunen Blutflecken nicht, die immer wieder durch die weiße Farbe durchdrangen. Helena hatte alle Gemälde im Haus verwandelt: Jetzt gab es einen Affenkopf im Obstkorb, die Flamencotänzerin hatte drei Arme, und in jeder Landschaft lagen kopulierende Körper oder Leichen herum.

Während Pedro als Tauchlehrer jobbte, hatten sich die drei alten Freunde die Filmaufnahmen angesehen, dabei ausgiebig gelacht und geweint. Ja, Rudolph war ein großartiger Schauspieler gewesen! Sein natürlicher Charme schien durch die falschen Bärte durch!

44. LULUS GESCHICHTE

»Und, was ist aus Lulu geworden?«, fragte Charlotte.

Oskar und Helena sahen sie fassungslos an. Oder eher: mit den Augen toter Fische.

Der kleine Lulu hatte als Nebenrolle bei der »Groovy Cats«-Serie der »Friseure« mitgewirkt. Ganz neu in Berlin, war er von der Stadt begeistert und bereit, alles mitzumachen. Da er keine Wohnung hatte, schlief er nachts im Friseursalon und spielte tagsüber bei »Groovy Cats«. Ein ganz junger Typ, der wahnsinnig hübsch war und ansonsten zu jeder Folter parat. Liebend gern hatte er die Rolle eines Gefangenen der S.C.U.M.-Armee in der Serie gespielt.

Er war ganz anders als Rudolph. Ein Kind! Die »Friseure« hassten Kinder, für ihn jedoch machten sie eine Ausnahme. Alle drei verliebten sich in ihn. Seine langen Wimpern, seine sanfte Haut, sein Schmollmund, seine erregten Brustwarzen, seine lustige Haltung, die doch sehr vage an den magenkranken Napoleon erinnerte, seine Offenheit, seine süßen Zähne, wie Austernperlen in einer Perlenkette aufgereiht, seine Unerschrockenheit und sein wilder Geruch: Er wurde zu ihrem Maskottchen.

Charlotte verpasste ihm eine neue Frisur, die seine leicht abstehenden Ohren zur Geltung brachte. Wegen ihm war sie ganz durcheinander, Oskar bekam nachts kein Auge mehr zu, und Helena schnappte sich den Typen.

Nun verbrachte er jede Nacht in ihren Armen. Sie brachte ihm alles bei, Sex und Drogen. Genau einen Tag nachdem Martin Schröder sie angesprochen hatte, stellte es Charlotte fest. Sehr spät kam sie von einer Party in den Friseursalon zurück. Um die frühe Uhrzeit war sie daran gewohnt, die beiden auf Helenas schmutziger Matratze faulenzen zu sehen, die Gesichter auf den Fernseher gerichtet. Dann hatte Helena sie in einer schmeichelnden Art angesprochen, was kein gutes Zeichen für ihren Zustand war. Denn jedes Mal, wenn Helena freundlich wurde und sich bemühte, sich wie eine »normale Person« zu benehmen, dann hieß das, die Alte war total breit. In jener Nacht hatte sie Pupillen wie eine Klapperschlange, knallgelb umrandet. Und offensichtlich war der Junge ebenso fertig wie sie.

»Ich hätte mich ausnahmsweise beeilen sollen«, dachte Charlotte, »dann wäre Lulu mein Freund geworden, und ihm wäre das nicht passiert!«

Im Nachhinein räumte sie dieser Lulu-Episode viel mehr Bedeutung ein, als sie damals gehabt hatte. Denn sie stellte – moralisch gesehen – ihre Verteidigung dar.

»Was ist aus Lulu geworden?«, wiederholte Charlotte. »Ja, Lulu. Der kleine Lulu. Wisst ihr noch? Der, den Helena angefixt hat?«

»Ich habe niemanden angefixt. Habe nicht mal selber gefixt.«

Stimmt. Die Hexe hatte sich damit begnügt, den Stoff auf Alupapier anzuzünden und ihn mit Geldscheinröllchen schielend einzusaugen, wobei sie die ganze Luft im Friseursalon verpestet hatte.

»Was ist mit dem? Ist er auch schon tot?«

Oskar war entsetzt.

»Oh, bitte, Charlotte! Werde jetzt hier nicht ungerecht. Hast du dich je nach ihm erkundigt?«

»Nein. War auch nicht mein Freund. War doch Helenas Freund, oder? Also, Helena, was hast du mit ihm gemacht? Wo ist er geblieben?«

»Jeder ist für seinen Drogenkonsum eigens verantwortlich.«

»Sogar die Babys aus der Provinz ...«

»Ich war auch mal ein Baby aus der Provinz! Verdammt!«

Charlotte lachte dreckig und hustete dabei.

»Ladies, bitte. Ich sage es sofort: Ich habe gar keine Lust auf die alten Geschichten.«

»Aber ich!« Helena war aufgesprungen. Wie in einem Science-Fiction-Playstationspiel warf sie vergiftete Blicke in alle Richtungen. Und nun richtete sie ihr Supersoniclaserschwert auf Charlotte:

»Wer ist mit dem Schröderaffen abgezischt? Wer hat uns, mich, Lulu und Oskar hängen lassen? Mitten in unserer wichtigsten Produktion?«

Jetzt musste Charlotte schon wieder lachen.

»Charlotte! Bitte hör auf, das ist gar nicht lustig!« Oskar reichte ihr ein Papiertaschentuch.

»Ich wiederhole: Mitten in unserer wichtigsten Produktion!« Helenas Stimme überschlug sich ins Falsetto. Unsagbar hässlich sah sie in ihrer Wut aus. Das Gesicht war völlig deformiert, und Charlotte bildete sich ein, dass Helena nach wildem Schweiß stank. »Und hat nicht einmal daran gedacht, seine Mietschulden zu begleichen?« Helena brüllte regelrecht.

»Einmal Junkie, immer Junkie«, erwiderte Charlotte arrogant. »Ich frage dich über den Verbleib von Lulu, und du kommst mir mit Mietschulden an.«

Sie verschwand aus dem Salon, kam bald mit ihrer Handtasche zurück, die sie wie eine Oma an die Brust presste, öffnete sie und schleuderte allerhand Scheine an Helenas Kopf. Sie wirbelten wild durch die Luft.

»Hier hast du deine Miete! Mehr als deine Miete! Hier hast du dein liebes Geld, du materialistische Kuh!«

Sie merkte, dass Helena kurz zögerte, ob sie die Scheine einsammeln sollte, aber dann tat sie es doch nicht.

»Ich! Materialistische Kuh? Guck dich an! Du bist eine Fernsehnutte, das bist du!«

»Nur weil du es zu rein gar nichts in deinem Leben gebracht hast und vor Neid platzt …«

Helena schnappte sich die liegen gebliebene Handtasche und haute damit Charlotte auf den Kopf. Oskar warf sich dazwischen, griff nach der Tasche, wobei der Trageriemen zerriss.

»Hört auf!« Den kaputten Riemen hielt er noch in der Hand. »This is not ladylike.«

Er ließ sich aufs Sofa fallen und begrub seinen Kopf zwischen beiden Händen.

Helena schnaufte wie ein Stier, und Charlotte ließ noch hin und wieder kurzes Gelächter von sich, das sich wie Schluckauf anhörte.

Plötzlich erstarrte die Szenerie. Man hatte an der Tür geklingelt.

45. DIE POLIZEI

Kommissar Enrique Salvadore erschien in einem grauen Männeranzug. Neben ihm stand ein uniformierter Polizist mit ziemlich spitzer Nase. Während der Kommissar unangenehme Fragen in schlechtem Englisch stellte, hörte der Kerl in Uniform keine Sekunde auf, mit der Nase in der Villa herumzuschnüffeln. Er verstand kein Englisch, dadurch wurden seine anderen Sinne geschärft.

»Good night, ladies and gentlemen!«, nuschelte der Kommissar. »Sie sprechen doch Englisch, nicht wahr?«

»Yes«, antwortete Charlotte.

»Kennen Sie einen jungen Mann namens Alexander Philips?«

»No!«

»Kennen Sie diesen jungen Mann?« Kommissar Salvadore hielt Charlotte ein Passfoto vor die Augen. Darauf sah Rudolph nicht so schön aus wie in echt.

»Yes!«, antwortete Charlotte. »It's our neighbour! The one who lives up the hill!«

»Sie haben mit dem jungen Mann namens Alexander Philips täglich verkehrt. Seit wann haben Sie ihn nicht mehr gesehen?«

»I don't know«, sagte Charlotte. »A week maybe?«

»Rudolph wollte nach Deutschland zurück«, meinte Oskar. »Leider war sein Urlaub vorbei!«

»Aber in Deutschland ist Herr – sagten Sie gerade Rudolph? – nicht aufgetaucht.«

»Germany is a very big country«, erwiderte Oskar.

»Also sagte Mister ... Rudolph zu Ihnen, dass er nach Deutschland zurückfliegen wollte?« Die Augen des Kommissaren durchdrangen den armen Oskar.

»Weshalb?«

»As we just said: His holidays were over!«, wiederholte Charlotte.

»Sie haben mit dem jungen Mann einen Film gedreht. Dürfen wir uns die Aufnahmen ansehen?«

»Aber sicher! Kommen Sie mit!«, sagte Charlotte und führte den Kommissar und den Schnüffler ins Büro. Wie konnten sie nur irgendwas über den Undergroundfilm wissen? Auf dieser Insel ging es mit dem Geplapper zu wie in ihrem Geburtsort. Zu wenig los wahrscheinlich!

Während der ganzen Projektion litten nicht nur die beiden Polizisten.

»Sorry to ask you this«, sagte Kommissar Salvadore anschließend. »But what is it all about?«

Indessen hielt der Schnüffler mit der spitzen Nase Chabrols Briefbeschwerer in der Hand. Wenn einer irgendwann die braunen Flecken auf der Manrique-Statue entdeckte, dann er!

»Oh!«, machte Charlotte. In diesem »Oh« fasste sie all ihren französischen Charme zusammen. »Es ist ein Film über eine Serialkillerin ...«

»Wer spielt die Serienkillerin? Fräulein ... ?«

»Fräulein Helena Vonzu ...«, antwortete Charlotte und zeigte vage in Helenas Richtung.

»Van Nelle!«, verbesserte Oskar sie. »Helena van Nelle!«

»Was beabsichtigt ihr mit dem Film? Wollt ihr damit nach Hollywood? Zum Fernsehen?«

»Mmmmh ... Keineswegs«, sagte Charlotte. »Es war nur ein Urlaubsspaß.«

»Und jeden Tag ließ sich der junge Alexander Philips von Fräulein Vonzu Nelle umbringen?«

»Das tat er. War aber nur ein Spiel.«

»Ihr seid mit Señor Alexander Philips nach Famara gefahren.« Jetzt war sich der Kommissar sicher, die ganze Wahrheit sofort zu erfahren. »Was habt ihr dort getan?«

»Uns ein Boot angesehen«, sagte Charlotte.

»Was für ein Boot?«

»Ein Boot mit Loch!«

Das Verhör dauerte Stunden, Charlotte beantwortete die meisten Fragen, Oskar unterstützte sie, aber Helena blieb die ganze Zeit stumm wie ein Karpfen. Ihre Freunde nahmen es ihr nicht übel. Was sie als Mörderin durchzustehen hatte!

Am Ende drehten die Polizisten noch eine Runde durch die ganze Wohnung. Die Manrique-Statue schien dem Assistenten des Kommissars nicht besonders aufzufallen. Auf der ganzen Insel fielen Manrique-Statuen meistens keinem auf.

46. DIE LÖWIN IM VERHÖR

In den drei Köpfchen der ehemaligen »Friseure« war der Urlaub vorbei. Sie gingen überhaupt nicht mehr aus, weder zum Strand noch nach El Golfo, geschweige denn nach Playa Blanca, sondern hockten nur noch im Salon. TV, CDs und Hippiesonnenlicht konnten sie nicht mehr ertragen. Jeder war in sich selbst eingebunkert.

Immer noch schliefen sie in ein und demselben Raum, dem Villensalon, und irgendwie war es wieder wie in den besten Zeiten des Friseursalons, nur dass jetzt hin und wieder die Türklingel ertönte, und dann hieß es: Konzentriert sein, sich nicht verplappern und zusammenhalten. Gegen Lanzarotes Kriminalabteilung, gegen die Welt der Bürger und deren »Gerechtigkeit«, die eigentlich gar nichts mit ihnen zu tun hatte.

Die Verhöre verliefen einigermaßen okay, weil Charlotte die Verantwortung trug und wie eine Löwin bereit war, ihre Babys zu verteidigen. Sie log so gut sie konnte, um die schlechten Eindrücke weg zu retuschieren, die ihre Freunde beim Kommissar hinterließen. Oskar war wie eine Wetterfahne, stiftete nur Verwirrung. Helena blieb hart und streng: Meistens schwieg sie.

Eines Tages wollte der Kommissar sie einzeln abhören. Charlotte wurde an die mündliche Prüfung des Abiturs erinnert. Während Oskar in der Küche in die Zange genommen wurde, warteten Helena und Charlotte im Flur. Irgendwann kam Oskar heraus, schwitzend und mit hochrotem Gesicht, und bevor die Nächste die Zeit gehabt hätte, zu fragen, was das Thema seiner Prüfung war, war sie an der Reihe.

Durch die Verhöre erfuhr Charlotte immer mehr über Rudolph. Als sie ihn kennenlernte, fand sie ihn einfältig, das war ein Irrtum gewesen. Als Toter interessierte Rudolph sie immer mehr. Mit ihrem Vater war es haargenau so zugegangen. Wieso verpasste sie es immer wieder, den Lebenden die entscheidenden Fragen zu stellen?

»Sein echter Name lautet nicht Hass, sondern Philips«, wiederholte Kommissar Salvadore gereizt. »Das ist der Name der Besitzer der Villa del Golfo, wussten Sie es nicht?«

»No.«

»Die Villa gehört Alexander Philips Eltern. Früher gehörte sie seinen Großeltern, die hier hoch angesehen waren, weil sie die Künstler unterstützten ...«

»Manrique etwa?«

»Nicht nur ihn. Jeden Sommer machten Alexander und sein kleiner Bruder Jonathan Urlaub in der Villa. Alexanders Bruder ist hier in den Achtzigern gestorben. Im Schwimmbad ertrunken.«

Das kleine Gespenst! Auf Oskars siebten Sinn war Verlass!

»Konnte der nicht schwimmen?«

»Ich glaube doch!«

»Wurde er umgebracht?«

»Die Großeltern waren nach Teguise gefahren. Alexander sollte auf ihn aufpassen und hat sich stattdessen in Playa Blanca mit Freunden getroffen.«

»Ich habe Jonathan auf dem Gewissen.« Das war auch ein Unfall gewesen! Daran war Rudolph nicht schuld, Kinder sind immer unschuldig. Wer weiß, was aus Rudolph sonst geworden wäre? Zum Beispiel hätte er sie, Charlotte Laporte, heiraten können, und sie hätten ein abgefahrenes Künstlerpärchen abgegeben. Aber bei dieser Familie endete alles im Wasser. Es war fatal! Furchtbar, beklagenswert, jämmerlich. Pathetisch, tragisch, dramatisch. Melodramatisch sogar. Unglücklich, armselig, zum Verzweifeln. So früh hatte Rudolph mit dem Tod in Beziehung gestanden. Er hatte in der Hölle gelebt, daher die teuflische Lache!

47. TOTALE ÜBERWACHUNG

Alltäglich hingen die drei ehemaligen Freunde wegen ihres hohen Alters und ihrer großen Sorgen auf dem Sofa und den Sesseln des Salons herum. Aber hin und wieder liefen sie zur Hochform hinauf und brachen einen heftigen Streit vom Zaun.

»Also, wisst ihr, was mich wirklich ankotzt?« Charlotte war vom Ledersessel aufgesprungen. »Eure ewigen Vorwürfe wegen meiner Karriere als Schauspielerin! Schließlich habe ich keinen Vertrag mit euch unterschrieben! Ich bin doch frei, mein Leben so gelebt zu haben, wie ich es wollte!«

»Aber Charlottchen, das verstehst du sowieso die ganze Zeit falsch ...«

»Denkst nur: Ich pfeife kurz die Armee zusammen!«

»Siehst du, Oskar? Da fängt sie wieder an!«

»Charlottchen, glaub mir: Wir waren am Anfang wirklich enttäuscht, dass du verschwunden bist ...«

»Erleichtert!«

»... Wir haben uns immer verabredet, um dich in deinen Fernsehserien anzusehen, stimmts, Helena?«

»Was haben wir gelacht!«

»Aber du hattest uns einfach aus deinem Leben gestrichen ...«

»Und jetzt sollen wir wieder brav antanzen. Weil Mademosell sich lang-weilt!«

»Ach! Quatsch! Ich war immer nur das letzte Rad am Karren! Das fünfte Rad, das sechste Rad! Alle meine Ideen wurden sofort verworfen. Jeden Tag bekam ich mit, wie dumm ich sein sollte!«

»Warst du auch. Dumm und eingebildet.«

»Nichtsdestotrotz gehörtest du zu unserer Gruppe, Charlottchen, begreifst du es denn nicht?«

»Als du weg warst, war auch Sense damit.«

»Ist es das, was du hören willst, Charlotte?«

Das war es wahrscheinlich. Und das versetzte Charlotte einen Schlag. »Aber ... Ich habe immer gedacht, dass ihr mich verachtet.«

»Haben wir auch. Ändert nichts zur Sache.«

»Charlotte, die ganzen Jahre hast du dich nicht einmal gemeldet!«

»Oh! Es tut mir leid!« Charlotte biss sich in die Hand.

»Wir haben gewartet, bis du uns einmal anrufst, uns einmal zu einer Premiere einlädst.«

»Wir wären extra NICHT hingegangen!«

»Oh! Es tut mir leid! Es tut mir so leid!« Charlotte heulte wie eine Fontäne, und ihre ehemaligen Freunde nahmen sie in die Arme.

Dann erstarrte die Szene. Man hatte an der Tür geklingelt.

»Fräulein Laporte«, sagte Kommissar Salvadore. »Sie haben gerade geweint, brauchen Sie ein Taschentuch?«

Schon wühlte die spitze Nase in den Taschen ihrer Uniform. Hatte sie indessen Englisch gelernt?

»Oh nein, danke, es ist nur eine Allergie!«

»Sie sind also allergisch, Fräulein Laporte! Wogegen?«

»Gegen Weizen, Blüten, Staub und ... Pollen!« (Beinahe hätte sie »Bullen« gerufen.)

»Fräulein Laporte, am 21. Februar 2006 haben Sie in Playa Blanca ein Auto und ein Boot gemietet. Was wollten Sie damit?«

»Eine Bootsfahrt unternehmen!«

»Mit Señor Alexander Philips?«

»Nein, damals war er schon nach Deutschland zurückgeflogen.«

»Señor Alexander Philips ist niemals in ein Flugzeug eingestiegen.«

»Vielleicht unter einem dritten Namen?«

»Wann und wo haben Sie diese Bootsfahrt unternommen?«

»Zwei Tage nach dem Mieten des Boots. Im Norden in ... Wie hieß es noch?«

Helena und Oskar rissen die Augen auf und blieben stumm wie Karpfen.

»Ja, in Arrieta«, erinnerte sich Charlotte. »So hieß das Dorf!«

»Und wieso sind Sie dort mitten in der Nacht mit dem Boot ausgefahren?«

»Weil wir viel zu spät die Villa verlassen hatten. Sie wissen, wie es im Urlaub ist: Zu lange schlafen, zu lange frühstücken …«

»Verstehe. Was hatten Sie an dem Tag gefrühstückt?«

Hier musste Charlotte lachen.

»Madeleines und Glückstee«, griff Oskar ein.

»Das Wetter ist so schön«, sagte Charlotte. »Sollten wir nicht irgendwohin? Und du, Oskar, möchtest du nicht Pedro anrufen?«

Die beiden erklärten sich bereit, ihre Badeanzüge anzuziehen und sich auf die Plastikstühle am Swimmingpool zu setzen.

»Ist ja wie in den Siebzigern!«, flüsterte Helena. »Die totale Überwachung.«

Zu dem ewig am Ende des Abhangs parkenden dunklen Auto, in dem zwei Polizisten Tag und Nacht saßen, hatte sich Rudolphs weißer Jeep gesellt. Weil sie sich beobachtet fühlten, zwangen sich die drei, sich am Pool »relaxed« zu benehmen und vermieden es, sich zur Straße umzudrehen.

Vor ein paar Tagen hatte Charlotte zum ersten Mal den weißen Jeep wiedergesehen, hatte es aber ihren Freunden lieber nicht erzählt. Abends war sie bis zur Languste gelaufen, um Getränke zu besorgen. Hatte an Ort und Stelle aus purer Gewohnheit ein paar WWS getrunken. (Konnte die Welt demnächst neue Drinks erfinden?) Obgleich sie nicht verstand, weshalb, wusste Charlotte, dass Señora Conception sie mochte.

Als sie den Hügel zur Villa wieder hochlief, drehte sie sich noch einmal um, um die Señora mit einem Handzeichen zu grüßen, die ganz sicher auf der Türschwelle ihres Restaurants stand – Señora Conception begleitete Charlotte immer hinaus. In dem Augenblick erkannte Charlotte Rudolphs weißen Jeep wieder, der gerade vor dem Restaurant anhielt. Es war fast so, als ob Rudolph von den Toten wieder aufgestanden wäre. Aus dem Jeep stiegen eine blonde Frau und ein Mann mit Glatze aus und drückten Señora Conception die Hand. Charlottes Blut gefror in ihren Adern. Den Polizisten hätte sie nicht erzählen sollen, dass Rudolph wieder in Hamburg war. Aber womöglich spielte das am Ende gar keine Rolle, zum

Glück war Rudolph – beziehungsweise Alexander – als notorischer Lügner bekannt.

»Sie wissen indessen bestimmt, dass die Leiche wiedergefunden wurde?«

Kurz verkrampften sich alle, aber Charlotte, die nicht umsonst in all den billigen Krimis gespielt hatte, strömte solch eine Selbstsicherheit aus, dass Helena und Oskar sofort begriffen, es müsse sich um eine Falle handeln.

»Oh, my god!«, sagte Charlotte. »Wo?«

»Das müssen Sie selbst wissen!«

»Sorry, no!«

Charlotte nahm eine trauernde Miene ein und drehte sich von den Polizisten weg.

»Sorry! Entschuldigung«, sagte sie in einem Papiertaschentuch. »Ich dachte … er wäre doch in Deutschland zurück!«

Zum ersten Mal in ihrem Leben spielte sie ihre Rolle hervorragend, nicht übertrieben, nein, eher zurückgenommen, denn die ganze Zeit hörte sie Martin Schröders Lieblingsregieanweisung: »Weniger ist mehr!«

48. ADIÓS!

»Bis jetzt haben wir keine handfesten Beweise gegen euch«, meinte Kommissar Salvadore, der immer noch denselben grauen Anzug trug. Indessen war der Anzug zerknittert. Wahrscheinlich war Kommissar Salvadore ein Bewunderer von Peter Falk als Inspektor Columbo. »Also dürft ihr in zwei Tagen zurückfliegen«, setzte er fort. »Aber sobald die Leiche gefunden wird, seid ihr dran! Merkt euch das! Schön immer jeden Adressenwechsel bei unserem Kommissariat melden, verstanden?«

»Verstanden!«

Weil sie keinen schlechten Eindruck hinterlassen wollten, putzten sie die Villa.

Um alle Souvenirs und alle Aloe-vera-Gelflaschen und Kaktuskonfitüregläser und Mojotöpfe und magischen Steine einzupacken, die sie auf der Insel ergattert hatten, kauften sie einen neuen Koffer.

Pedro versprach, zu Besuch nach Berlin zu kommen. Oskar versteckte in dem Handschuhfach seines Wagens das Geld für ein neues Boot.

Jetzt wartete schon das Taxi auf sie. Vor der Languste hielt es kurz an. Charlotte stieg aus, um sich bei Señora Conception zu bedanken und ihr den Schlüssel der Villa El Golfo zurückzugeben.

»Muchas gracias ... Tutto bonito, si, si!«, rief sie noch Señora Conception zu, die sie hinausbegleitet hatte und nun mit ihrer blauen Schürze auf dem Bürgersteig stand.

Charlotte bewunderte die verrückte Landschaft, grüßte noch einmal die strahlende Sonne, den weiten Himmel und die schwarzen Berge. Weil sie das Gefühl hatte, ihr Leben würde nie wieder so schön sein, weinte sie.

Im Flughafen fanden die drei Freunde sich erneut in einer Schlange frustrierter Touristen wieder, die sich gegenseitig erzählten, wie mies ihre Hotels gewesen waren, »gar nicht gemütlich«, und dass das Essen dort »schlimmer als in der Kantine« geschmeckt hätte. Die meisten aber hielten den Mund und zogen eine bulldogartige Schnauze. Diese Deutschen, was für ein trauriges Volk, dachte Charlotte. Allerdings waren die Holländer auch nicht lustiger.

Im Flugzeug schliefen Oskar und Helena. Zwischen ihnen saß Charlotte und ließ ihre Gedanken vagabundieren. Einfache Gedanken über Touristen, die sich selber nicht als Touristen erkannten und doch eindeutig welche waren. Weil sie im Urlaub keinen umgebracht hatten. Im vorderen Teil der Maschine lachte jemand lauthals, genauso wie Rudolph. Das war erschreckend!

Sobald sie aus dem Flugzeug ausstiegen, spürten sie die feuchte Kälte, die durch sie drang bis in ihre Knochen. Natürlich schien die

Sonne nicht, sie versteckte sich hinter dicken grauen Wolken. Die Farben ihrer Kleider leuchteten nicht mehr.

»Endlich daheim!«, riefen ein paar erleichterte Touristen.

Charlotte hatte gehofft, dass Tobias sie abholen würde, doch er war nicht gekommen. Alle mussten jetzt verschiedene Taxen nehmen, sie drückten und küssten sich, wie wahre Freunde, und versprachen, sich bald wieder zu treffen.

»Pass gut auf dich auf, Charlotte, Darling!«

»Wir müssen noch diese Kindheitsszene im Kloster drehen!«, sagte Helena.

Ja, da würden sich schon ein paar Zellen auftreiben lassen.

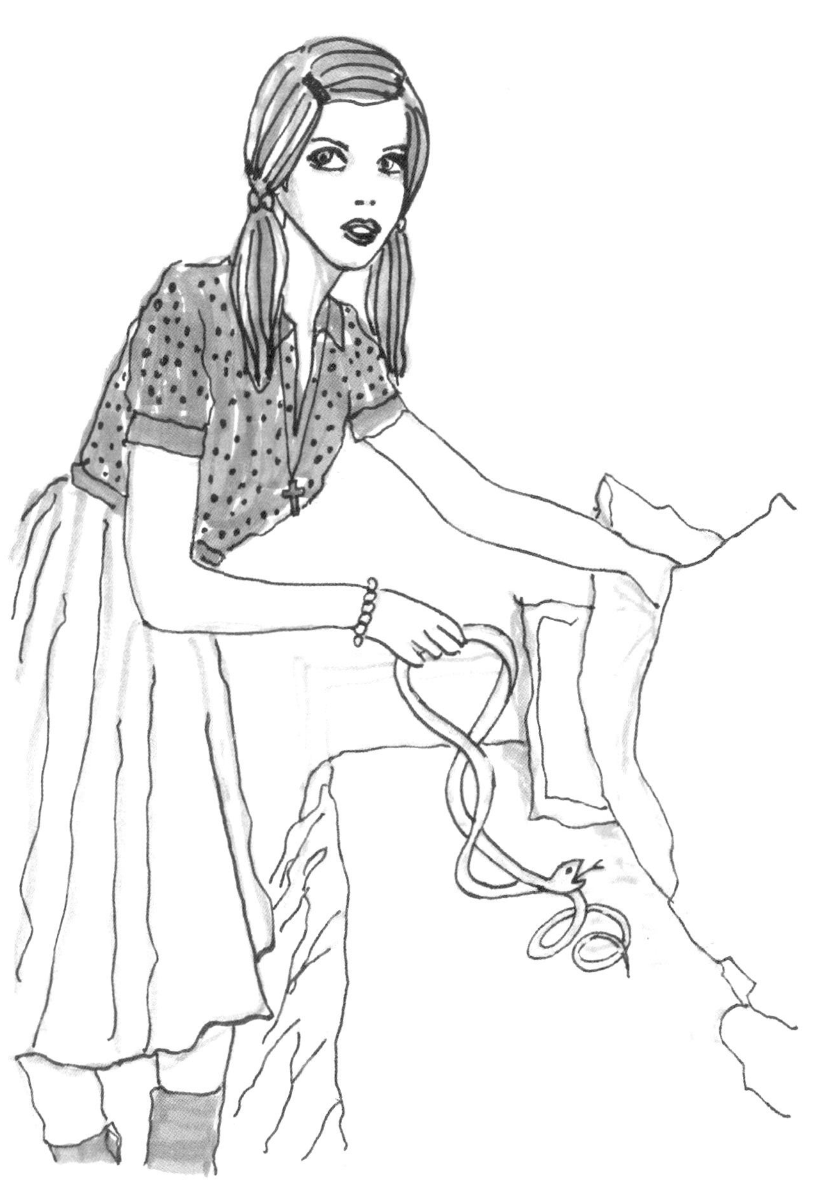

Erlebtes
Erinnertes
Erlogenes
Gesungenes

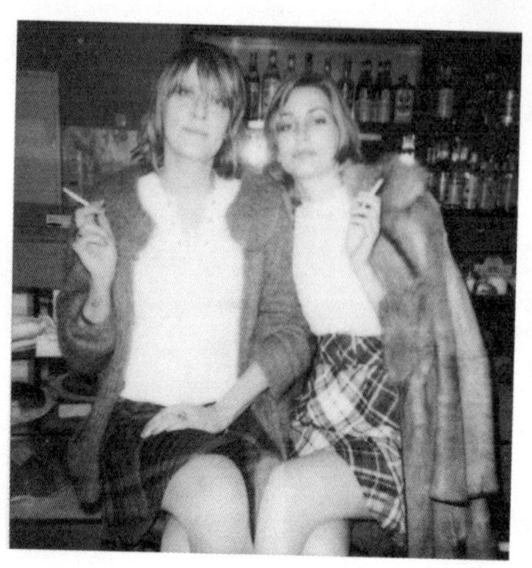

Françoise mit Beth Love,
Berlin/Bierhimmel 1996

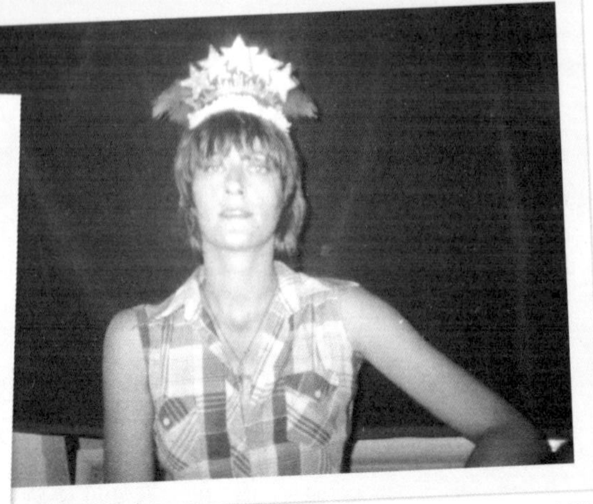

In Françoises Wohnung, Berlin/Adalbertstraße 1993

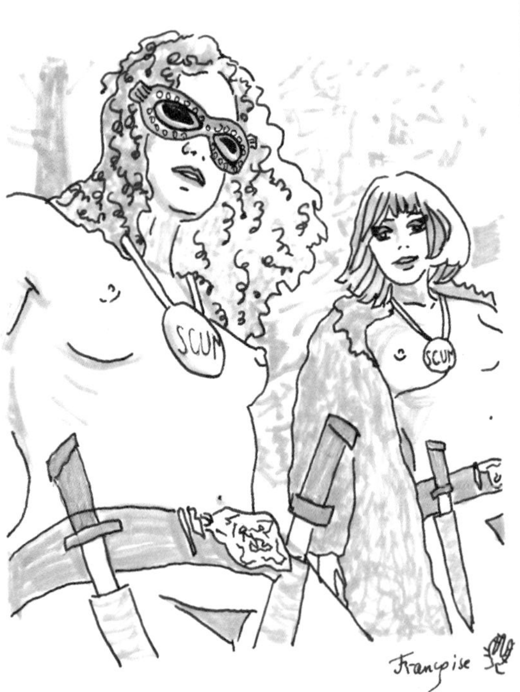

Mit Sabina Maria van der Linden,
Berlin 1998

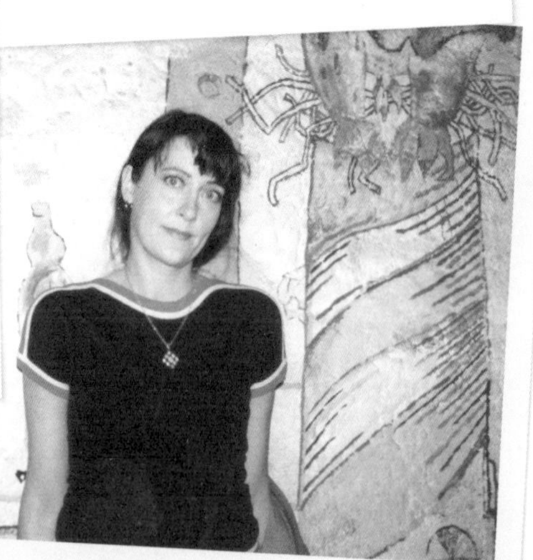

Berlin 1996

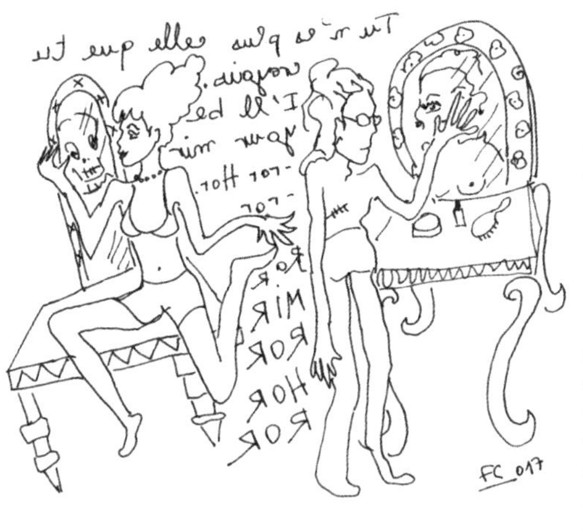

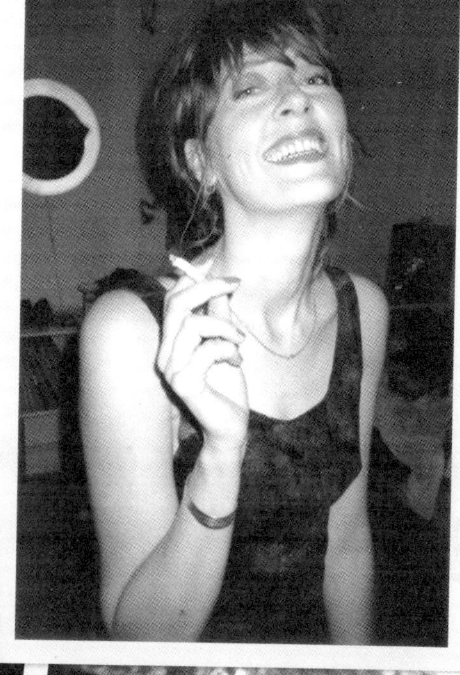

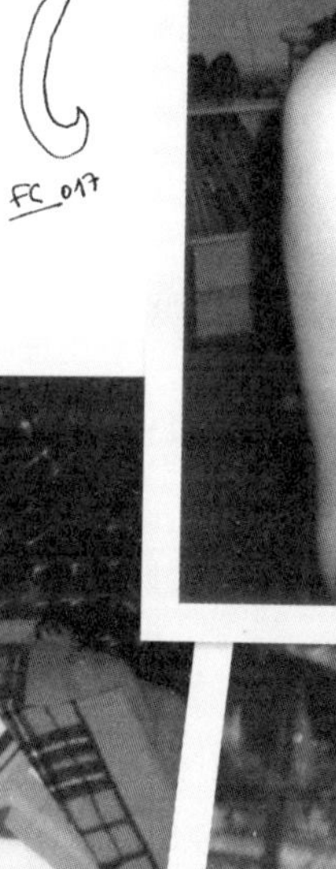

Mit Mariola Brillowska, Hamburg 1997

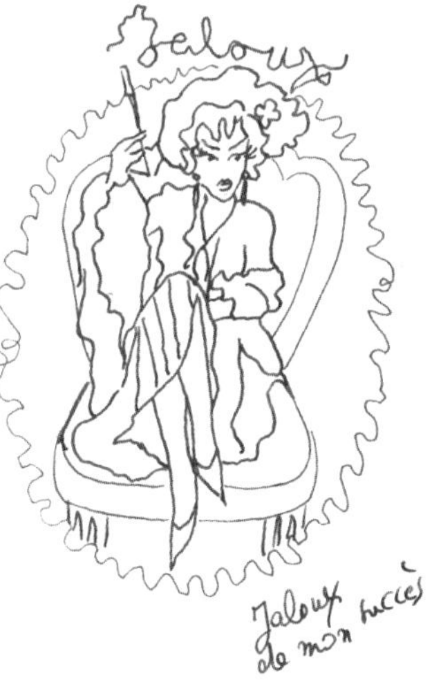

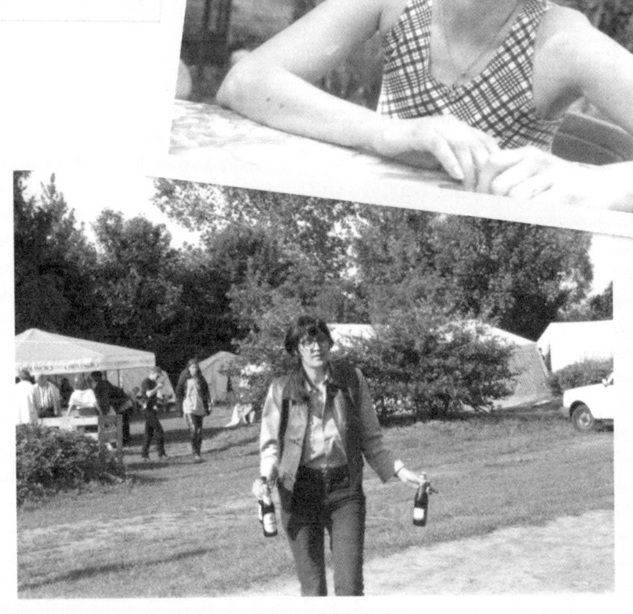

Auf Tour 1996

Ich bin nackt

2004

Ich bin nackt … mmh mmh
Ganz nackig, na und?
Ich bin nackt
So hat mich meine Mutter gemacht

Ich bin nackt … mmh mmh
Na und? Es muss sein
Meine Kleider sind zu klein

Ich bin nackt … mmh mmh
Der Nachbar steht am Fenster
Mir egal
So will es die Natur

Reg dich nicht auf
Kauf mir ein neues Kleid
Ich hab nichts anzuziehen
Tut es dir nicht leid?

Ich bin nackt … mmh mmh
Ganz nackig, na und?
Mir egal
So will es die Natur

Dass der Nachbar meine Titten sieht
Wird er überleben
Er hat einen Fernseher

Vielleicht hat er keine Freundin
Du hast eine ohne Kleider
Nicht so toll, aber immerhin
Brauchst du mich nicht auszuziehen

Ich bin nackt ... mmh mmh
Ganz nackig, na und?
Ich bin nackt
So hat mich meine Mutter gemacht
nackt ... mmh mmh
nackig ... oh! shocking!
nackt ... grrr ... grrr
nackig ... oh!
Skandal! Cucuque! Oh lala!

Ich bin nackt ... mmh mmh
Ganz nackig, na und?

Jetzt holt er sein Fernglas, oh!

Ich bin nackt ... mmh mmh
ganz nackig, na und? ...
nackt ... mmh mmh
nackig, na und?
nackt ... mmh mmh
ganz nackig, na und?
ich bin ganz nackt
nackig, na und?

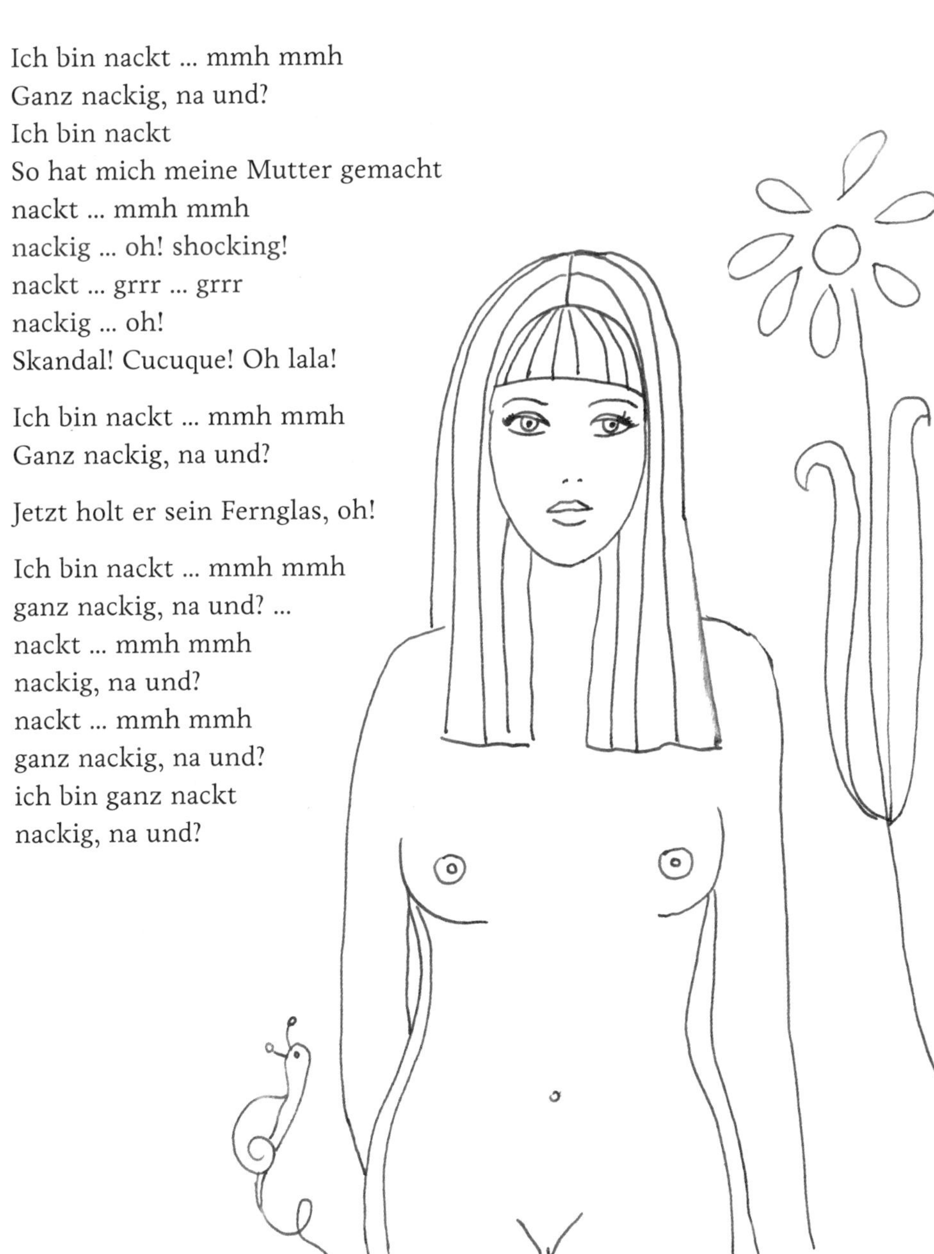

Du und dein Automobil

1999

Die Katzen springen
Die Vögel fliegen
Die Hunde bellen
Die Ziegen fliehen
Wenn du mit
Deinem Automobil
Angefahren kommst

Fragt sich, wie du das schaffst
Du rast durch die Landschaft
Bremst niemals
Und verdrehst den Hals
Nur um dich
Im Rückspiegel
Zu bewundern

Sofort im vierten Gang
Beide Füße aufs Gas
Du siehst dir den Wald an
Und hupst und lachst
Wenn du mit
Deinem Automobil
Angefahren kommst

Du und dein Automobil

Du plapperst und du lachst,
Weißt nicht, was du machst
Der Motor wird heiß
Es lässt dich kalt

Ob bergab oder bergauf
Du drückst aufs Pedal
Die Polizei pfeift
Du pfeifst drauf (egal!)

Das Vehikel dampft
Du siehst nichts vor dir
Der Auspuff knallt
Welch ein Krach
Wenn du mit
Deinem Automobil
Angefahren kommst

Du und dein Automobil

Tauben hängen
An der Stoßstange
Tote Insekten an der
Windschutzscheibe
Wenn du mit
Deinem Automobil
Angefahren kommst

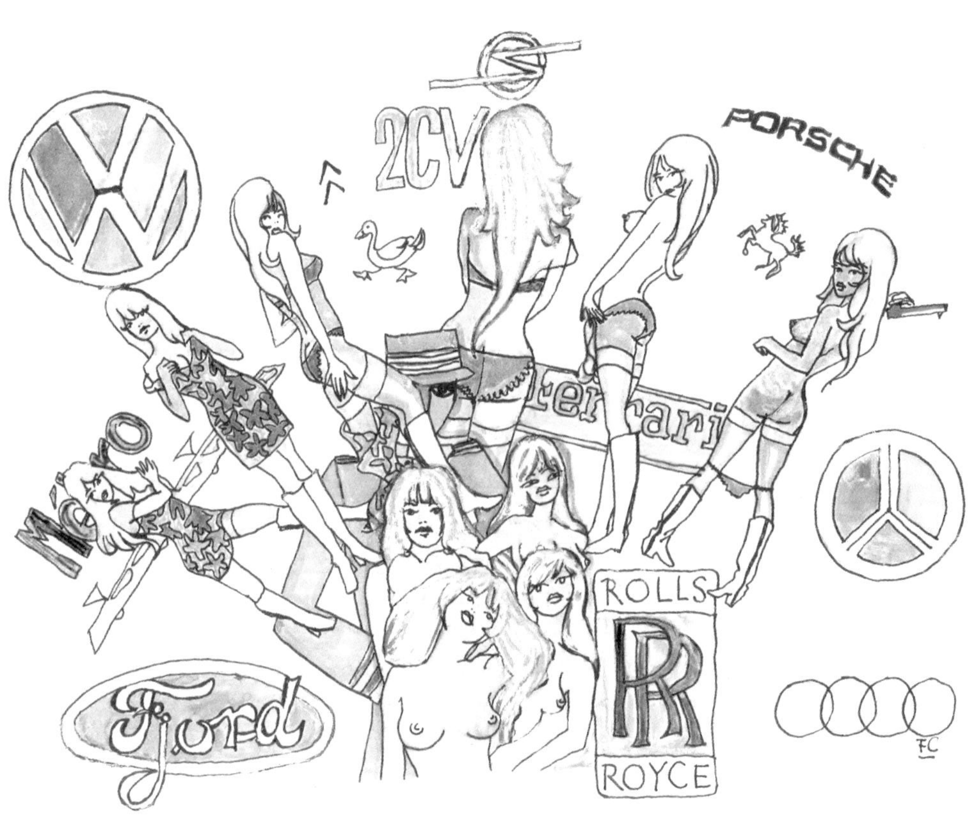

Hinter deinen Reifen
– Es ist nicht zum Lachen –
Hinterlässt du Leichen
Blutlachen,
In denen Federn,
Haaare
Gedärme schwimmen

Große Pfützen voller
Hundepfoten
Gerupfter Gänse
Und Katzenschwänze
Wenn du mit
Deinem Automobil
Angefahren kommst

Du und dein Automobil ...

Quasi alles über Enten

2010

Er heißt François, sie Françoise. Ja, so eine Koinzidenz trifft sich öfter in France.

Ich kannte ihn seit dem Gymnasium. Er war der Empfindsame von den Zwillingen. (Sein Bruder war stärker und blöder.)

Zusammen wurden wir aus der OCI – Trotzkistischen Partei – rausgeworfen, weil ich keine ernsthaften Diskussionen führen konnte, und er aus Solidarität mit mir. Er war ganz dünn und sah wie ein Inder aus, schwarze Haare, schwarze Augen, viel kleiner als ich.

Indessen war ich nach Berlin gezogen, er aus dem Burgund nach Paris. Ich besuchte ihn in seiner kleinen Wohnung in Saint-Ouen, Pariser Banlieue. Das alles fand in den 80er-Jahren statt.

»Leider«, sagte ich zu François nach ein paar Tagen, »kann ich nicht länger bei dir bleiben, denn morgen muss ich zurück nach Berlin. Ich arbeite als Büfettmadam bei den *Wühlmäusen*!«

»Okay, du brauchst morgen früh nicht zum Gare du Nord, ich bringe dich nach Berlin! Zum Bahnhof Zoo!« (Er kannte den Film mit David Bowie.)

Das war eine gute Nachricht, denn langsam konnte ich meine Einsamkeit in Berlin nicht mehr ertragen. In Paris galt Berlin als Kult, aber für mich war Berlin nur kalt. Oder? ... Ich wusste es noch nicht so genau. (»Berlin, du tote Stadt, mit Stacheldraht!«)

Von seinem Opa hatte François eine Ente geerbt. Eine mit Rädern. Die Vordertüren gingen falsch rum auf, von vorne nach hinten, die Blinker waren wie zwei kleine Flügel, die aus der Karosserie herausragten und herumflatterten. Trotz Citroën-Federung bekam man nach zwei Kilometern höllische Arschschmerzen. Aber das Abgefahrenste war, dass die Scheibenwischer mit der Hand betätigt werden mussten. Das tat ich während der ganzen

Reise, weil es nie zu regnen aufhörte. Also, ich hing nicht aus der Tür raus, sondern blieb im Trockenen (abgesehen von den Tröpfchen, die durch das Stoffdach sickerten). Der Handknopf für die Scheibenwischer war ein gelber Schnabel rechts vom Steuer, und den drehte ich nach links und rechts, immer schneller, sobald es heftiger regnete. Wir brauchten sehr lange, die DDR durchzuqueren, so dass die Zollbeamten in Berlin uns verdächtig fanden und uns durchsuchten. Uns egal, wir hatten nicht mal ein Stück Hasch dabei. Wir wussten nicht einmal, was Hasch war.

Mitten in der Nacht parkte François die Ente. Wir waren im Ort angekommen, der neuerdings mein »Zuhause« hieß! Haha! Zuerst mussten wir ein paar Kackhippies von der Matratze runterjagen, die den »Allesbrenner« nicht mal angeheizt hatten. (I hate these guys!) Um nicht zu erfrieren, schmissen wir all meine Klamotten auf die Decke. Mitten in einer Konversation aus belanglosen Sprüchen schliefen wir ein. Wir schliefen ganz lange, bis zum Überdruss, und dann gingen wir durch die Kälte spazieren. Eiszapfen im Haar, Nebel aus dem Mund, wir dachten, wir wären in Montreal. Vorbei kamen wir am Café Anal. Mein Hintern schmerzte immer noch von der langen Fahrt.

»Oh là là«, rief François, »stell dir das mal vor in Paris!«

Jetzt fiel es mir aber wirklich auf. Ein Café Anal in Paris: »Scandale, cucuque!«

Ich möchte ganz viel über das Café Anal erzählen, aber leider habe ich nie einen Fuß hinein gesetzt. Habe mich wegen des Namens jedes Mal gefreut, wenn ich vorbeilief. Das war's dann.

Berlin ist auch die Queen für abgefahrene Kneipennamen: Das Risiko, Das Kumpelnest 3000, Das Gott, Das Mutanten-Café, Der Knast, Ficken 3000 ... (»Gehst du später ins Ficken?«)

Was ich über das Café Anal weiß, ist, dass dort eine Legende, der langhaarige »Straps-Harry« aufgetreten ist. In meiner Fantasie stelle ich mir Straps-Harry wie ein irrer Künstler aus den 20er-Jahren vor, so eine Mischung zwischen Mann und Frau, zwischen Clochard und Expressionist.

Ich werde einfach nachfragen. Zum Glück kenne ich die Typen, die damals das Café Anal gegründet haben. Sie betreiben so was wie »Anarcho-Gay-Bar-Kultur«, oder keine Ahnung, wie man so was nennt. Morgen mache ich ein Interview mit Richard, und ich hoffe, er wird mir etwas erzählen, denn er ist eher reserviert, obwohl ich mir ganz sicher bin, dass er total viel auf dem Kasten hat. Während die Meisten nichts auf der Pfanne haben. Ich mag deutschen Slang: Muckefuck! Fluppe! Karre!

Also dieses Vorbeilaufen an dem Café Anal, das waren eigentlich nur ein paar Sekunden beim Spaziergang. Wegen dem sakrosankten Sonntagsspaziergang in meiner Familie hasse ich spazieren gehen. Aber der Inder mochte das, deswegen lief ich mit ihm herum. Wir hatten totalen Hunger und kaum Geld, plötzlich fragte er mich:

»Was ist denn die Berliner Essspezialität?«

Keine einfache Frage für mich, denn meistens aß ich, wenn überhaupt, beim libanesischen Italiener.

»Currywurst!«, rief ich und beschrieb ihm das Objekt.

Er wollte sie sofort kosten!

Solange ich in Frankreich lebte, wo alle nur ans Fressen denken, wo meine Eltern mich zwangen, meinen Teller aufzuessen, wo beim wichtigsten Film der Kinogeschichte die Aufnahmen um Punkt zwölf unterbrochen werden, keine Diskussion, jetzt wird gemampft, solange war mir Kochen pupsegal.

Aber als ich nach Berlin kam, dachte ich, ich sollte meine Rolle als Französin gut erfüllen: eine Nonne im Bett und eine Nutte in der Küche.

Deswegen besorgte ich mir das Rezept des »Canard à l'orange«.

Das ist nichts für Anfänger! Mir sind Unfälle dabei passiert, sehr schlimm! Das erste Mal wollte keiner meine Sauce probieren, weil ich statt Triple Sec Blue Curacao verwendet hatte – die Barbaren aus der Markthalle hatten nichts anderes im Lager. Natürlich wurde dann die Sauce Khaki: Blue Curacao plus Orangen plus klein geschnippelte Entenleber ergibt Khaki. Gut für die Armee!

Das zweite Mal ist die Küche halb verbrannt, weil das Fett der Ente im Ofen Feuer gefangen hat, und ich nachgucken wollte, was da los war.

Wieso wollte ich so was Schwieriges wie Canard à l'orange kochen? Zuviel Ehrgeiz? Mangel an Realitätssinn? Prahlsucht? Faschistoider Nationalstolz?

Nein. Ich mag einfach Enten. Ich finde Enten lustig, und so weit ich mich zurück erinnere, hatte ich immer ein unkompliziertes, nettes und eigentlich tolles Verhältnis zu Enten. Ich mag gerne Enten, am liebsten mit Orangen.

»Das hässliche kleine Entlein«, das ich als Analphabetin durchblätterte, hinterließ bei mir unlöschbare Eindrücke. Mit der Geschichte war ich gar nicht einverstanden. Denn noch lange vor der Punkära fand ich das Hässlichste am Schönsten.

Im Dachboden meiner Kusine Michou entdeckte ich später alte »Bécassine«-Comics. Die Heldin, Bécassine, eine bretonische Bäuerin hatte immer ihren Regenschirm mit Entenkopf bei sich. Bécassine ist leichtgläubig und plump, viel plumper als Mary Poppins, eine Anti-Heldin par excellence. Deswegen auch hat sie eine Ente an ihrem Regenschirm und keinen Adler und keinen Tiger. Nach meinem Lexikon der Symbole muss ich nicht suchen: Ob auf vier Rädern, ob auf zwei Füßen, ob durch eine Schnur, die gleichzeitig aus dem Schnabel und aus dem Entenpopo hängt: Ich liebe Enten.

Die Story mit der Schnurente glaubt mir keiner, aber ich habe drei Zeugen: meinen großen Bruder, meinen kleinen Bruder und meine Schwester. Wir waren im Urlaub bei meinen Onkeln und Tanten auf dem Bauernhof. Dort gab es viele Tiere, die sich sonderbar benahmen. Beispielsweise verstanden sich Hunde und Katzen sehr gut miteinander. Der alte Hund Champagne war das Taxi der Kätzchen. Die Hühner waren etwas zurückgeblieben, das liegt aber wirklich nicht daran, dass sie einen kleineren Kopf haben, wo käme man da hin?

Mit ihrem »Gulugulu« gingen uns die Puten auf die Nerven. Und wer war am süßesten? Das hässliche kleine Entlein, Saturnin, wie im TV. Wenn Saturnin in einer Pfütze schwamm, dann glitt er gemächlich dahin und drehte sich wie ein Motorboot. Aber wenn er über den Hof latschte, hinkte er ganz linkisch und warf dabei unrhythmisch den Kopf nach vorne und nach hinten, sah aus wie ein Opa, der seine Brille vergessen hat und mit dem Schnabel vortastet, um sich nicht zu hart zu stoßen. Aber an diesem besonderen Tag hatte Saturnin Schluckauf. Richtig extrem. Bei jedem Schritt wollte er sich übergeben, wir hatten Angst, dass er erstickt. Wir litten mit ihm und überlegten ernsthaft, unsere Tante zu rufen, damit sie Saturnin rettet. Und dann begriffen wir, wie das ganze Schlamassel entstanden war. Saturnin hatte eine Schnur gefressen. Sie hing ihm aus dem Schnabel raus, und am anderen Ende hing sie ihm aus dem Po raus, unter dem Entenschwanz. Alle Leute sagen mir: »Das kann nicht sein, denn Gedärme sind Kilometer lang!« »Dann glaubt das nicht!«, antworte ich. Mir herzlich egal, denn: ich hab's gesehen. Wir haben's gesehen. Meine Geschwister und ich waren an dem Nachmittag sehr traurig. Durch diese Schnur, die an beiden Enden raus hing, wirkte unser Kumpel Saturnin so fragil. Diese Schnur war wie ein Spieß für Barbecue, und wir dachten an den Tag, an dem Saturnin in einem Topf voller Erbsen enden würde – Ente mit Orangen essen die nie auf dem Land. Auf dem Bauerhof meiner Onkel und Tanten waren wir immer wieder Zeugen grausamer Morde, aber darüber reden wir jetzt nicht. Und mein Kumpel Alex meinte letztens, wer nicht Vegetarier ist, soll seine Tiere selber töten. Das ist wirklich »Back to the future«!

Mon canard (meine Ente) ist ein sehr liebes Kosewort auf Französisch. Fast schöner als ma puce (mein Floh), ma poule (mein Huhn), mon chou (mein Kohl).

Ein schönes Souvenir verbinde ich mit Enten. Zum ersten Mal war ich in Skandinavien. Damals war ich noch Studentin, es war kurz nach dem Zweiten Weltkrieg. Meine Freundin Evelyne und ich waren mit unserem Transalpino-Bahnticket bis nach Bergen in Norwegen gefahren. In den Städten dort haben wir Softeis gegessen und mit anderen Touristen geredet, aber unser Zelt war immer an einem Fjord gepflanzt. Ich erinnere mich daran, wie ich in einem Fjord mit sehr klarem, frischem, saukaltem Wasser schwamm, und dann merkte ich, dass ich von einer Bande Enten eskortiert wurde.

Ganz leise waren sie und genauso schnell wie ich. Oder ich so schnell wie sie, eventuell. Auf jeden Fall fühlte ich mich wie die Präsidentin der Fjordrepublik.

Enten erinnern mich an meine Tanten Mado, Juju und Mimi. Alle drei legten großen Wert darauf, nicht für Alkoholikerinnen gehalten zu werden und begnügten sich beim Schnaps mit einem »canard«. Sie nahmen ein Stück Zucker, tauchten es in den Cognac ihrer Männer, ließen es anschließend auf der Zunge zergehen.

Tante Mimi war ein Profi. Übte schon beim Kaffee. Stück Zucker auf die Zunge. Ganze Tasse heißen Kaffee austrinken. Zunge rausstrecken: Stück Zucker immer noch da. Schön rechteckig. Etwas beige geworden.

Irgendwie mag ich diese alten Erinnerungen nicht. Immer diese Tendenz, die Vergangenheit zu verschönern, sie wie ein verlorenes Eldorado darzustellen. »No Future!« ist ein gutes Motto. »No Past!« aber klingt auch nicht schlecht.

Ich frage mich, ob Enten falsch singen, und ob man ihr »Coin Coin« »Quark Quark!« überhaupt Gesang nennen darf. In der Musik bedeutet »Faire un canard« eine falsche Note von sich geben.

»Marcher en canard« gilt hier nicht als elegant, aber in Japan ist das super hip. Die Mädchen laufen dort gern mit den Füßen nach außen.

Jetzt höre ich mit den Entengeschichten auf, muss mir nämlich »acheter un canard« (eine Zeitung kaufen). »Un canard« bedeutete ursprünglich nur eine falsche Nachricht. Indessen heißt ein canard die ganze Zeitung: ein Haufen falscher Nachrichten. Ich bin Fan vom Canard enchainé (»Die eingekettete Ente«), einer satirischen Zeitung, in der das Geheimtagebuch von Carla Bruni zuerst erschien.

Entenärsche sind dicke Ärsche. Rock' à Billy-Typen mögen sie als Frisuren. Wie Walt Disney auf diese Idee kam mit Entenhausen und Donald Duck, Daisy, Onkel »Picsou« und dem ganzen Federvieh? Weil alle gern über Enten lachen! Enten sind unbeholfen und können sich nicht richtig bewegen, geschweige denn singen. Walt Disney macht sie zu Kannibalen und lässt sie Geflügel essen.

Ihr beklagt euch über lahme Enten im Verkehr. In unserer Ente waren François und ich wirklich lahm, als wir von Paris nach Berlin fuhren. Hat fast vierundzwanzig Stunden gedauert. Lastwagen überholten uns die ganze Zeit. Irgendwie war es etwas besonderes, in einem Automobil zu fahren und auf der Autobahn von JEDEM und ALLEM überholt zu werden. Apropos, was dieses spezielle Auto betrifft: Eine deutsche Ente entspricht zwei französischen Pferden. »Deux chevaux«, so und nur so wird die Citroën-Ente in Frankreich genannt. Euer »Käfer« heißt »Coccinelle« (Marienkäfer).

Es stört mich sehr, dass Enten solch einen schlechten Ruf haben: lahmarschig, ungeschickt, falsch, daneben. Ich finde sie hübsch, Zen und charmant.

Das Rezept des Canard à l'orange gibt's jetzt nicht mehr. Zu gefährlich! (Unfälle im Haushalt.) Und Frauenausbeutung. (Zehn Stunden lang in der Küche ackern, und in zehn Minuten ist alles aufgefressen, außer der Sauce!)

Dafür noch ein französischer Spruch, dessen Bedeutung mir nicht ganz klar ist: »Il ne faut pas prendre les enfants du bon dieu pour des canards sauvages.« (»Man sollte nicht die Kinder Gottes für wilde Enten halten.«) (»mit wilden Enten verwechseln.«)

»Il ne faut pas prendre les canards pour des connards«, möchte ich noch hinzufügen.

»Ente gut, alles gut.« (Wilhelm Busch)

Ente mit Orangen-Rezept

2010

Ente verfolgen, fangen, umnieten, federn, ausnehmen, abflämmen, die noch in der Haut steckenden Federkiele mit Pinzette herausziehen, Füße müssen auch ab! (Kann man als Voodoo-Kettenanhänger verwenden.)

Orangenbaum schütteln, bis zwei Orangen runterfallen. Eine Orange schälen. Die Schale der Orange fein hacken, das Orangenfleisch schnippeln und in den Bauch der Ente einführen. Ente zusammenbinden, mit geschmolzener Butter bepinseln und im Ofen braten (40 Minuten pro Kilo).

Indessen die gehackte Orangenschale 10 Minuten lang in kochendem Wasser blanchieren und abtropfen. Sie mit der Entenleber zerstampfen. 80 g Curaçao (ohne blauen Farbstoff!) ins Ganze einrühren.

50 g Butter plus 25 g Mehl miteinander vermischen. In einer Kasserole 1 Deziliter Kalbsbouillon sowie 1 Esslöffel Kalbsfond, Butter-Mehl-Mischung und Orangen-Leber-Zermampftes erhitzen, bis das Ganze kocht. Durch ein Tuch passieren.

Die Orangenfüllung aus dem Bauch der gebratenen Ente rausnehmen. Die zweite Orange pellen. Die Ente auf eine mit Orangenschnitzen verzierte Platte legen und mit etwas Sauce beträufeln, den Rest der Sauce in einer Saucière reichen.

Guten Appetit und Adieu Saturnin! (So hieß die Ente.)

Ente mit Orangen

Mitzi behauptete, sie sei krank und müsse im Bett bleiben, doch wollte Minouche, die ihren ewigen Kittel gegen ein schickes Blumenkleid getauscht hatte, nichts davon hören. Mitzi folgte ihr unwillig. Sie hasste es, wenn es Gäste gab.

Sie nahm das Geräusch eines Motors wahr.

»Tante Marlene ist da!«, schrien alle.

Schon stieg sie aus dem De Dion Bouton.

Über der Pudeldauerwelle trug sie Columbus' Karavelle als Hut. Tante Marlene hatte diesen »eleganten, diskreten Pariser Schick«, aber bei Schmuck und Kopfschmuck hörte die Diskretion auf. Am liebsten trug sie ihre unzähligen teuren Ringe und Halsketten alle auf einmal. Ihr Mund war klein und verkniffen, ihre runden Augen hellblau.

Begleitet wurde Tante Marlene von ihrem kleinen Mann Onkel Harry, aber er war kaum der Rede wert. Tante Marlene konnte ihn mit seinen Karottenhaaren nicht ausstehen, sie liebte nur sein Geld. Hartnäckig hielt sich das Gerücht, dass er nachts auf dem Canapé schlief. In ihr Bett durfte er nur im Winter, um es für sie vorzuheizen. Dann musste er (wieder) zurück aufs Canapé (ab ins Wohnzimmer).

Während die Erwachsenen sich begrüßten, verschwand Rosie. Nach vergeblichem Rufen verzichtete man auf ihre Gesellschaft und begab sich zu Tisch.

Marlene bemerkte mitleidig, die Kleine würde in einer »Traumwelt« leben, womit sie meinte, dass Rosie retardiert war. Tante Marlene hasste Kinder – Mädchen ganz besonders –, und sie hatte eine sadistische Ader.

»Zeig deine Fingernägel!«, befahl sie Mitzi. »Niemals wirst du einen Mann finden!«, drohte sie mit angewidertem Blick und strenger Miene. Dann gab sie Minouche den Ratschlag, Mitzis angeknabberte Fingernägel mit extrascharfem Dijonsenf zu bepinseln.

Onkel Harry versuchte, der Konversation eine neue Richtung zu geben.

»Was willst du später werden?«, fragte er Mitzi.

»Sängerin«, sagte sie.

Onkel Harry äußerte, er fände diesen Beruf »sehr spannend«. Tante Marlene warf ihm einen angeekelten Blick zu. Pikiert spitzte sie den Mund, der so klein wurde wie ein Hühnerpo.

Apropos Geflügel: Eins wurde auf den Tisch gestellt. Die Ente qualmte und war umgeben von Orangen.

»Oooh! Aaah! Ist sie schön!«, riefen alle begeistert.

»Der Vogel ist tot«, dachte Mitzi.

Pierre verlor die Fassung, weil er den Braten für Victor Hugo hielt.

»Meine Ente! Victor Hugo! Victor Hugo! Seit gestern habe ich Victor Hugo nicht mehr gesehen ... Ihr Schweine! Ihr herzlosen Scheißer!«, brüllte er.

»Was ist los mit ihm?«, wunderte sich Jojo.

Der pickelige Pierre rannte zur Bratente und schluchzte wie ein kleiner Junge.

»Bitte Pierre! Ruiniere uns die Sauce nicht mit deinen Tränen!«, sagte Minouche.

Pierre rannte hinaus. Mitzi musste gähnen.

Durch die geöffneten Fenster sah sie die schielende Rosie Victor Hugo in ihren Armen tragen. Pierre umarmte seine Ente leidenschaftlich.

Somit endete der gewaltige Aufstand. Bald hatte Minouche ihre Truppe wieder zusammengetrommelt und vergab Küsschen, während Mitzi sich die Decke ansah. Sogar Victor Hugo bekam einen Kuss auf den Schnabel, es war nicht zum Aushalten.

Mitzi nahm sich vor, an keinem einzigen Familienessen mehr teilzunehmen.

Die Tortur nahm kein Ende.

»Ach! Dieser Wein schmeckt mir so, als ob mir die Heilige Maria in den Mund pinkeln würde!«, sagte Jojo.

Minouche lächelte so geschmeichelt, als ob sie die Heilige Maria sei!

Tante Marlene, die mit gespreizten Fingern aß, fand ein neues Gesprächsthema: Minouches neues Buchprojekt. Es ging um die Geschichte von La Grenouillère. Mitzi gähnte demonstrativ. Minouche glaubte an den historischen Glanz ihres Kuhkaffs und behauptete sogar, es hätte hier mal eine Kathedrale gegeben, die dann wie durch ein Wunder wieder verschwunden wäre. Mit dem Irrsinn quälte sie die Tischgesellschaft und merkte es nicht einmal.

»Tante Marlene, wie geht es deinem Steißbein?«, fragte Jojo.

Auf einer endlosen Treppe hatte sich Tante Marlene das Steißbein gebrochen.

»Was ist ein Steißbein?«, fragte die schielende Rosie.

»Arschspitze!« Das war das einzige Wort, das Mitzi während des ganzen Essens aussprach.

Warum ich gestern aufhören wollte zu rauchen

2000

Hätte ich es getan, dann würde ich mich jetzt von den »Bulldoggen« nicht mehr beschimpfen lassen. Die »Bulldoggen«, das sind die Inhaber des neuen »Tabakladens um die Ecke«, grimmige, misstrauische Wesen, die meine »verlogene Überfreundlichkeit« nicht zu schätzen wissen. Wäre ich nicht so faul, dann würde ich zu meinem früheren »Tabakladen um die Ecke« gehen. Dort ging es zu wie in Césars Kneipe bei Pagnol. Die Erfindung des Dorfes in der Großstadt.

Herr Müller war immer rot im Gesicht vor Glück, denn seine Frau war von umwerfender Schönheit, eine Diva, eine Liz Taylor in blond. Er allerdings hatte nicht Richard Burtons Eleganz. Schüttes Haar, Tomatenhaut, plumpe Sportkleidung. Aber sehr sympathisch. Die Freunde der Müllers, die den ganzen Tag im Tabakladen rumhingen, hauten sich auf die Schenkeln, wenn er mit urberlinerischem Akzent die neue BZ vorlas und kommentierte. Für sie war jedoch der Papagei die Hauptattraktion. Er hatte gar keinen Namen und konnte auch nicht sprechen, aber wie schön er war, mit seinen bunten Flügeln überall! Unermüdlich versuchte er, die Glückspfennige rauszupicken, die unter einer Glasscheibe an dem Tresen hafteten.

Wenn ich vormittags den Laden betrat, da glotzte mich der Papagei kurz an, Herr Müller schob seine »BZ« zur Seite, die Kumpeln rückten diskret in den Hintergrund, wo sie sich ihrem Schultheiss-Morgenbier und richtig blassen, weichen Berliner Schrippen widmeten.

Herr Müller legte die Packung Gauloises und die neue Wochenzeitschrift auf den Tresen. Wo sonst auf der Welt bekam ich, was ich

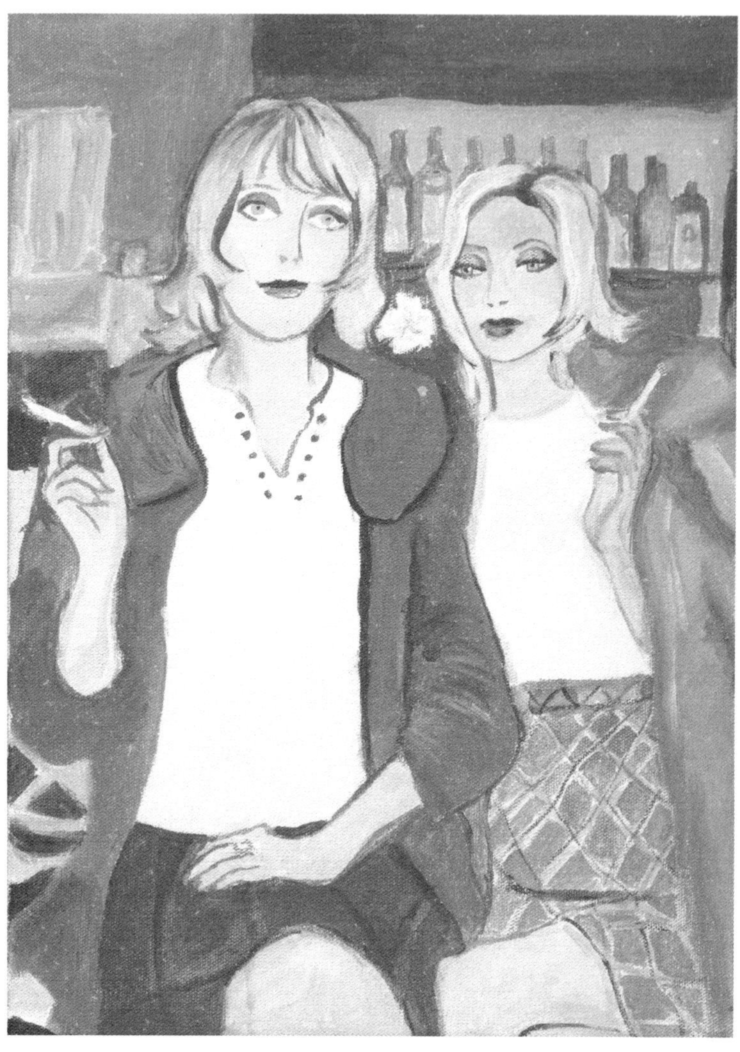

brauchte, ohne jeden Wunsch geäußert zu haben? »7080 Mark!«, sagte er dann. Seine Freunde fanden das irrsinnig komisch. Seine Frau lächelte wie eine Madonna. Tagsüber saß sie nur am Ende des Tresens und tat nichts als lächeln. Aber wenn die Sonne noch nicht auf war, sah man sie im »Loch in der Wand«. Die Ladentür war noch abgeschlossen, also musste man durchs »Loch in der Wand«

bestellen. Waoh! Wie sie schon aussah, um 6 Uhr morgens! Sehr glamourös! Eine unglaubliche Frisur, eine Art mehrstöckige, wasserstoffsuperoxydblonde Geburtstagstorte, aus der künstlerisch geordnete »wilde« Locken ragten. Es war bestimmt kein Haarteil. Nein, das sah man gleich: alles echt. Und die Schminke erst! Atemberaubend! Perlmuttblauer Lidschatten über dem langen Eyeliner-Strich, extradeckendes beiges Make-up, schimmernder hellrosa Lippenstift ... Und die Hände, sauber, rosa, manikürt ... Viel Schmuck, sexy Kleider ... Um das Wunder vollzubringen, musste sie um drei aufgestanden sein.

Als ich eines Morgens von einer Party kam, war ich überrascht, nicht Frau, sondern Herrn Müller im »Loch in der Wand« vorzufinden. Zuerst dachte ich, er sei total betrunken. Die karge Kopfbehaarung in allen Himmelsrichtungen, die geschwollenen Augen rot unterlaufen, am ganzen Körper zitternd. Traurig reichte er mir die Zigaretten, die ich wie immer nicht bestellt hatte. Aber er meinte nicht, dass sie 4080 Mark kosten würden. »Geht's Ihnen irgendwie nicht gut?«, fragte ich. Eine Träne rollte über seine Backe. »Sie ist weg«, sagte er, »sie ist weg«. »O nein«, sagte ich. »Doch, doch, sie hat nen Jeliebten, mit dem ist sie abjehauen.« »Oh ... Oh«, wiederholte ich nur. »Und icke?«, fragte er verzweifelt, »wat soll ick nur machen? Ick kann doch nicht zu meener Mutter zurück, bei dem Alter.« (Er war bestimmt schon über fünfzig.)

In den nächsten Tagen ging ihm der Papagei auf die Nerven. Mit betretener Miene standen die Kumpeln in einer Ecke und kamen bald nicht mehr.

Aber auf einmal war sie wieder da – im »Loch in der Wand« – Frau Müller! Haargenau wie früher, keine Locke war aus der Geburtstagstorte entrutscht. Der Papagei durfte wieder glotzen, zappeln, pieken, und Herr Müller pfiff, als er die frischen Zeitungen hineinbrachte. Nachmittags lächelte sie wieder, während er die Freunde erheiterte. Es herrschte Harmonie. Dennoch: Immer wieder musste ich mich fragen: »Wovon träumt Frau Müller, derweil sie so madonnenhaft lächelt?«

Kleptomane

2001

Klep-, klep-, kleptomane
Arnaqueuse cambrioleuse
Imprudente délinquante
Criminelle occasionnelle

Une manie de chipie
La klepto-kleptomanie
Pickpocket malhonnête
Elle fait ça en cachette

Alors j'ai piqué des cigarettes
Des savonnettes
Une eau de toilette

Je pique c'est un tic
J'adore ça, ça m'excite
J'ai le cœur qui palpite
Bang bang tic tic
Je sais c'est insensé
Mais c'est une manie
Klep-, klep-, kleptomanie

Alors j'ai piqué du chocolat
Un agenda
Un pyjama
Et plus que ça

Alors j'ai piqué du vernis
Un bikini
Des bigoudis
Et plus que ça

Des lunettes de soleil
Du fard à paupières
Des disques laser
Et cétera

Une boîte de pralines
Du sirop de grenadine
Une bouteille de gin
Et cétera

Un p'tit pull
Une boîte à pilules
Et d'autres bidules
Ridicules

Je pique c'est un tic
J'adore ça, ça m'excite
J'ai le cœur qui palpite
Bang bang tic tic
Ça m'amuse ça m'excite
C'est un jeu, c'est un tic
Klep-, klep-, kleptomanie

Kleptomane

Trickserin,
Diebin, unvorsichtig
Delinquentin
Gelegenheitskriminelle

Eine freche Manie
Die Kleptomanie
Taschendiebin, unehrlich
Sie macht es ganz heimlich

Also habe ich
Zigaretten geklaut
Seife und Parfum

Ich klaue, es ist eine Manie
Ich liebe es, es macht mich an
Das Herz schlägt dann schneller
Bang bang tick tick
Selbst wenn es keinen Sinn ergibt
Es ist eben meine Manie
Die Kleptomanie

Eine Frechheit-Manie
Ich habe Schokolade geklaut
Eine Agenda
Ein Pyjama
Und noch viel mehr

Ich klaue, das ist ein Tick
Ich habe Nagellack geklaut
Eine Badehose
Lockenwickler
Und noch viel mehr

Sonnenbrille
Lidschatten
CDs und so weiter

Eine Pralinenschachtel
Einmal Grenadine
Einmal Früchtesirup
Eine Ginflasche
Und so weiter

Einen kleinen Pulli
Eine kleine Pillenschachtel und
Noch viele lächerliche Dinge

Ich klaue, es ist ein Tick
Ich liebe es, es macht mich an
Ich habe ein Herz, das rast
Bang bang tick tick
Es macht mich an
Ich finde es witzig
Es ist ein Spiel, es ist ein Tick
Klep Klep Kleptomanie

Pogo im SO

2016

Es war in den frühen 80ern. Ich war ganz neu in Berlin und ging mit ein paar Leuten zu einem Konzert ins SO36. Da spielte eine Punkband, ich weiß nicht mehr, wer das war. Vier Typen mit ärmellosen Lederjäckchen und tätowierten Armen. Vielleicht Exploited?

Der Sänger hatte den größten Iro, den ich je gesehen hatte. Der Iro war bestimmt mit Autolack festgesprüht, denn er stand immer wie eine Eins, nur am Ende kippte er zu einer Seite, das sah lustig aus. Der Typ hatte eine sehr originelle Art, die Songs (die circa 50 Sekunden dauerten) anzukündigen. Er spuckte einmal ins Publikum und rief ganz laut »Fuck!«.

Da ich in Frankreich eher Hippiemucke, French Chanson und Heavy-Metall gehört hatte, war ich sehr interessiert und hatte mich bis zum Bühnenrand durchgeschlichen. Gleich hinter mir waren ein paar Grobiane, die mich beim Pogotanzen ständig gegen die Bühne drückten. Irgendwann machte es »Krack« und tat höllisch weh.

Als ich draußen war, fand ich meine neuen Freunde wieder: »Ihr müsst mich ins Urban-Krankenhaus bringen, meine Rippe ist kaputt!« Sobald sie meine Diagnose hörten, fingen meine Kumpels an, total bescheuerte Witze zu erzählen, ich musste ununterbrochen lachen, und es tat noch mehr weh.

Der ärztliche Befund im Urban lautete: »Rippenfraktur durch Pogotanzen«.

Lektion gelernt, beim Dead-Kennedys-Konzert stand ich neben dem Soundmann auf dem Tisch. Ich hatte schon am Nachmittag beim Soundcheck vorbeigeschaut und mich schwer gewundert, wie normal die Dead Kennedys in ihren komfortablen Tagesklamotten aussahen. Da fiel es mir auf: »Musiker sind auch nur Menschen!«

In diesem und im nächsten Jahrzehnt sah ich noch unzählige wunderbare Konzerte im SO36. Nach so vielem Pogo und Rumgehopse war irgendwann der alte, schöne Fußboden schrott, und ich spielte mit meiner affengeilen Band Stereo Total (Brezel Göring) auf einer Benefizveranstaltung. Als Souvenir erhielten wir ein Brett vom ramponierten legendären Holzboden.

Nachdem das Fußbodenproblem gelöst war, ging es mit dem Mauerproblem los. Ihr neuer Nachbar war extra neben dem seit den 70ern für seinen lauten Sound berühmten SO36 eingezogen, um dann tüchtig zu schimpfen und Ärger zu machen. Statt diesen bekloppten Affen mit einem vergifteten Schokokuchen umzunieten, bevorzugten die SO36-Leute, viele Benefizkonzerte zu veranstalten, um eine unglaublich teure Schallmauer im Saal einzubauen. Also spielte ich noch einmal mit meiner Superband (B.G.) und dachte: »Yeah! Mädchen, erinnere dich an all deine Idole, die hier *exactement* auf dieser Bühne gestanden haben! Cool!«

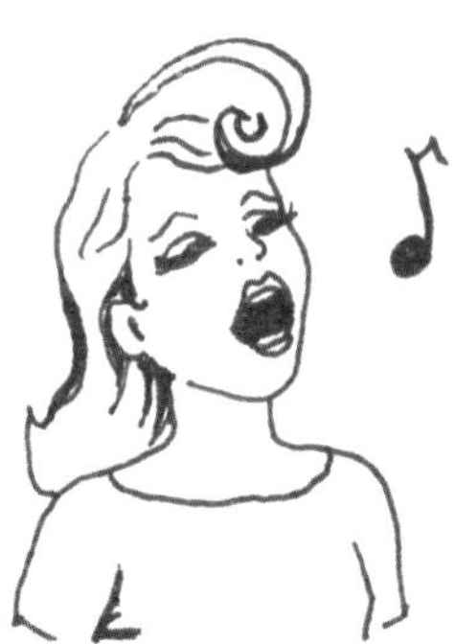

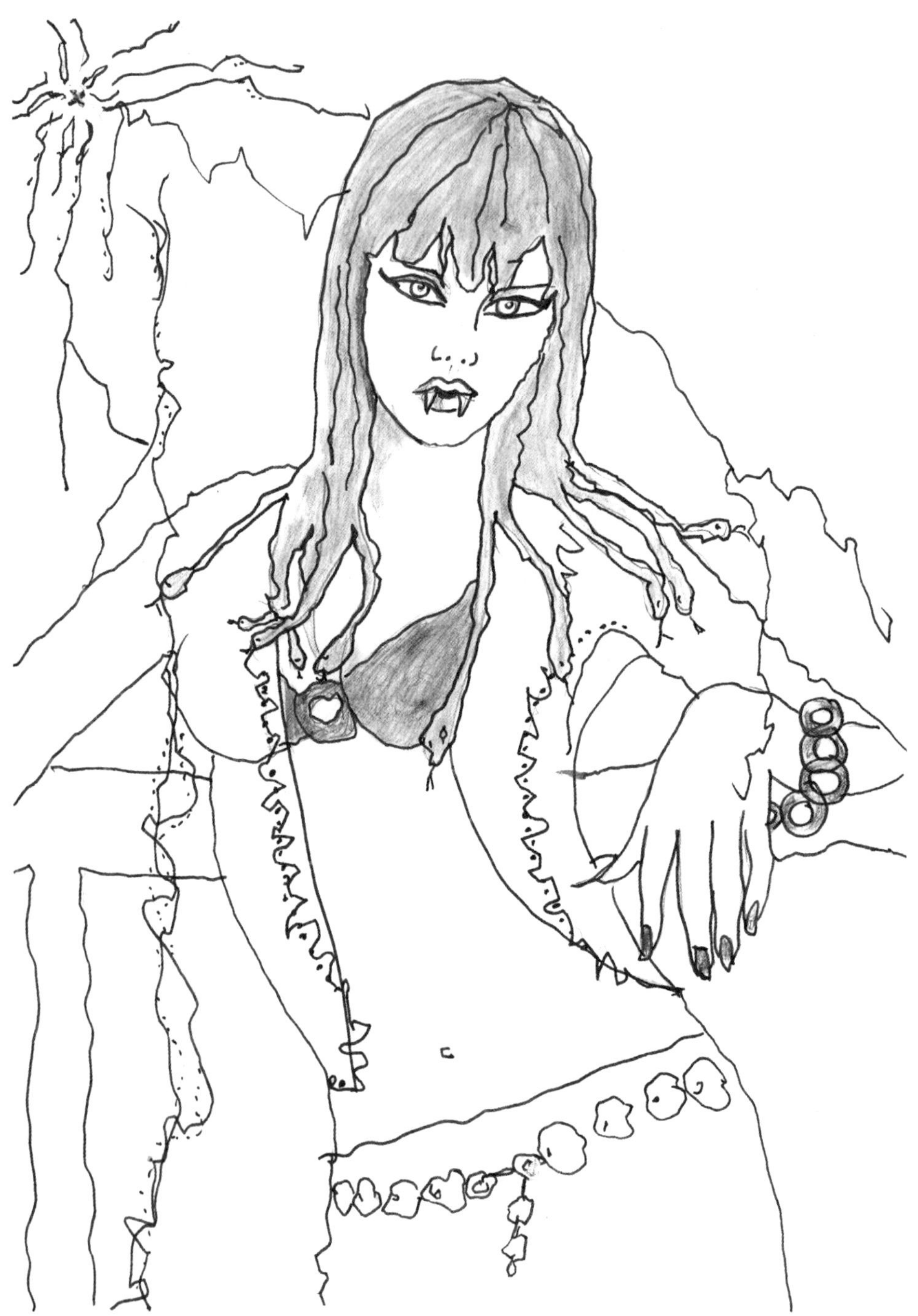

Miau Miau

1996

Miau miau wilde Katze
Mit grünen Schlitzaugen
Miau miau wilde Katze
Steht ganz nass im Regen
Ich lasse dich vor der Tür
miauen
Und jaulen und fauchen
Ich sah dich auf allen Dächern
Der Stadt dich rumwälzen

Miau miau wilde Katze
Komm bitte nicht nach Haus'
Weil du nach wilder Strapaze
Nur etwas Milch brauchst

Miau miau wilde Katze
Zeigt ihre weiße Tatze
In dem Schlitz meiner Tür
Nach wilder Strapaze
Wenn dir nichts Schöneres
einfällt
Und wenn dich der Hunger
quält
Wenn das Wetter dir missfällt
Miaust du vor meiner Tür

Miau miau wilde Katze
Komm bitte nicht nach Haus'
Weil du nach wilder Strapaze
Nur etwas Milch brauchst

Miau miau wilde Katze
Verbringt die ganze Nacht
Auf einem fremden Dach
Und kommt am nächsten Mor-
gen
Zu mir ihre Milch holen

Miau miau wilde Katze
Komm bitte nicht nach Haus'
Weil du nach wilder Strapaze
Nur etwas Milch brauchst

Miau miau wilde Katze
Der Sturm und der Regen
Sind meine Wut, meine Tränen
Um dich böse Katze
Miau miau nur wenn es regnet
Wenn sich böses ereignet
Wenn ein Feind dir begegnet
Miaust du vor meiner Tür

Miau miau wilde Katze
Komm bitte nicht nach Haus'
Weil du nach wilder Strapaze
Nur etwas Milch brauchst

Insight Germany Dossier – My Favorite (& Least Favorite) German Things by . . .

2013

These are just suggestions so feel free to improvise.

★ Top Town: Berlin

★ Coolest German (Living): Brezel Göring

★ (Dead) Cool German: Rainer Werner Fassbinder

★ Favorite German Places: Husum, Ostsee, in Berlin: Bierpinsel und Fernsehturm

★ Memorable German Music: Can

★ Favorite German Singer/Song: Alexandra, »Mein Freund, der Baum«

★ A Useful German Product: »Rei in der Tube«

★ Ingenious German Invention: Der Buchdruck (Gutenberg), Mercedes Benz

★ German Culinary Achievement: Spätzle, Weißwürstl, Schwarzwälder Kirchtorte

★ Favorite German Word: Sehnsucht

★ Favorite German Film: »Die bitteren Tränen der Petra von Kant«, »Nosferatu«

★ Favorite German Actor: Marlene Dietrich

★ Wisest German: Schopenhauer

★ Best German Book (fiction & non-fiction!):
Berlin Alexanderplatz (Alfred Döblin),
Der Tod in Venedig (Thomas Mann)

★ Most Annoying German: Heidi Klum, Harald Glöckler

★ Good German Characteristic: Organisation

★ Irritating German Characteristic: Organisation

★ A German Joke: Hitler besucht Mussolini. Er will ihn schmeicheln. Hitler: »Über Italien lacht immer der blaue Himmel.« Daraufhin Mussolini: »Ja, und über Deutschland lacht die ganze Welt.«

★ A Joke about Germany: Two German tourists in Paris. They wanna make believe that they are English. They go in a bar. »Two martinis please«, they say in English. – »Dry?«, the barman asks. – »No, zwei!«

Invent your own categories! It should be flexible. If something doesn't spring to mind, don't waste time on it. Feel free to come up with things that are relevant to YOU!

Adieu, France Gall!

2017

Damals, als ich noch ganz jung war, habe ich zwei Zeitschriften tüchtig gelesen: Mademoiselle Âge Tendre (»Fräulein Zärtliches Alter«) und Salut les Copains (»Hallo Freunde«). »Salut les Copains« war eine Art französischer Bravo, das Hauptthema war das Leben unserer Yéyé-Idole.

»Yéyé«, so nannten irgendwelche ironischen Intellos diese Musikbewegung in den 60ern, als junge Interpreten sich vom US-Rock'n'Roll inspirieren ließen und ihre Musik mit einer französischen Sauce servierten. Meine Geschwister und ich verpassten keine Salut-les-Copains-Ausgabe. Die Yéyé-Idole waren eine Handvoll supergutaussehender Sänger und Sängerinnen. Die berühmtesten waren: Sylvie Vartan, Johnny Hallyday, Sheila, Françoise Hardy, Jacques Dutronc, Claude François (den alle »Cloclo« nannten) und France Gall. Es war wie eine Soap-Opera mit immer neuen Überraschungen. Wir verfolgten all ihre Abenteuer: Waoh, Sylvie hatte sich in Johnny verliebt! Schon heirateten sie. Sheila hatte sich einen komischen Kerl aufgetrieben, Ringo, und jetzt nahmen sie ein Duett auf und sangen: »Lass die Gondeln in Venedig.« Unglaublich! Und die romantische Françoise wollte den Witzbold Jacques Dutronc haben, diesen nonchalanten Typen, der mit der Zigarette im Mund in TV-Shows sang.

Die kleine France Gall wiederum hatte sich in den kleinen Cloclo verschossen. Salut les Copains war wirklich eine nationale Zeitschrift, denn um Musik aus anderen Ländern scherte man sich nicht. Es gab lediglich hin und wieder ein Foto von den Beatles.

France Gall ließ alle Mädchen träumen: Sie war so jung und schon ein Star. Mit 16 hatte sie bereits ihren ersten Hit gelandet: »Sacré Charlemagne«, einen Song, den ihr Vater für sie geschrieben hatte, und den sie später hasste. Daraufhin ließ France Gall die

Schule sausen, sie hatte es verdammt gut. Und sie sah so hübsch aus mit ihren blonden Haaren, ihren braunen Augen und ihrem umwerfenden Lächeln. Sie trug fantastische rosa Minikleider mit Ringelsocken. Der Fotograf von Salut les Copains, Jean-Marie Périer, der mit der romantischen Françoise eine Liaison hatte, machte wunderschöne Portraits von France Gall.

France Gall war das, was ich sein wollte: umgeben von Musik. Und unfassbar: Dann gewann sie auch noch den »Grand Prix Eurovision de le Chanson«! Der Grand Prix war für meine Geschwister und mich das interessanteste Ereignis des Jahres. Welch eine Spannung, als die Kameramänner die Kandidaten in ihren Logen kurz vor dem Auftritt besuchten. Sie alle waren so nervös, wir zitterten mit ihnen. Und dann marschierten sie heldenhaft zur Bühne. Nachdem France Gall »Poupée de cire, poupée de son« gesungen hatte, war sie überzeugt davon, dass niemand ihr Chanson mochte und verließ deshalb den Saal, um in der Bar gegenüber eine heiße Milch zu bestellen. Über dem Tresen lief der Fernseher mit der Übertragung vom Wettbewerb, und plötzlich kam die Meldung: »France: ten points, France: dix points«, für sie! – Sie war für Luxemburg angetreten. Mit ihrem Glas Milch in der Hand eilte sie zurück, man hatte schon fieberhaft nach ihr gesucht.

France Gall hatte eine fantastische Stimme und eine wunderbare Aura, deshalb schrieb Serge Gainsbourg all die schönen Songs für sie. Mit dem doppeldeutigen Lied »Les sucettes« erlaubte er sich allerdings einen Scherz. Es geht eben nicht nur um die Anis-Lollies, die die besungene Annie so liebte, sondern offensichtlich auch um Cunnilingus. Die unschuldige France Gall erkannte diesen Subtext nicht und sang das Chanson mit einer umwerfenden Naivität. Als sie später begriff, war sie »not amused«, wie sich unsere englischen Freunde ausdrücken, aber schließlich muss sie Serge doch verziehen haben, denn er schrieb noch weitere Songs für sie (»Teenie Weenie Boppie« zum Beispiel, großartig, über ein Mädchen, das LSD genommen hat).

Ihr Deutsch war so gut, dass sie bald auch »über den Rhein« zum Star wurde. Jede Woche musste sie nach Deutschland, um neue Lieder aufzunehmen. Am besten gefallen mir »Der Computer Nummer drei«, »Haifischbaby« und das sehr amüsante Stück »Hippie« (»Die Hippie Hippie Hippie Hippie-Welt ist die Hippie Hippie-Welt, die uns gefällt« ...). Diese deutschen Schlager von France haben eine ganz besondere Qualität. Die Lyrics sind nicht doof, die Musik ist total modern. Sie vermittelt eine sorglose Leichtigkeit, ohne plump zu werden oder abgedroschen zu wirken.

Außerdem glänzte France Gall mit ihrer klaren Stimme. Ohne Mühen schien sie die Oktaven nach oben zu klettern. Vor allem ihr späterer Song »Monopolis« stellte das unter Beweis: Dieses Lied niemals in der Nähe des Regals mit den Kristallgläsern abspielen!

France Gall erlebte zwei Karrieren: die scheinbar unbekümmerte Yéyé-Zeit vor ihrer Begegnung mit Michel Berger und ihr erwachseneres Auftreten danach. Ich bevorzuge die Yéyé-Phase, obgleich ich zugeben muss, dass manche »erwachsenen« Songs wie »La déclaration d'amour« und »Ella, elle l'a« (eine Hommage an Ella Fitzgerald, 1987, ihr einziger Nummer-eins-Hit in Deutschland) großartig sind.

Als sie älter wurde, legte France Gall ihr Kindsfrau-/Lolita-Image ab, sie entwickelte sich zu einer emanzipierten Frau, die sich um Kontrolle über ihr künstlerisches Schaffen bemühte und sich auch politisch engagierte – im Gegensatz zu ihren ehemaligen Yéyé-Kollegen. Sie hätte bestimmt nicht – wie Johnny Hallyday – für Nicolas Sarkozy gespielt. Ergebnis: Hallyday bekam ein Staatsbegräbnis, sie nicht! Lange Jahre hat sie immer wieder in Afrika gelebt und dort ihren Mitmenschen geholfen. Sie war sehr generös.

France Gall hatte allerdings viel Pech in ihrem Leben. Ihr Ehemann und persönlicher Komponist Michel Berger starb bereits mit 44 an einer Herzattacke, ihre kranke Tochter fünf Jahre danach. Die verzweifelte France wurde selber krank und zog sich aus der Öffentlichkeit zurück, feierte 2015 mit dem Musical »Résiste« jedoch ein Comeback.

Wenn ich über France Galls Unglück nachdenke, fällt mir auf, dass ihr größter Fehlgriff wohl ihre Liaison mit Cloclo war. Nachdem sie beim Grand Prix gewonnen hatte, brach der neidische, eifersüchtige Idiot sofort mit ihr – am Telefon! Seine Botschaft lautete: »Du hast gewonnen, aber mich hast du verloren!« Diese Szene kann man übrigens nacherleben im großartigen Film über Claude François: »Cloclo« (deutscher Titel: »My way – Ein Leben für das Chanson«) von Florent Emilio Siri mit dem großartigen Jérémie Renier in Claude François' Rolle und Joséphine Japy als France Gall.

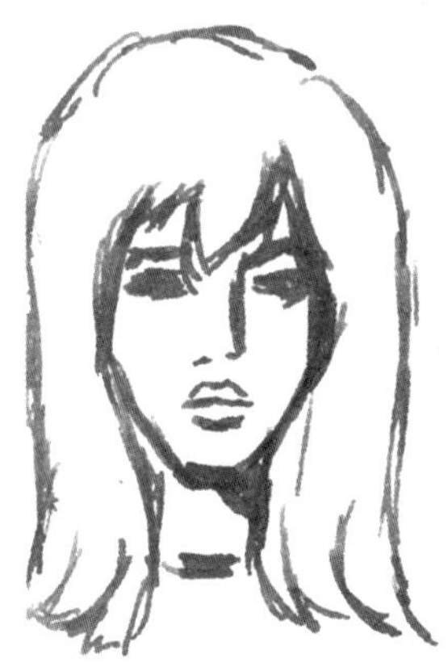

Wie wir Franzosen unser h verloren haben

2006

Als ich in der Schule Deutsch gelernt habe, mussten wir unter der Anleitung unserer Lehrerin Mademoiselle Hugo stundenlang versuchen, das Wort »Hund« korrekt auszusprechen. So wurde es gemacht: Wir hielten die Hand vor dem Mund, ein paar Zentimeter davon entfernt und hauchten so lange und so heftig, bis wir die Luft vom h bei »der Hund« spürten. Mademoiselle Hugo war ein bisschen crazy, im Sommer lief sie ohne Schuhe, wie die Sängerin Sandy Shaw. Trotz größter Bemühung bekamen wir das nicht hin, wir brüllten einfach nur: »der UUUnd«.

Bis zum Empire konnten wir noch das h aussprechen, aber dann war es damit aus.

Der Buchstabe h wird im Französischen le »asch« genannt und erinnert deswegen an »la hache« (die Axt) oder »le hasch« (das Haschisch). »L'heure H« (die Stunde H) ist der für den Angriff vorgesehene Zeitpunkt, der günstige Augenblick dafür, »la bombe H« ist die Atombombe. Das französische h ist verstummt, aber was fällt uns auf, wenn wir »le hasch« und »la hache« betrachten und sie mit den Wörtern »l'heure« oder l'homme« (der Mann, der Mensch) vergleichen? Genau! Kein Apostroph bei den beiden ersten! Wir haben es hier nämlich mit »h aspiré« (eingeatmetes h) zu tun. Dabei handelt es sich um ein Relikt aus dem ausgesprochenen h. Dann ist es verboten, die »liaison« zu machen, also das Wort an ein anderes zu binden, so dass man dann beim Zuhören den Eindruck hätte, es gäbe nur noch ein einziges Wort. Beispiel: »Un homme« (ein Mann) wird »unomm«, aber »un haricot« wird »un (pause!) arico« ausgesprochen. Ich gebe zu, es ist nicht sehr einfach. Bei jedem h-Wort muss man lernen, ob das h aspiré ist oder nicht.

Aber es existieren wenige Wörter mit h aspiré, und tendenziell haben die Franzosen die Tendenz, die Regel zu ignorieren, so dass man nicht selten hört, sie hätten zu Mittag »dezarico« gegessen statt »de (pause) arico«. Also kann man davon ausgehen, dass das »h aspiré« demnächst komplett verschwinden wird. Aber wer weiß? Bei meinem letzten Besuch in Frankreich hat mich gewundert, dass viele Menschen – sogar TV-Moderatoren – keine »liaison« machen zwischen »un« und »euro«. Das ist sehr seltsam, weil es beim Wort »euro« nicht mal ein h gibt! Ob das vom großen Einfluss Deutschlands in der Europäischen Union bezeugt? Hum!

Apropos, bei »hum!« schaffen es die Franzosen, das h auszusprechen. Bei »Han!« auch, dem Laut der übergroßen Anstrengung. Sie schaffen es ebenfalls bei Sex, Schmerz und Agonie. Aber nicht, wenn sie lachen. »Ha ha« hört sich wie »A a« an. Wenn jemand allerdings einen Witz über mich erzählt, während ich dabei bin, und ich fühle mich gekränkt, dann stöße ich ein gelangweiltes »Ha ha« hervor, und das bedeutet soviel wie »Das ist aber extrem lustig!«. Am allerbesten bekommen die Schnarchenden das h hin.

Meistens aber verzichten die Franzosen auf das ausgesprochene h, denn das ist viel zu anstrengend! Sie sind faul. Aber musikalisch. Für die französische Melodie ist es ausschlaggebend, den Fluss des Satzes nicht durch irgendwelche unnötigen Pausen zu zerhacken. Am besten klingt ein Satz, wenn er sich wie ein einziges Wort anhört. Sie nehmen sich nicht die Zeit für das h, auf ihrem Sterbebett holen sie das dann nach.

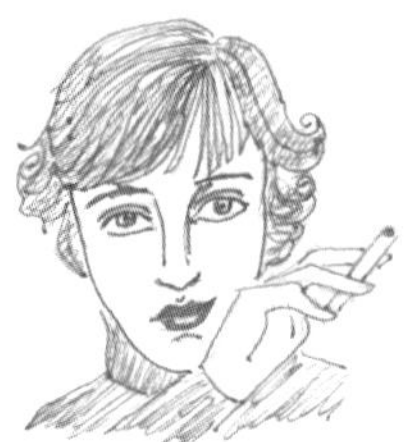

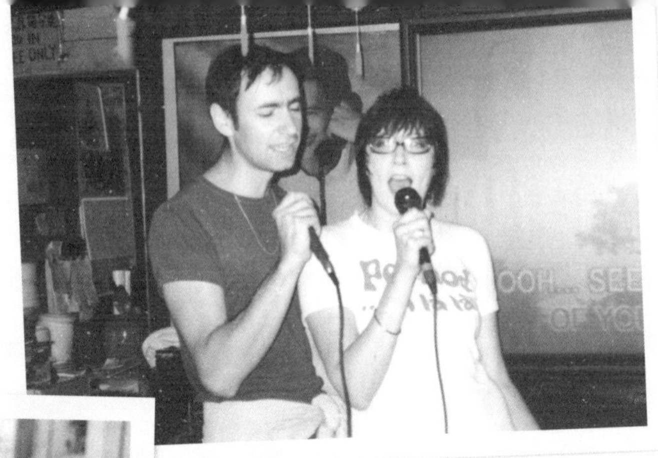

Mit Brezel Göring in New York, 2000

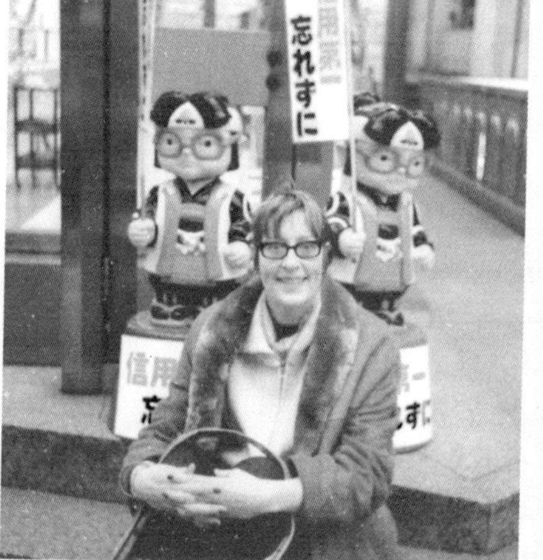

Tokyo 1997

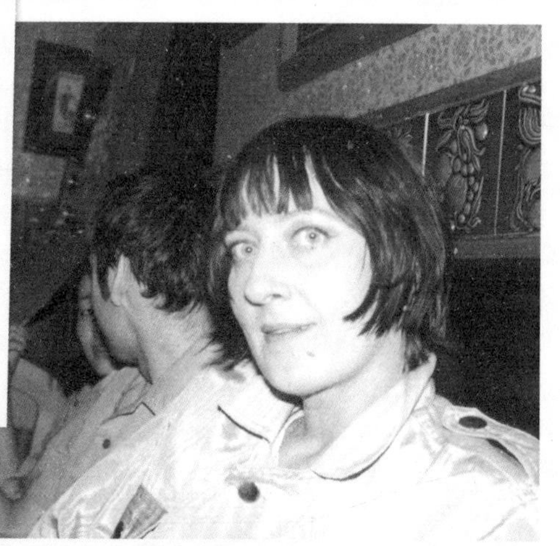

New York 1999

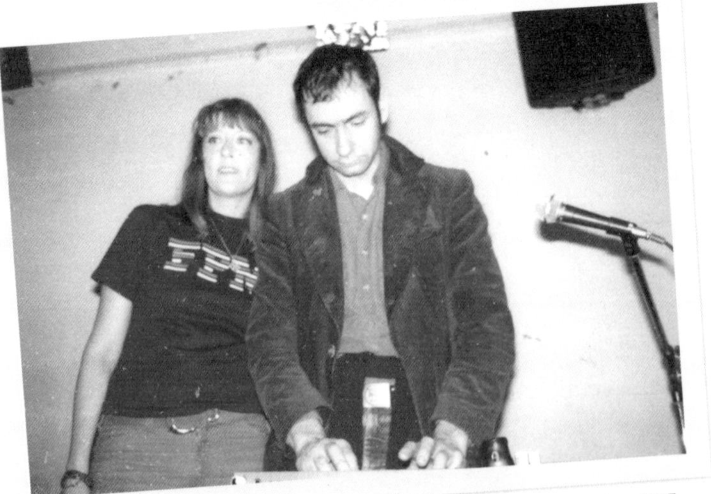

Mit Brezel in Tokyo, 1997

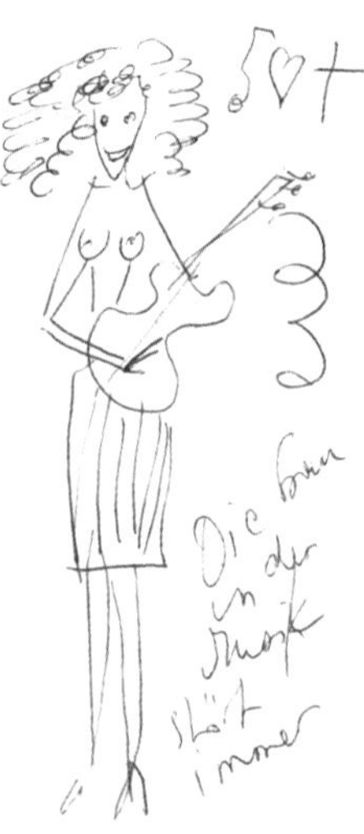

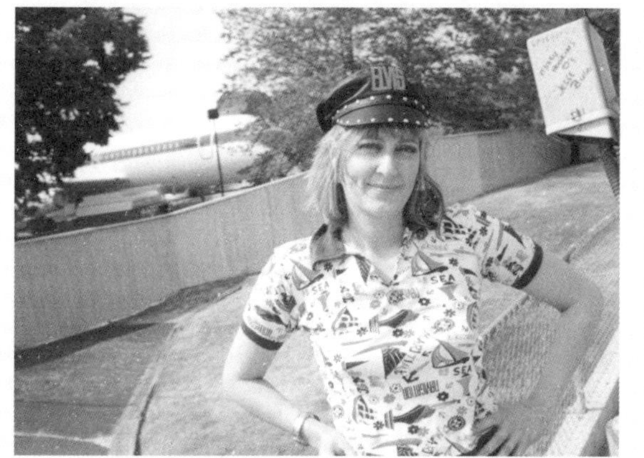

USA/Memphis 2001

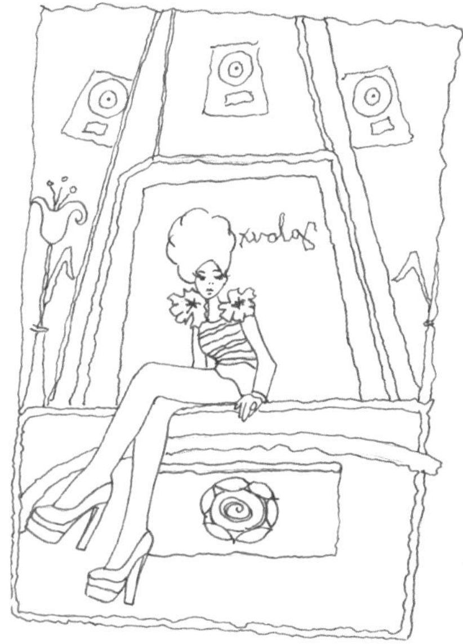

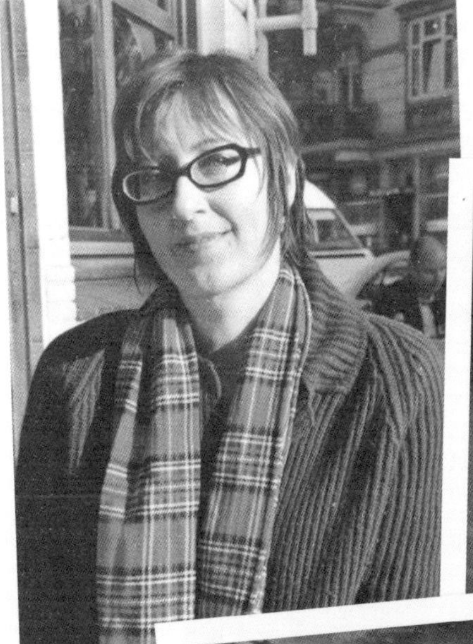

Paris 2006

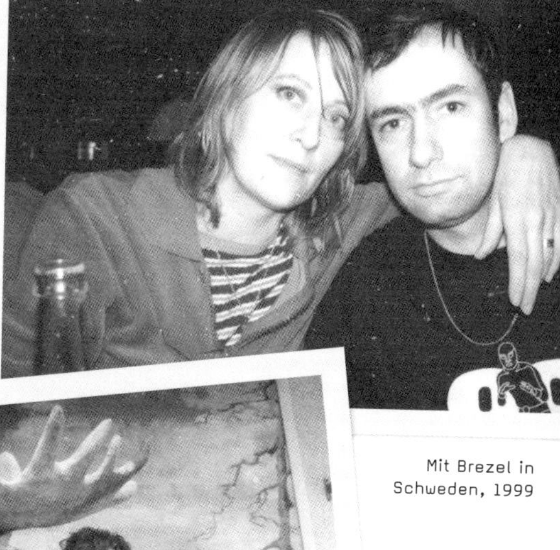

Mit Brezel in Schweden, 1999

Mit Brezel in Finnland, 1997

Kreuzberg à la Celine

2000

Kreuzberg ist out! Ein Rentnerheim! Nichts mehr los! Ab nach Mitte, Prenzl'berg! Ökoterror! Delicatessen! Fertige Säufer! Kiffer en masse! Meckernde Radfahrer! Spuckende Türkenjungs! Abgewrackte Transen! Möchte-gern-Gourmets! Motten! Ratten! Tauben! Krätzemilben! H! Hasch! Bierschaum! Wampen! Graue Pullis! Gesundheitsschuh! Hundekacke! Frustrierte militante Tanten! Delirierende irrende Onkels! Hey, Alter! Hast du mal? Falafel! Kebab! Falafel! Joga! Schafskäse! Knofi! Sozi! Tote Hose! Muffel! Biofleisch! Pink Floyd! Polypen! Furunkeln! Stau! Rums! Bums! Krack! Schimpfe! Krach! Dicke Luft! Gestank! Ein Kaff!

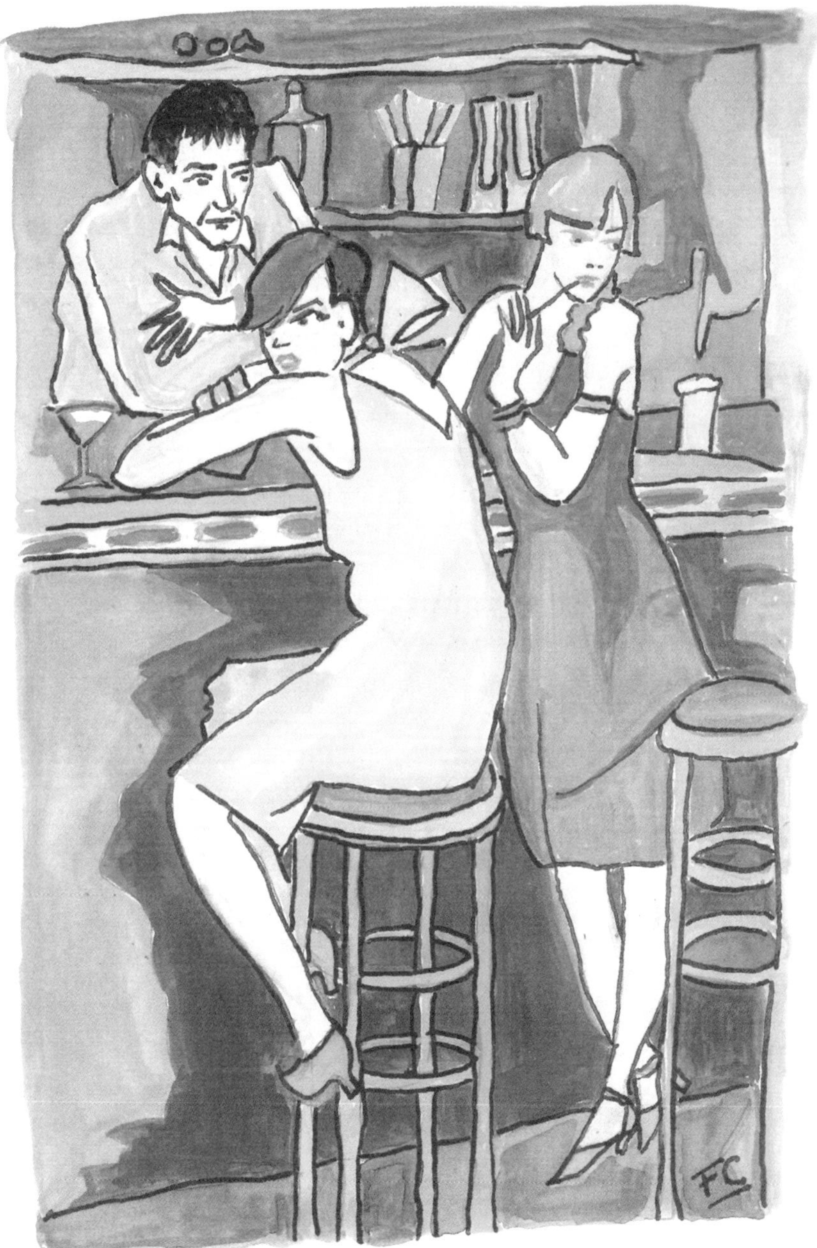

Oranienstrasse à la carte

2000

Frisches Gemüse, das wie bei Oma schmeckt, ergattert der bewusste, geduldige Konsument bei *Kraut und Rüben*. Der Ferienbedürftige setzt sich ins *Bateau Ivre* und verschlingt une petite entrée, derweil Edith Piaf aus der Anlage tönt. Der von seinem tristen Leben gelangweilte Lonesome cowboy testet bunte Gewürze im *Amrit*. Lustige Wurst gibt es beim *Schwaben*. Das Liebeskummeropfer schreibt Tagebuch im *Bierhimmel* und verschlingt dabei trostbringende Schokotorten. Der in der Mitte der Nacht vor Hunger geplagte Existentialist kauft ein türkisches Croissant in der *rund um die Uhr geöffneten Bäckerei*. Bei *Habibi* joggt der Jogger auf der Stelle, während der fröhliche Araber seinen Frischsaft presst. Der hungrige Reiche mit wenig Zeit und der hungrige Arme mit wenig Geld teilen sich brüderlich eine Mini-Pizza in *Piccola Romantica*. Der vom Straßenlärm verblödete Großstädtler gönnt sich eine melancholische Stunde im *Safran*, wo er leichten Reis mit Berberitzen und jiddischer Musik genießt, unter dem engelhaften Lächeln einer geheimnisvollen Bedienung.

P. S.: Sauerkraut bei *Max und Moritz*!

Die Dachkatze

2019

Du lädst mich ein in dein schönes Appartement
Das du von deinen schicken Eltern geerbt hast
Du kaufst mir eine Kette mit Diamant
Ich sage Merci, dann schleich' ich mich raus

Ich bin eine Dachkatze
Ich bin eine Dachkatze
und keine Sofakatze ...

Du versuchst mich, mit allen Mitteln zu halten
Du verwöhnst mich, schlägst mir nichts ab, oh nein
Du möchtest mich im Schlafzimmer einsperren
Denn du weißt, wie zärtlich ich sein kann

Ich bin eine Dachkatze ...

Den ganzen Tag kann ich vor dem TV ausharren
Auf deinem Teppich Illustrierte durchblättern
Doch wenn der Mond scheint, ruft mich das Abenteuer
Ich gehe ich renne ich flüchte ich breche aus

Ich bin eine Dachkatze ...

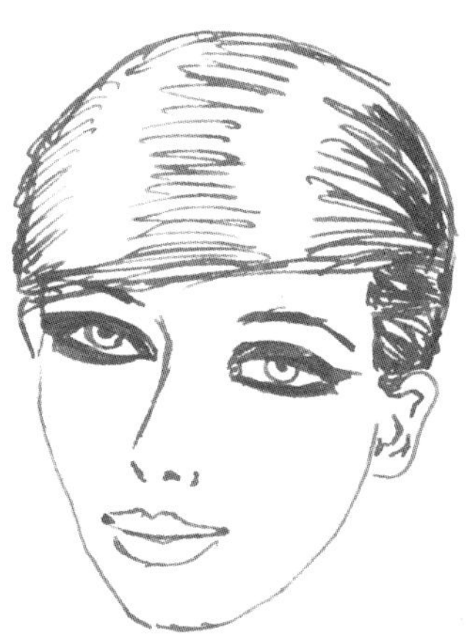

Meine Lieblingskneipe

2006

Von ganz weit her erkennt man die Leuchtschrift meiner Lieblingskneipe: Möbel Olfe (indessen nur noch Öbel Olfe), dort oben auf dem Hochgebäude am Kottbusser Tor. Das Zeichen stand schon auf dem Dach, bevor es die Bar überhaupt gab. So ähnlich haben sich die Musiker Jeans Team nach einer Lichtreklame genannt, die sie irgendwo gefunden haben. Meistens benutzen wir eine Kurzform: »die« oder »der Olfe« (Geschlecht unklar). Manche sagen: »Gehst du heute in die Olfe?«, andere: »Warst du gestern in der Olfe?«

Ein(e) Olfe soll ein Nagetier sein, das gern Winterschlaf macht, im Gegensatz zu den »Olfe«-Gästen.

Das Besondere an der Kneipe ist, dass sie nicht besonders ist. Beim ersten Blick auf jeden Fall. Schnell oder gar nicht renoviert: Betonböden, Betonwände, Betondecke. Sie ist alles andere als schick. Aber bei längeren Aufenthalten an der Bar fallen der Betrachterin oder dem Betrachter amüsante Details auf. Ein »Bric à Brac«. Nichts passt zu nichts. Die Lampen gelten allesamt als hässlich. Gut, dass es nie zweimal die gleiche gibt.

Über dem Barpersonal hängen ausgestopfte Fische und die Beine einer Dame mit Spitzenunterrock und Sonntagsschuhen. Obgleich der ganze Oberkörper in der Decke verschwunden ist, muss man sofort an Selbstmord denken: Frau Schmidt hat sich ein letztes Mal Lippenstift aufgetragen, bevor sie sich erhängte. Vielleicht deswegen weint die projizierte Madonna an der Wand. Aus ihren Augen rollen richtige Tränen über den Beton. So wie manche Sankt-Sebastian-Skulpturen unerklärlicherweise echtes Blut vergießen. Neben der Glastür hängt das Portrait eines kleinen deutschen Mädchens mit blonden Zöpfen und Dirndl, und ich habe den Eindruck, dass dieses »Rotbäckchen« sich als Madonna verkleidet hat für die Diaprojektion. Ja, ich erkenne ihre Gesichtszüge wieder. Lustig! Die

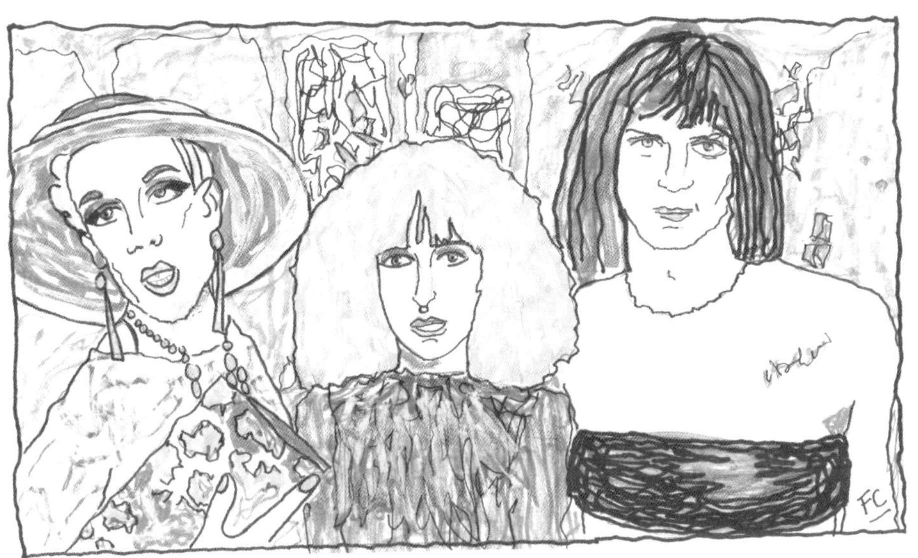

Träneninstallation ist das Werk Fatmas, der türkischen »Transe«, die oft hinterm Tresen arbeitet, stets bestens angezogen und gelaunt. Über ihr die chinesische Katze, die mit ihrer Tatze »heil Hitler« macht. Sie sorgt dafür, dass das Business läuft.

Hinten bei den Toiletten – die Zeichnung auf dem Frauenklo zeigt eindeutig eine Lesbe – gibt es unter der Decke eine merkwürdige Zusammenstellung von Möbeln. Vielleicht aus dem ehemaligen Möbelgeschäft. Also wurden diese Sessel, Couch und Tische von Philip Wiegard zersägt und gegen jedes Gesetz der Perspektive wieder zusammengeklebt. Wenn ich auf diese seltsame »Assemblage« blicke, wird mir oft schwindelig, so müssen Räume einem Delirium-tremens-Opfer erscheinen.

Im kleinen Nebenraum mit dem Fußballtisch (»Babyfoot«) hängt eine ziemlich miese Wandtapete mit bunten Feldblumen, oder sogar mit nach nichts riechenden Tulpen, wenn ich mich recht erinnere. Dort habe ich mal mit Khan, Christophe und einer mir unbekannten Frau Striptischfussball gespielt. So gut war ich noch nie, und Christophe, der Exhibitionist ist, hat extra verloren.

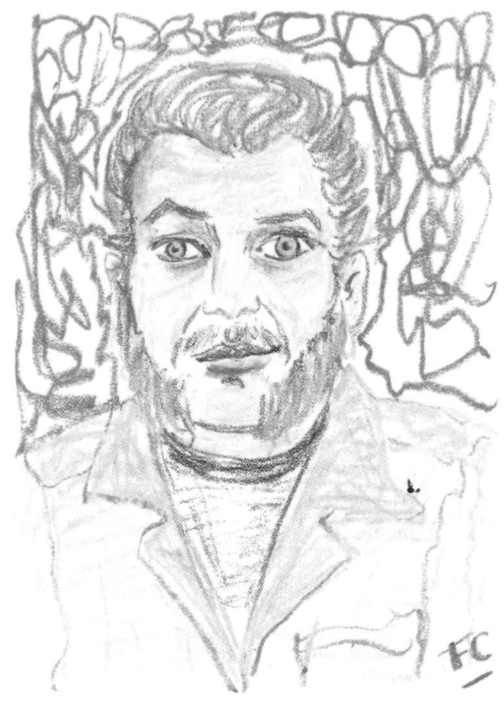

Im Möbel Olfe treffe ich mich mit meinen schwulen Freunden. Ich weiß nicht genau weshalb, aber in den letzten Jahren habe ich immer mehr schwule Freunde. Bei meinen Freundinnen sieht es anders aus, sie sind zum größten Teil heterosexuell. Mich amüsieren schwule Jungs, ich liebe es, mit ihnen zu plaudern. Mir scheint, dass sie durch ihre Sonderstellung in der Gesellschaft viel origineller sind – und sensibler.

Fast alle, die im Möbel Olfe arbeiten, sind homosexuell. Claud, die ganz süß lächeln kann (wie Tom Sawyer, bilde ich mir ein), gibt gerne Runden »Luxusowa« aus. Auf der Karte steht eine lange Liste verschiedener Vodkas. Die Getränke sind ziemlich polnisch, ziemlich billig, vielleicht auch ein Grund, weshalb der Laden meistens rappelvoll ist. Die Luft ist schlecht, unglaublich! Der Zigarettenqualm wie ein dichter Nebel, Belüftung unexistent, kein guter Ort für Asthmatiker. Dann arbeiten dort auch Bauchtänzerin und

Kunstperformerin Fatma in ihren abgefahrenen Outfits, Yusi, in den alle verliebt sind, weil er wie ein Teddybär aussieht, Künstler Mark Brandenburg, der die Tür mit auf durchsichtigen Folien bedruckten Bildern – Yves-Saint-Laurent-Portraits aus den 70ern zum Beispiel – dekoriert hat, Dennis mit seinen leuchtend azurblauen Augen und noch viel mehr sympathische Menschen mit einer Liebe zu Partymusik. Oft werden auch DJs eingeladen, die schrägen Diskosound auflegen, u.a. Daniel Wang, mein Thereminlehrer.

Wenn die Stimmung toll ist, klettert irgendwer auf die Theke und tanzt an der Stange, während alle anderen schreien und klatschen oder die Show ignorieren. Denn gerade organisiert Billy aus Australien ein Dance-Contest auf den Tischen. Komplett übersehen wird der Autor, der eine »Stille Lesung« macht. Dort steht er auf dem Podest, hält sein Buch in beiden Händen und liest es tonlos vor. Eine tolle Showidee! Tausendmal besser als diese introvertierten Schreiber, die einen mit ihrem Nuscheln in Depressionen stürzen. Indessen schreit das ignorante Publikum nach »Bületten«, Erdnussflips, Minutenterrinen oder Beautymasken. Blutdruckmessen kostet 1 Euro – steht auf der Getränkeliste.

Am nächsten Morgen erwache ich mit fürchterlichen Kopfschmerzen und schwöre mir, nie wieder dahin zu gehen. Aber seit der Erfindung des Aspirins sind solche Schwüre schnell vergessen.

P. S.: Der/die/das Möbel Olfe war nie ein Möbelladen. Früher war es eine Bäckerei oder so ähnlich.

Killerschildkröten

2009

Konzept: Ein Dialog zwischen zwei Frauen. Als Geräuschkulisse leise Töne aus dem »Chaoscillator«, einem einfachen Synthesizer.

F.C.: Als ich klein war, stellte ich mir das Jahr 2000 wie einen atmosphärischen bzw. handlungslosen Science-Fiction-Film vor. Ich dachte, die Menschen würden dann nur noch flüstern, reisen und träumen. Zwischen den Wolken würden sie in durchsichtigen Vehikeln schweben, die wie Seifenblasen aussähen. Ihre Kleider wären aus metallischen, silbernen Stoffen geschnitten, mit sehr klaren geometrischen Formen, etwas militärisch, dennoch cool und sexy. Auf der Uniformjacke würde manchmal ein Licht an und wieder aus gehen. Ein leises »Bipbip!« würde ich dann vernehmen.

All diese Vorstellungen sind wahrscheinlich durch Courrèges' Mode und durch Brigitte Bardots Lied »Contact« entstanden.

Schwer enttäuscht war ich dann im wahren Jahr 2000 und bin es 100 Jahre später immer noch.

Ich stelle fest: All meine Freundinnen machen Yoga und meditieren sehr lange über das Nichtdasein. All meine Freundinnen tragen softe und kuschelige Stoffe im Gemüsesackschnitt. Alles easy und beautiful. Harmonie und Ruhe. Zeit für alles ... Zum Kotzen, diese Zen-Faschisten!

All meine Freundinnen sind nur dabei, sich mit ihrem eigenen Wohlgefühl zu beschäftigen, während anderswo grenzenlose Armut, tödliche Gewalt und die Hölle herrschen.

Was die Zen-Faschisten kennzeichnet: Mangel an Neugierde, Mangel an Fantasie, Mangel an Geschmack. Ihre Musik eine Soße aus Weißmehl und lauwarmem Wasser. Mangel an Kommunikation. Jeder Treff mit Max lief nur nach Konventionen. Kein Ton höher als der andere. Leises und harmonisches Blabla.

F.C. *(sich erinnernd):* Kaum habe ich meinen Code angegeben, rutscht die Tür auf und diese Musik legt los. Diskretes Gesülze, zur Nervenberuhigung. Zurück in meinem Block. Vor Langeweile erschöpft. Langeweile ist ein ziemlich altmodisches Empfinden. Sehr hart arbeitet die westliche Macht an der allgemeinen Verblödung. »Happiness for everybody.« Klappt hervorragend, bei mir auch. Dennoch, dieser Spleen aus anderen Epochen? Kann nicht Zen sein ...

Auf meinem Home-Schirm erscheinen die langweiligen Gesichter meiner so genannten Freundinnen. Ich zappe sie alle weg. Wer ist diese irre Kuh mit Glubschaugen und Karottenhaaren? Und einem Kleid aus Kamelhaar oder ähnlichem? Ich berühre leicht den Lautstärkeknopf, falls sie bereit wäre, mich zu empfangen.

F.C.: Ich sehe Dich gerade auf meinem Schirm. Wer bist Du?
M.A.: *(singend)* »Guten Tag, die Sonne scheint! Heut bleibt keine allein!« ...

Sei freundlich umarmt! Kannst Du Dich nicht an mich erinnern? Wir waren in der Schule zusammen. Ich war in Deiner Klasse, saß neben Dir, und Du hast mich nicht beachtet, denn Du warst eine Streberin.
F.C.: Wie sahst Du aus?
M.A.: Klein, mager. Ich hatte rote Haare, man nannte mich die Füchsin, und alle haben behauptet, dass ich komisch rieche.
F.C.: Die primitivste Form des Rassismus!
M.A.: Das sagtest Du auch damals!
F.C.: Woher kommst Du?
M.A.: Ich bin eine ganz normale Europäerin. Meine Vorfahren sind allerdings bretonische Wikinger.
F.C.: Kannst Du deine Wurzeln immer noch bei Dir spüren?
M.A.: Überhaupt nicht. Ich war niemals auf einem Boot. Ich verlasse meine Box fast nie.

F.C.: Wie sieht sie aus?

M.A.: Einfach. Das »That-is-it«-Modell Null Null X.

F.C.: Ich kenne die Einrichtung. »Junggesellin, unverbraucht, romantische Vorstellungen, praktischer Sinn.« Was machst Du denn, den ganzen Tag in deiner Box???

M.A.: Musik hören, meditieren ...

F.C.: *(denkend)* O no ... Wieder so eine Zen-Tante, Gähn!

F.C.: Hast Du Kindheitserinnerungen gerettet?

M.A.: Eine Muschel und eine Bettpfanne. Du musst Dir vorstellen, als ich ganz klein war, hat mein Vater uns verlassen, mich und meine Mutter. Wir hausten in diesem uralten Bauernhof in den Bergen. Dort gab es kein Wärmesystem, und meine Mutter, die Angst hatte, dass ich mich erkälte, hat jede Nacht mein Bett aufgewärmt mit ihrer heißen Bettpfanne. Kennst Du das Objekt? Das habe ich gerettet. Und auch die Muschel. Die habe ich in der Erde gefunden hinterm Bauernhaus. Seltsam, findest Du nicht?

F.C.: Weshalb überhaupt meldest Du Dich bei mir? Dreißig Jahre lang hatten wir nichts miteinander zu tun, und jetzt kreuzt Du wieder auf. »I am sorry, but I think you are out of my life!«* *(*Superhit aus dem Jahr 2099)*

M.A.: Sicher. Ich schäme mich auch so. Ich will auch wirklich nichts von Dir. Ich versuche nur, mich an irgendwas zu erinnern. Und ich möchte mit den frühesten Abschnitten meines Lebens verbunden bleiben.

F.C.: Denn »Wer sich kennt, kennt das Universum«, ich weiß Bescheid! Lebst Du allein?

M.A.: Nein. Ich habe einen perfekten Freund. Aber das ist es gerade, was mich quält. Er bereitet mir Probleme, und deswegen suche ich nach einer Lösung.

F.C.: Hör zu, Füchsin ... Wie heißt Du überhaupt?

M.A.: Marie-Anne.

F.C.: *(denkt nach)* Ja, Marie-Anne ... Jetzt fällt sie mir wieder ein. Mit ihren langen roten Haaren. Zu schwere Haare für ein Schulmädchen. Wegen des Haargewichts musste sie den Kopf nach hinten hängen lassen und die Schultern hochziehen.

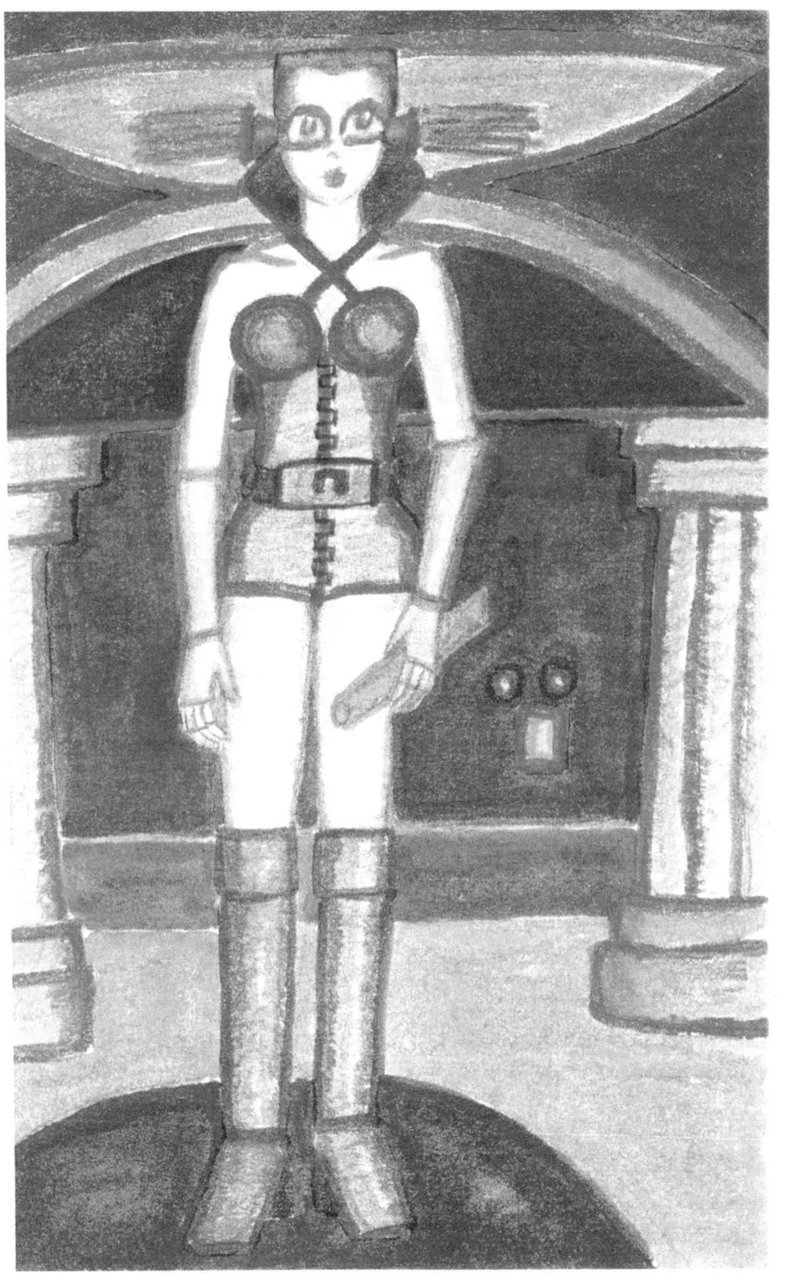

WILDES PORTRAIT VON M.A. AUF DEM BILDSCHIRM

M.A.: Ich gebe mir wirklich Mühe, aber egal, was ich tue, niemals tue ich es richtig. Mein persönlicher Homecomputer explodiert vor Beschwerden. Mein Boxroboter gehorcht mir nicht mehr. Und das Allerschlimmste: Mein perfekter Freund, »my one and only perfect boyfriend« hasst mich! Er quält mich. Er quält mich tagtäglich. Ich halte es nicht mehr aus.

F.C.: Wie? Er hasst Dich? Wieso das?

M.A.: Ich weiß nicht, oh ich weiß nicht. »I am lost in space.« Im Universum verschwunden. Ich entspreche nicht den Maßstäben. Vielleicht rieche ich wirklich komisch ...

F.C.: Sende mir jetzt Dein Parfüm rüber ... *(auf Knöpfchen drückend)* Okay, ich rieche Dich jetzt, ohne jedes Vorurteil ... Du riechst nach Shampoo! Welche Marke?

M.A.: »APO sensibel, grüner Apfel.«

F.C.: Ach ja, APO, kenne ich: unverbraucht, romantische Vorstellungen, praktisch und so weiter. Okay, das ist gut, sehr gut sogar. Riecht auch gut, Zen, frisch, freundlich ... Und wieso versuchst du nicht, Dir draußen in der echten Zeit einen Freund aufzutreiben?

M.A.: Oh nein! Bist Du wahnsinnig? Hast Du einen, Du?

F.C.: Habe ich nicht. Ich stehe sowieso nicht auf Männer.

M.A.: Ja, dann hast Du es sehr einfach. Die letzten Boys da draußen sind Zombies, sie sind Killer! Selbstmörder! Die ganze Gewalt ertrage ich nicht!

F.C.: Welch eine Gewalt? Ich gehe jeden Tag aus und begegne ihr (treffe sie) nicht an jeder Straßenecke!

M.A.: An jeder zweiten Straßenecke?

F.C.: Nie. Die Straßen sind leer. Dort laufen nur Irre herum, die ihre alten Geschichten herunterleiern ... Marie-Anne, es tut mir leid, dass ich früher so ignorant war, ich möchte Dich gern jetzt erleben, in der echten Zeit.

M.A.: Geht nicht. Ich darf meinen Block nicht mehr verlassen. Meine Boxkamera hat einen sehr negativen Bericht über mich weitergeleitet.
F.C.: Was hattest Du angestellt?
M.A.: Nichts. Ich glaube, die Kamera spinnt, wie alle Maschinen, mit denen ich zu tun habe!
F.C.: Dann zerstör sie doch!
M.A.: Hast Du keine Kamera bei Dir zu Hause?
F.C.: Doch.
M.A.: Und was machst Du mit ihr?
F.C.: Schnell vorbeilaufen. Mit meinem Lockenstab das Bild stören.

SYNTHESIZER-MUSIK

F.C.: Was ist das für ein Spiel mit diesem perfekten Freund? Wie ist das? Lohnt sich die ganze Prozedur?
M.A.: Du kannst das Profil präzise beschreiben. Du kannst dir bis zur letzten Einzelheit alles haargenau wünschen. Etwa: Wie sieht sein linker kleiner Zeh aus? Und dann gibst du alle Einzelheiten ein und noch mehr Einzelheiten, und er entsteht nach und nach. Es gibt eine physikalische und eine moralische Darstellung. Wenn du denkst, du bist zufrieden, gibst du ihm einen Namen. Meinen habe ich Oskar genannt, weil mein Vater einen Oskar bekommen hat! Das war früher eine Trophäe für die besten Lügner!
F.C.: Das haut mich um! Nicht mal einen Kaugummi habe ich für allllllllllllllllllllllllllllllllllllllllllllle meine Lügen bekommen!
M.A.: Ab dem Zeitpunkt, wenn er getauft wird, wenn er einen Namen bekommt, existiert er und du verkehrst mit ihm.
F.C.: Du verkehrst mit ihm?
M.A.: Jaja, du kannst dir sogar die Hintergrundmusik auswählen.
F.C.: Und?
M.A.: Ganz kurz funktioniert die Illusion, aber dann fängt dein perfect boyfriend an, dir Ärger zu machen.
F.C.: Und wieso, weshalb?

M.A.: Weil ich mich bei der Programmierung vertan habe. Ich habe meine Wünsche mit der Wirklichkeit verwechselt. Und ich weiß jetzt nicht mehr, wie ich ihn umprogrammieren soll. Kennst Du Spezialisten für solche Fragen?
F.C.: Bestimmt, aber ... Da Dein perfekter Freund virtuell ist, kannst Du ihn auch ebenso gut komplett vergessen!
M.A.: Bist Du des Wahnsinns? Er okkupiert meinen Homecomputer und befiehlt meinen Boxroboter. Der seitdem rebelliert!
F.C.: Uuuh! Dann kann ich Dir auch nicht weiterhelfen ...
M.A.: Doch! Das kannst Du ...
F.C.: Gut! Dann komm mich mit Deinem Luftblasenauto besuchen. Meine Adresse: Killerkrötenteich, Am Ufer, Ex-Berlin. See you in the future. I wanna smell your natural red hair!

F.C.: *(denkend)* Ich bin so froh, durch moderne Wellentechnik eine »Freundin« aus meiner Kindheit wieder getroffen zu haben. Ich habe so viele Freundinnen! Aber M.A. interessiert mich ganz besonders, weil sie natürliche rote Haare hat, sehr lang, sehr schwer, voller Apfelduft. Altmodisch, gebe ich zu, but who cares?

ZWEITER TAG

F.C.: Ich sehe Dich auf meinem Schirm. Bist Du gerade in Deiner Box?
M.A.: Ja!
F.C.: Okay, habe einen Spezialisten aufgetrieben. Er meinte, wenn Du Deinen »perfect boy« falsch einprogrammiert hast, bist Du masochistisch. Dazu sage ich Dir nur, zur Ermunterung: »Che va maso va sano!« Wer maso geht, geht gesund! Nichts desto trotz helfe ich Dir gern weiter.
M.A.s Bild friert ein auf dem Bildschirm und sie gibt keine Antwort.
M.A.s Bild wackelt hin und her.
F.C.: Wie hast Du Dir Deinen perfekten Freund bestellt?
M.A.: Perfekt! Dachte ich zumindest.

F.C.: Perfekt, ich weiß schon: ausgeglichen, generös, romantisch, praktisch, groß, schlank, schön, weiß und so weiter!
M.A.: Er war dann so perfekt, dass er mich nicht mehr ausstehen konnte.
F.C.: Das unterstützt die Masochismus-These des Spezialisten. Und Du, bist Du auch schon umoperiert?
M.A.: Natürlich. Komplett. Nur die roten Haare habe ich behalten. Aus Trotz oder weswegen?
F.C.: Wie soll ich es wissen? Lass uns in der echten Zeit treffen!
M.A.: O Lilith! Wenn ich irgendwas von einem echten Treff höre, wird mir ganz mulmig. Ich hoffe, ich falle dann nicht in Ohnmacht!
F.C.: Da ist gar nichts dabei. Echtes Leben ist wieder in, nicht mitgekriegt? Geh raus aus deinen vier Wänden! Spring aus dem Quadrat! Draußen strahlen die Sonne und die Werke. Erlebe die Winde, erlebe die Lust auf echtes Anfassen, echtes, schnelles Leben!
M.A.: Weißt Du schon, wie lange ich meine Box nicht verlassen habe?
F.C.: Nein!
M.A.: Ewigkeiten.
F.C.: Wann verlässt Du sie überhaupt?
M.A.: Um Chi Kong zu machen, und um seltene Produkte einzukaufen.
F.C.: Chi Kong gibt Dir das Gefühl, Dich total Zen gegen Feinde verteidigen zu können, und der Einkauf seltener Produkte steigert Dein Selbstwertgefühl. Lebst Du ansonsten nur virtuell?
M.A.: Ja, ich lebe virtuell.
F.C.: Und liebst Du nur virtuell?
M.A.: Ich liebe virtuell. Gefühle sind seit dem XIX. Jahrhundert out, und damals waren sie bereits erlogen. Siehe »Madame Bovary«.
F.C.: Du hast recht!
M.A.: Ich kann nicht nach meinen Gefühlen leben, denn ich glaube nicht daran, aber ich kann auch nicht in der neuen Ordnung leben, denn ich kann mich nicht einordnen. Was soll ich tun? Was soll ich tun?

F.C.: Mich besuchen.
M.A.: Ich komme. Morgen früh. Zu Fuß. An den Teich, oder?
F.C.: c/o Killerschildkröten. Marie-Anne, es tut mir so leid, dass ich in meiner Jugend solch eine Streberin und arrogante Person war. Ich interessiere mich jetzt sehr für Dich, denn Du bist eine Revolutionärin, sogar, wenn Du es noch nicht ahnst.

Musik: »Hold on, I'm coming!«

DRITTER TAG

Die Mädchen treffen sich am Teich.
M.A.: Ich habe es geschafft, aus meiner Box herauszukriechen. Für mich ist es eine tierische Leistung! *(singt:)* »I'm so excited to be there / But I would love to be somewhere else!«
F.C.: Bedauerst Du es?
M.A.: Nein! Aber ich hoffe sehr, die Killerschildkröten zu sehen!
F.C.: Willst Du alles über die Killerschildkröten erfahren?
M.A.: Ja! Natürlich. Ich merke gerade, wie ich für die Außenwelt, für die Natur geschaffen wurde!
F.C.: Am Ende des XX. Jahrhunderts fanden die Berliner Einwohner Hunde und Katzen langweilig und kauften haufenweise Wasserkröten ein. Ein kleines Aquarium, gedämpfte Beleuchtung: eine wunderbare Stimmung, bis der Krötenkäufer den Finger in das Aquarium hielt und infolge dessen ein Fingerglied verlor. Schluss mit der Exotik! Nachts wurden die Fleischfresser in den Ex-Kreuzberger-Teich geschmissen. Sie fraßen alle Enten und Schwäne auf, die dort früher paddelten, und seitdem sind sie die Queens vom Teich. Ja, sie sind eine Spezies aus der Tierwelt, und sie wissen es! Sie haben einen kleinen Kopf und einen dicken Körper, willst Du sie sehen?
Marie-Anne gibt sich Mühe, in der Dunkelheit zu sehen, und sobald irgendwas auf der Teichoberfläche blubbert, ruft sie:
M.A.: Auah! Da ist sie, die Kröte!

F.C.: *(kommentiert)* Wie wurde das sympathische, kinderfreundliche vegetarische Tierchen zum blutsaugendem Monstrum?
Nachdem wir die Killerwasserschildkötenmutanten ausgiebig bewundert haben, frage ich M.A., weshalb sie sich einen perfekten Freund bestellt hat.

Ich habe ausschließlich Freundinnen, weil, so einfach ist das, die ganzen Männer weg sind. Ihr Y-Chromosom hat ihnen einen schlechten Streich gespielt, oder, um es einfacher auszudrücken: Alle Männer – oder fast alle – haben mit ihrem so genannten Skorpionstachel kollektiven Selbstmord begangen! Unfassbar!

Wir befinden uns also in einer seltsamen »Übergangsphase«, in der die ganzen Weiber überhaupt nicht mehr wissen, um welchen Helden sie sich die Köpfe und Herzen zerbrechen könnten.

A L'amour Comme A La Guerre

1995

C'est toi et seulement toi
Qui ne voulais plus de moi
Maintenant c'est trop tard
Pour pleurer
Sans doute t'imaginais
Que j'allais rester enfermée
Au carmel pendant dix années
Mais tu t'es trompé

C'est à l'amour comme à la guerre
Tu l'as voulu et tu me perds
Va faire soigner tes blessures ailleurs
C'est à l'amour comme à la guerre
Tu l'as voulu et tu me perds
Et moi je ne suis ni la Croix rouge
Ni ta mère

C'est toi et seulement toi
Qui t'ennuyais avec moi
Qui connaissais toutes mes histoires
Par coeur
Aujoud'hui ton petit coeur a mal
C'est bien triste mais c'est fatal
C'est la douleur du chasseur
Devant son lapin qui se taille

C'est à l'amour comme à la guerre
Tu l'as voulu et tu me perds
Vas faire lècher tes blessures ailleurs
C'est à l'amour comme à la guerre
Tu l'as voulu et tu me perds
Et moi je ne suis ni la Croix rouge
Ni ta mère

In der Liebe wie im Krieg

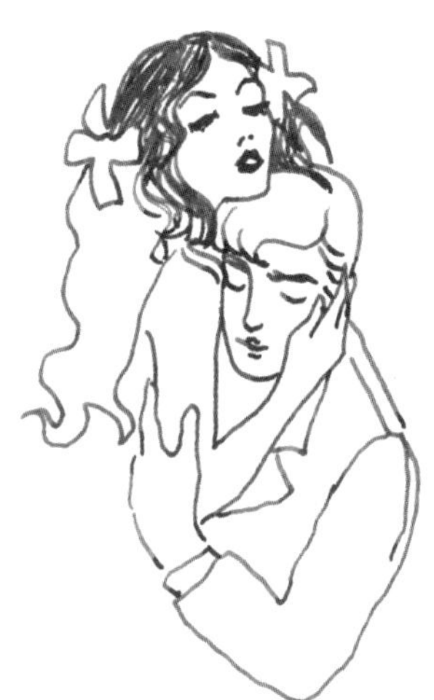

Das bist du, du nur du
Der nicht mehr von mir wollte
Jetzt ist es zu spät zu weinen
Zweifellos bildetest du dir ein
Ich würde eingeschlossen bleiben
In einem Kloster, 10 Jahre lang
Aber du hast dich geirrt

Es ist in der Liebe wie im Krieg
Du hast es so gewollt, und du verlierst
Lass deine Wunden anderswo heilen
Es ist in der Liebe wie im Krieg
Du hast es so gewollt, und du verlierst
Und ich bin weder das Rote Kreuz
noch deine Mutter

Das bist du, du nur du
Der sich mit mir langweilte
Der meine Geschichten auswendig kannte
Heute tut dein Herzchen weh
Es ist traurig aber unvermeidlich
Das ist der Schmerz des Jägers
Über seinen Hasen, der flüchtet

Es ist in der Liebe wie im Krieg
Du hast es so gewollt, und du verlierst
Lass deine Wunden anderswo ablecken
Es ist in der Liebe wie im Krieg
Du hast es so gewollt, und du verlierst
Und ich bin weder das Rote Kreuz
Noch deine Mutter

Zi-ga-rette mich!

2008

Mein Dilemma mit der Zigarette habe ich spätestens begriffen, als ich in den 80er-Jahren das Lied »Zi-ga-rette-mich« auf dem Oranienplatz hörte, von einer miserablen Band live vorgetragen, deren Leadsänger jetzt das Musikgeschäft in der Oranienstraße führt. »Kazoos testen? Verboten in Deutschland«, so geht's dort ab. Für Musikbanausen: Ein Kazoo ist ein kleines Ding aus Plastik (ca. 5 Zentimeter lang), das wie eine Trompete klingt, wenn es beim Kazootest gut abgeschnitten hat. Als Kind hatte ich schon sehr gelitten beim Johnny Hallydays Lied »Rettet mich!«: »Es ist meine letzte Zigarette, mein letztes Glas Rum / Ich habe noch zwei Minuten für mein Gebet / Ich habe noch nie eins gelernt / Und ich habe Angst wie ein Kind blablabla ...« Johnnys Kopf wird durch die Guillotine vom Rest abgetrennt, obgleich er unschuldig ist, aber zuvor darf er noch eine paffen. Die Poesie der Gitanes hat Serge Gainsbourg zum Besten gegeben und hat bei seinen letzten Platten nur noch gehaucht.

Alles, woran wir glauben, kommt aus den USA. Ich hasse das Marlboro-Abenteuer und ich hasse das Rauchverbot. Ständig machen wir den Amis alles nach. Ein paar Jahre später. Denn die USA überzeugen durch ihren Fortschritt, ihre Intelligenz, ihre Lässigkeit und ihre Großzügigkeit! Ich frage mich, weshalb wir hier in Europa diese Affen nachäffen müssen. Zuerst haben sie uns alle mit ihren Werbungen und miesen Hollywoodstreifen vergiftet und abhängig gemacht, dann starb der Marlboro-Mann, ich kann mich erinnern, es war ein Hammer, als der Super-Marlboro-Abenteuer-Werbungs-Cowboy Lungenkrebs bekam, weil der Idiot sich seine Gagen in Zigaretten auszahlen ließ. Damals habe ich Country-Mixkassetten aufgenommen, die »Poor Marlboroman« hießen. Lustig!

Dann hat es mit den Prozessen angefangen. Gegen Peter Stuy-

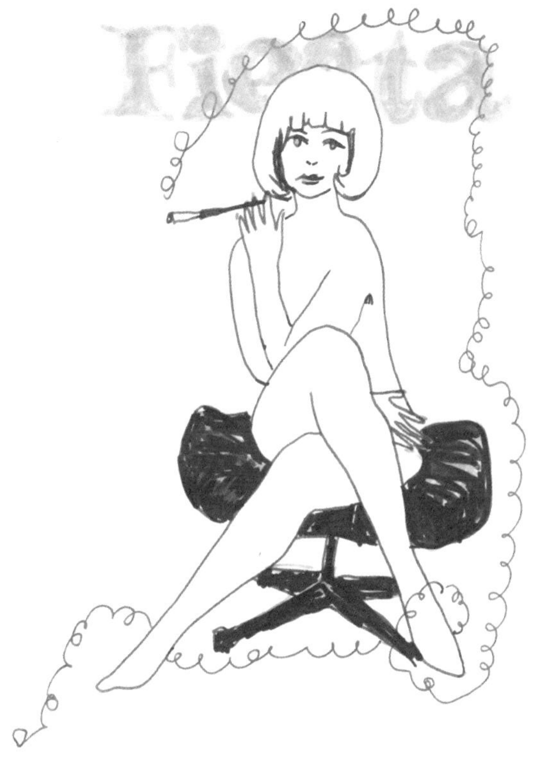

vesant & Co. prozessieren war eine Zeitlang fashionable in the USA. Ist ihnen doch egal! Was ein Chinese am Tag raucht, das schaffen keine vier Cowboys! Das Business läuft sowieso. Aber diese verlogene hip-hip-hip-gesunde Welle in den USA ist lächerlich. Und verlogen. Auf jeder healthy party geht es ab im Klo, und wie! Und jetzt darf ich in San Francisco keine paffen, wenn ich mir ein Schaufenster angucke! Sonst gibt es ein Ticket! Es könnte sein, dass ein fanatischer Nonsmoker – der allerdings mit Smog, verursacht durch Auspuffe und Industrie 1A klarkommt – sich in der selben Zeit haargenau das selbe Schaufenster ansehen will und von meinem Qualm sehr gekränkt wäre!

Aaah-merica! Obgleich ich ganz allein mit meinem Freund im Backstage hocke und also keinen belästigen kann, steht ein Securityman zwei Sekunden, nachdem ich den Glimmstengel angezündet habe, vor meiner Nase und droht mit den schlimmsten Strafen. (Steckt mich in den Knast, Jungs, ich war's und habe es getan!)

In jedem Hotelzimmer werde ich durch unzählige Schilder gewarnt. 300 Dollar Strafe für eine Zigarette. Ich wäre gern Milliardärin.

Und ich frage mich: Träume ich gerade? Ist das alles ein Nikotinflash? Und wann werde ich erwachen?

Mit elf habe ich zum ersten Mal eine Zigarette geraucht. Ganz normal in meinem Kaff, heute immer noch. Ab elf hockst du mitten auf dem Platz auf deinem Mobylette-Moped und paffst eine, ansonsten bist du ein Arschloch und Stiefellecker. Die Eltern möchten das nicht, deswegen entstehen aufregende geheimnisvolle Rituale zwischen dir und deinen Freunden.

Meine erste Zigarette war eine Parisienne, die Packung hatte meine Freundin Roseline ergattert und wir begruben sie im Garten meiner Eltern. In einer Plastiktüte. Unter einem besonderen Stein, den nur wir erkannten. Zuvor hatte ich aber schon mit meinen Geschwistern trockene Bananenschalen geraucht, in Zeitungspapier eingewickelt und mit UHU-Klebstoff zusammengehalten. Wer das überlebt hat, wird professionell.

Sobald die Eltern weg waren, stürzten wir uns auf den Esel, der Zigaretten für die Gäste schiss: »Boyards«, ganz starker brauner Tabak in »Maisblättern«, Durchmesser 12, das fanden wir gut. Nur meine kleine Schwester ist auf den Trip nicht abgefahren, dafür wurde sie bulimisch.

Alle Kinder in unserer Familie leiden unter einem Mangel an irgendwas. Ich habe so lange Daumen gelutscht, bis sich auf dem Daumen ein Berg bildete. Später Fingernägel gekaut. Und dann geraucht.

Rauchen war sofort perfekt für mich. Supercooler Lebensstil, gleichzeitig die Eltern imitieren und irritieren. Und immer etwas im Mund. Mein Konsum stieg unaufhörlich.

Mit 20 heiratete ich. Mein Mann machte mir wegen den Zigaretten tierische Eifersuchtszenen: Du magst deine Zigaretten lieber als mich! Nur weil ich beim Wachwerden als Allererstes eine anzündete, bevor ich ihn begrüßte.

Über das Rauchen könnte ich tausend Geschichten erzählen.

Und über Freunde, die niemals fliegen, weil sie sich nicht vorstellen können, zwei Stunden lang nicht zu rauchen.

Aber für mich befindet sich das Thema ganz anderswo: Dass der Staat sich immer mehr in die privaten Angelegenheiten der Bürger einmischt und sie immer mehr kontrollieren will. Ich kann mich daran erinnern, dass viele entsetzt waren, als es hieß: Sicherheitsgurt ist im Auto obligatorisch. Das war schon eine Rechtüberschreitung. Denn: Wenn es mir gefällt, durch meine Windschutzscheibe in die Landschaft zu fliegen, ist es mein Bier. Indessen schnallen sich alle an und denken sich nichts dabei. Bereits jetzt können unsere E-Mails und SMS nachgelesen werden. Als nächstes wird eine Kamera in unserer Wohnung angebracht, die kontrolliert, wie oft wir uns waschen, wie viel wir trinken und wann, wo, wie wir Sex haben. Und die auch noch nachprüft, ob wir das Hartz-4-Menü gut ausführen oder über unsere Verhältnisse leben. Um unsere Gesundheit kümmert sich keiner. Wie kann man zugleich das Rauchen verbieten und Werbung für Zigaretten betreiben? Es geht nur um Kontrolle, Überwachung und individuelle »Schuld«, die extrem betont wird, damit die massive Schuld der Macht nicht mehr auffällt. Ich sage nur eins: Wenn jemand die ganze Erde verhunzt hat, dann nicht ich!

Auch wenn ich mächtig gepafft habe!

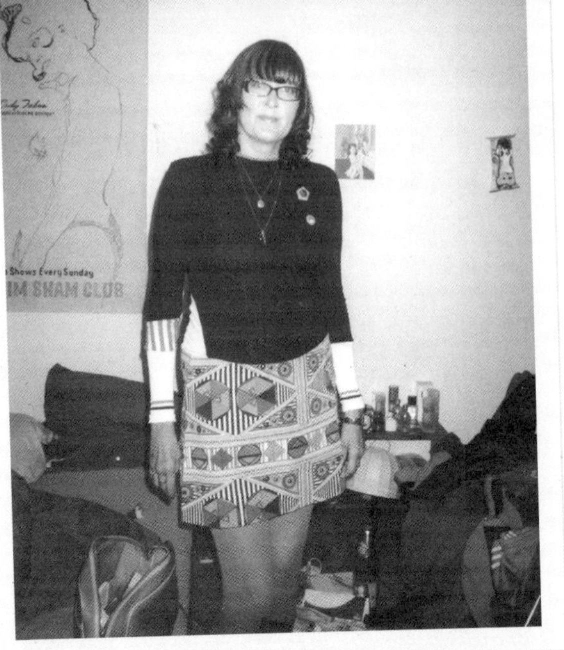

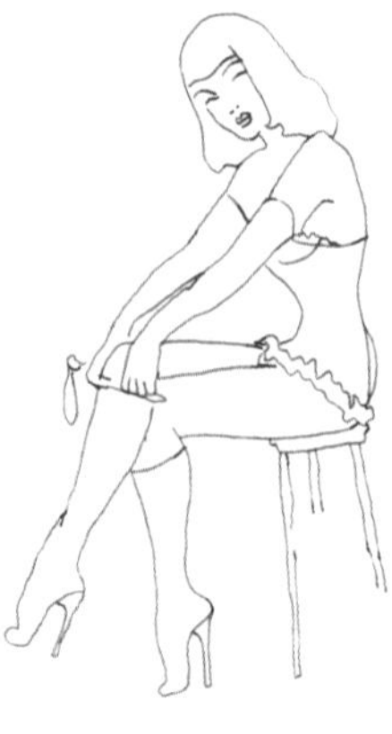

Berlin/
Dresdenerstraße
2006

Im Möbel Olfe, Berlin

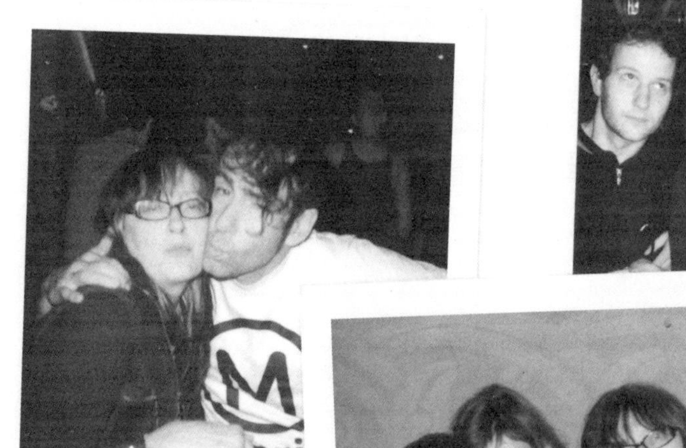

Mit Brezel Göring, 2006

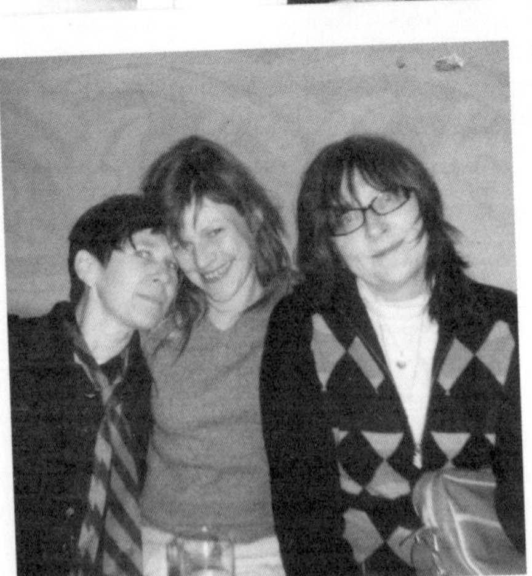

Gabi Wasabi, Pascale Schiller
und Françoise, 2006

Mathias Schwarz,
Françoise und
Brezel, 2006

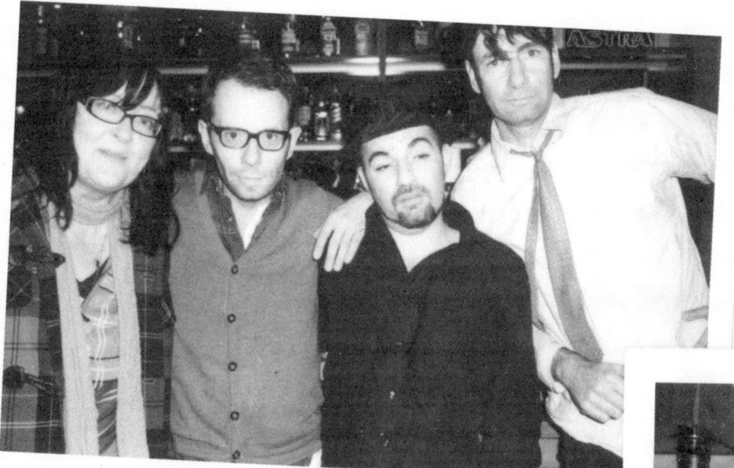

Françoise mit
Mathieu Davenne,
Faidon Lafanzanis
und Brezel, 2011

Mit Gabi Wasabi, 2012

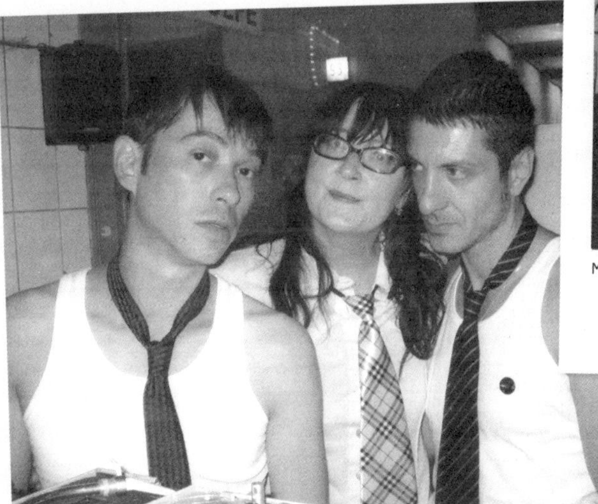

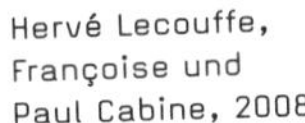

Hervé Lecouffe,
Françoise und
Paul Cabine, 2008

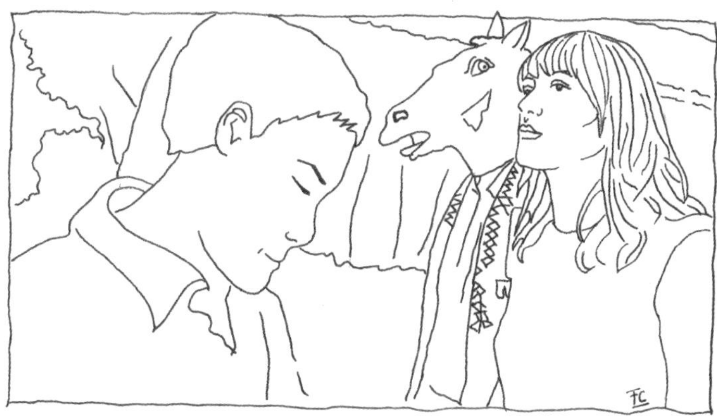

Doktor Kaktus

2016

Ein Blick im Spiegel und ich weiß
Etwas ist hier nicht in Ordnung
Meine Haare sind wie Spaghetti,
Ich schiele und habe einen Pickel
Mitten auf der Nase
Und träume ich? Oder wächst mir ein Schnurrbart?

Ich möchte jemand anderes sein als ich ...

Was für ein Problem haben Sie?
Bitte wenden Sie sich an mich
Ich habe die Lösung parat
Kenne die Antwort auf Ihr Problem

Ist es die Haut? Etwa Akne?
Oder die Haare? Sind sie fettig?
Die Beine? O oder X?
Sitzen die Zähne schief?

Hier ist meine Zahnspange
Ist es die Liebe, die nicht hinhaut?
Einseitig, zwiespältig, abgeflaut
Hapert es mit den Freundschaften?
Auf keinen kann man sich mehr verlassen

Was für ein Problem haben Sie?
Bitte wenden Sie sich an mich
Ich habe die Lösung parat
Ein seelisch medizinisches Präparat

Ist es das Herz? Ein Ekzem?
Ein Komplex? Ein Emphysem?
Klappt es mit den Typen nicht?
Mit der Braut?
Fühlen Sie sich krank?
Sind Sie kaputt?

Rufen Sie mich an, Doktor Kaktus
Sind Sie etwa Hypochonder?
Wir kennen die Lösung, oder?
Werden Sie endlich todkrank!
Leiden Sie, was das Zeug hält!
Heulen Sie nächtelang
Ist es nicht was Ihnen gefällt?

Rechnen Sie mit meinem Mitleid
Ich glaube, Sie sind unheilbar
Alles halb so schlimm (that's alright!)
Rendezvous in der nächsten Bar

Ich möchte jemand anderes sein als ich ...

Womöglich handelt es sich nur
Um einen kleinen Mangel an Energie
Wir brauchen Vitaminzufuhr
Eine Spritze gegen Lethargie

Ein Blick im Spiegel, und ich weiß
Etwas ist hier nicht in Ordnung
Meine Haare sind wie Spaghetti
Ich schiele, ich habe einen Pickel

Ich möchte jemand anderes sein als ich ...

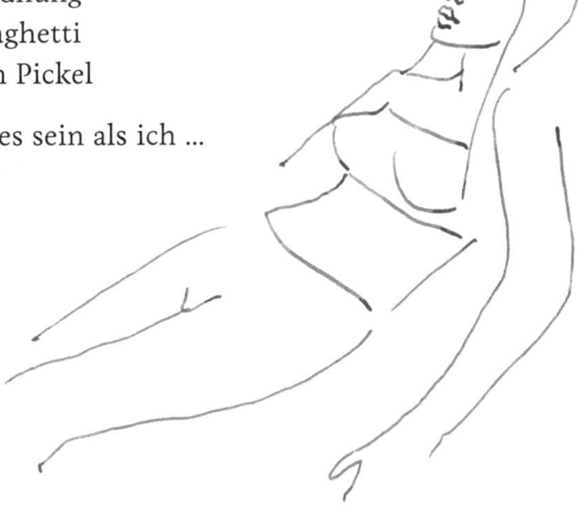

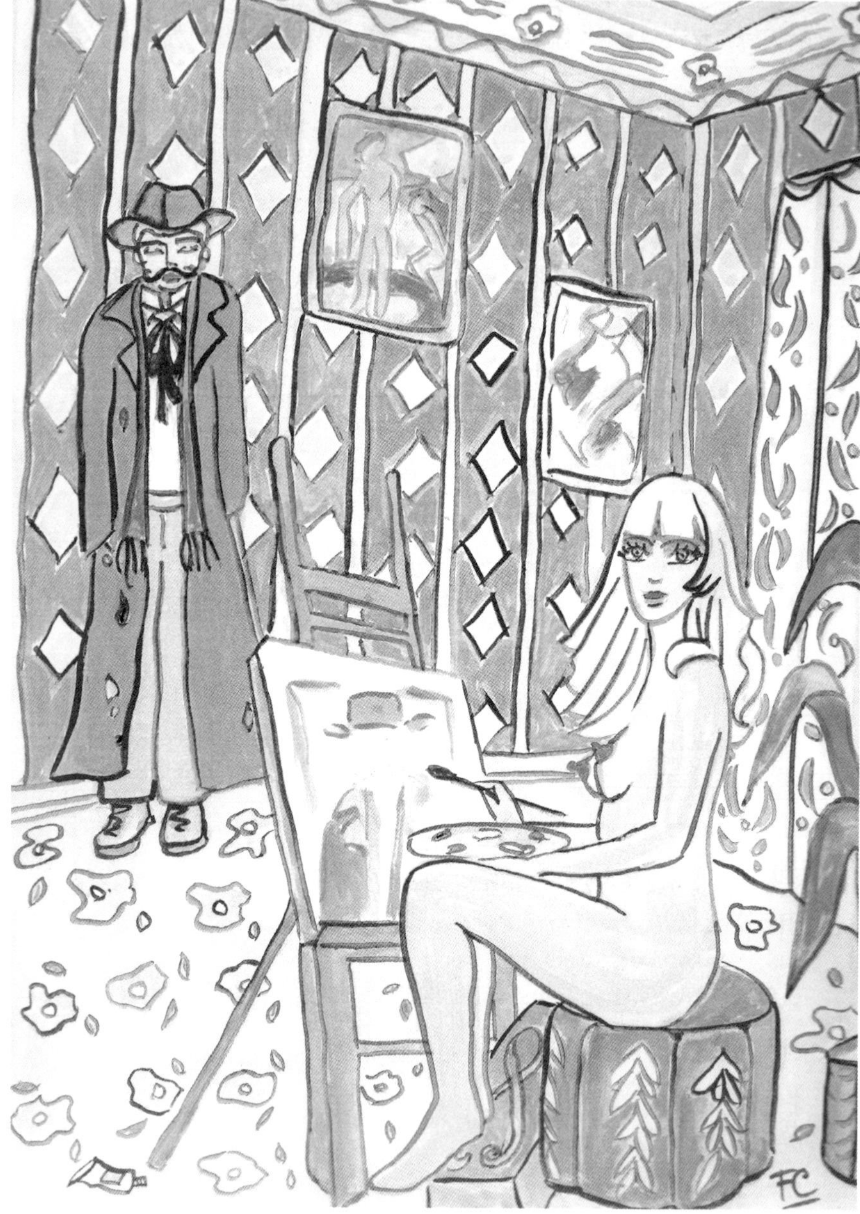
FC

»Frauen, die davonritten«

Erzählungen, 2007

In jeder Kurzgeschichte ist die Hauptperson eine Frau (oder ein Mädchen), die in Ich-Form erzählt und einen Einblick in ihren eigenwilligen, »ver-rückten« Geist zulässt. Die Geschichten sollen fantasievoll, absurd, komisch, manchmal rührend werden.

Es folgt eine Aufzählung von Ideen, die ich versuchen will auszuführen. Manche Hauptpersonen sind berühmt, andere nicht.

1. Colette: Eine fiktive Begegnung mit der Schriftstellerin Colette. Die Ich-Erzählerin ist eine von Colettes lesbischen Freundinnen.

2. Eine bunte Welt: Besuch bei der Malerin Dorothy Ianone. Der Eindruck, den ihre Bilder erwecken. (Oder: Ein Portrait der Malerin Beth Love.)

3. Die Domina: Ein Tag im Leben einer holländischen Domina in New York. (Die Videokünstlerin S.M. van der Linden.)

4. Madame Bovarys Tochter: Emmas Tochter (ein Kind) beobachtet ihre Mutter. (s.: Gustave Flaubert.)

5. Das Glück: Ein schizophrener Anfall. Das großartige Gefühl, das er entstehen lässt. (s.: Unica Zürn.)

6. Die Terroristin: Das Portrait einer ehemaligen Terroristin. (Grundlage: Gespräch mit der Regisseurin Margit Czenki über Frauengefängnisse.) Oder:

   In der Frauenarmee: mit Valerie Solanas als Generalin (cf: »S.C.U.M.«)

7. Die Gouvernante: Eine abergläubische Frau, die an Zahlenmagie glaubt. (s.: Novelle »Montags fängt immer mein neues Leben an« in der Amelie Fried-Rowohlt-Anthologie.)

8. Alt!: Eine älternde Sängerin ist über ein hässliches Foto von sich in der Zeitschrift »Gala« entsetzt. Die Ich-Erzählerin, früher eine umwerfende Schönheit, wird von Panik ergriffen. Ab dann beginnt die minutiöse Beobachtung ihres körperlichen Verfalls.

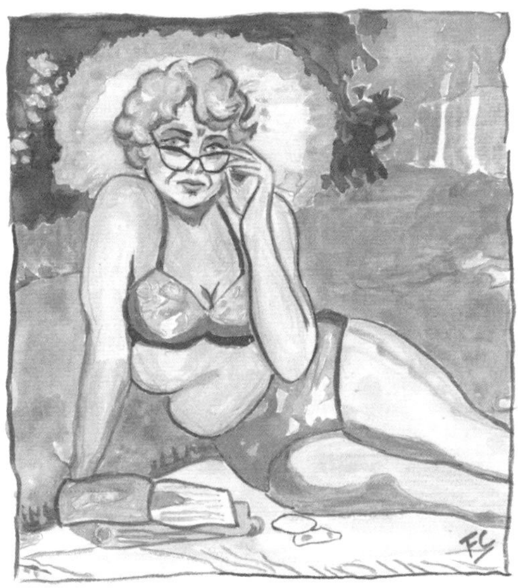

9. Die sanfte Mörderin: Eine respektable Dame lässt ihren Ehemann umbringen. Oder besser:

   Das Kind: Eine alte Dame, die als respektabel gilt, freut sich ungemein über den Tod ihres Ehemannes. Die fröhliche Witwe ist vollkommen kindisch.

10. Der durchsichtige Baron: Eine einsame Frau fantasiert. In ihrer Wohnung inszeniert sie schräge Begegnungen mit einem charmanten Baron, der in sie unsterblich verliebt wäre.

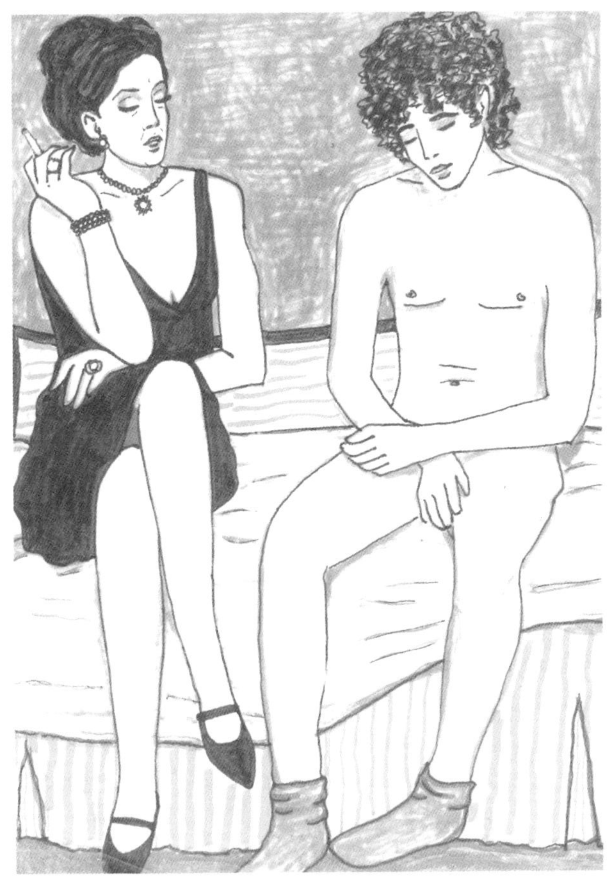

11. Die Neiderin: Die Ich-Erzählerin, eine egozentrische Person, hasst die ganze Welt, sobald sie nicht deren Mittelpunkt ist. Diese Kurzgeschichte soll sehr übertrieben und dadurch sehr komisch werden.

12. Die Göre: Ein respektloses, lustiges, anarchistisches Mädchen aus dem proletarischen Milieu.

13. Liebe im Kosmos: Die Ich-Erzählerin ist ein Luftwesen von einem anderen Planeten.

14. Verloren: Eine Frau, die sich in der modernen Welt nicht zurechtfindet. Die Großstadt ist ein Labyrinth für sie. (s.: Jacques-Tatis-Filme.)

15. Schüchtern: Eine einsame Frau, die es nicht bleiben möchte. Doch durch ihre Schüchternheit verspielt sie all ihre Chancen.

16. Die Süchtige: Eine in jeder Hinsicht exzessive Frau (tabletten- und alkoholsüchtige Schauspielerin oder Musikerin), die sich eifrig selbst zerstört. Als sie mit fünfzig ihre Politoxikomanie aufgibt, tut sie es mit demselben Eifer und wird fast zur Nonne.

Man könnte denken, dass extreme Personen ausgesucht wurden, um wie in TV-Talkshows auf Schockeffekte zu setzen. Doch es geht mir nicht darum, voyeuristische Bedürfnisse zu befriedigen, sondern darum, eine Reise durch die Innenwelt von Außenseiterinnen anzubieten, die von absoluter Freiheit träumen, kindisch geblieben sind und darunter leiden, dass sie »daneben« stehen und allein sind. In jeder Kurzgeschichte wird eine Situation geschaffen, die diese Personen zu extremen Reaktionen zwingen (»davonreiten«, im wörtlichen wie im bildlichen Sinne.) Auf amüsante Weise will ich über die *Unmöglichkeit des Seins* schreiben.

Die Frau in der Musik

2012

Die Frau in der Musik ist nervig
Die Frau in der Musik ist lästig
Die Frau in der Musik ist chaotisch
Die Frau in der Musik ist hysterisch

Die Frau in der Musik in der Musik stört immer ...

Sie sollte sexy Unterwäsche tragen Tag und Nacht
Und Lieder trällern über sexy love Uh uh ah!
I love love love you über alles
My my my my, my Führer

Die Frau in der Musik
Ist die Bum-Bum-Bassistin
Die Frau in der Musik
Entspricht den Fantasien (oder auch nicht)
Die Frau in der Musik ist perfekt
Eine Hure in der Küche, eine Köchin im Bett

Die Frau in der Musik stört immer ...

Die Frau in der Musik
Am Mikrofon
Singt wie eine Nonne
Wie ein Engel, wie eine Mutter
Die Frau in der Musik ist perfekt
Eine Hure in der Küche, eine Köchin im Bett

Die Frau in der Musik stört immer ...
Die Frau in der Musik ist hysterisch!

Hör dir deine Hormone an!

2016

J.J. ist mein ältester Freund. Früher sah er aus wie ein Schimpanse, jetzt wie ein Gorilla, das ist das Werk des Alters. J.J. ist »der Sohn des Schmuckladens«. Er und sein Freund Marco haben mich vor Jahrzehnten gekidnappt und mir ohne mein Einverständnis mit einer Art Pistole Löcher in die Ohren geschossen. Diese »Pistole« war die neue supermoderne Errungenschaft des Schmuckladens. J.J.s Vater war immer auf See, seine Mutter kümmerte sich um den Laden. Sie war sehr, sehr nett und ähnelte Jackie Kennedy. Weshalb ich absolut gegen Löcher in den Ohren war: Ich wollte bitte keine Ohrringe. Denn in der Mädchenschule gab es ganz brutale Tanten, die sich an die Kreolen-Ohrringe hingen und die Ohrläppchen zerrissen. Blut und Tränen: Ich bin nur einmal im Jahr maso.

Wie fast alle Franzosen wohnt J.J. in Paris. Wenn ich in den Burgund fahre, um meine Mutter zu besuchen, hoffe ich immer, dass J.J. gerade seine in unserem Dorf besucht, damit ich ihm meine neue Schallplatte bringen kann.

»Hier, J.J., meine neue Scheibe!«

»Oh! Oh! ...«

Er freut sich für mich, aber leidet doch ein bisschen, weil er, der beste Gitarrist überhaupt, noch keine einzige veröffentlicht hat. Es tut mir nicht leid. Es gibt doch manchmal so etwas wie Gerechtigkeit in unserem sinnlosen Leben.

Ich mag J.J., seine natürliche Arroganz. Er ist so unverschämt, dass es großen Spaß macht, mit ihm durch die Gegend zu ziehen. Bei meinem letzten Besuch in unserem Dorf La Grenouillère gingen wir zur Kirmes, ein beispiellos langweiliges, mickriges Fest. Wir saßen da auf einer Bank und sahen ein paar Bauern zu, die sich als amerikanische Cowboys verkleidet hatten und Volkstänze aufführten. Das war wirklich nicht der Schwanensee. Neben uns saß eine ältere Dame mit einem großen weißen Hund, und der dumme J.J. sagte immer wieder: »Oh! Was für ein schönes Schaf, bäh ... bääh ...«

Als wir Teenies waren, fuhren wir mit dem Bus zum Gymnasium in die nächste Stadt. Uns gegenüber saßen zwei Damen. J.J. furzte. Es war einer dieser miesen diskreten Pupse, die unhörbar sind und wahnsinnig stinken. Dann fing er an, eine der beiden Damen zu fixieren, mit dem Kopf zu wackeln und entschuldigend zu lächeln, um den Eindruck zu erwecken, sie sei der Ursprung des unerträglichen Gestanks.

Bei diesen Erinnerungen an J.J. fällt mir auf, dass er am liebsten Frauen und deren Hunde lächerlich machen will. Es liegt wahrscheinlich daran, dass er zu hässlich ist, den Frauen zu gefallen, aber dennoch ihre Aufmerksamkeit erregen will. Mich hat er früher mit seinen spöttischen Fragen immer verlegen gemacht, ich wurde rot, blieb stumm wie ein Fisch, ärgerte mich unendlich, aber mir fiel keine geistreiche Antwort ein. Oder erst in der Nacht, leider zu spät: »Und Tack! Hätte ich geantwortet. Das hätte ihm den Schnabel zugeschnürt.«

Als wir Teenager waren, hingen wir alle bei J.J. herum. Weil es dort am coolsten war. Jackie Kennedy und ihr Mann – wenn er überhaupt zurück war von der See – hatten nichts dagegen, dass wir Rockmusik total laut hörten, und auch nichts dagegen, dass wir kifften. Wir kifften nur, tranken aber nichts, denn das Trinken war mehr die Sache der stumpfen Bauern, die auf ihren Mopeds vor dem »Café des Sports« rumhingen. Wir aber waren eine besondere Bande, mit politischen Meinungen und künstlerischen Ambitionen. Zur Bande gehörten außer J.J. und mir der schon erwähnte Marco, der sich indessen totgesoffen hat – er muss irgendwann seine Einstellung zum Teufel Alkohol geändert haben –, Rose, der jetzt Philosophieprofessor ist, was ziemlich überraschend ist, da er von jeder Schule flog, David, der in Paris Bildhauer war und nur am Wochenende erschien. Hin und wieder kamen noch hinzu mein großer Bruder Paulus, der zur vollen Zufriedenheit meiner Eltern sehr vernünftig war und uns deswegen nur bis zum ersten Joint ertrug, J.J.s großer Bruder J.M., der etwas zurückgeblieben war und manchmal grundlos kreischte oder auf allen vieren kroch, und meine beste Freundin Sabine Raf, ein sehr hübsches blondes Mädchen aus Deutschland, indessen an Brustkrebs gestorben. Sabine kam selten vorbei, denn sie wohnte nicht in La Grenouillère und mochte die Jungs nicht: zu albern, J.J. ganz besonders! Ach, und ich vergesse noch die Brüder Goodyear, die beide total zerstreut waren und nur Blödsinn erzählten. Der eine ist tot und begraben. Er hatte einen selbstmörderischen Autounfall. Der andere ruft mich hin und wieder an und erzählt immer noch Blödsinn.

Es war die Zeit der Hormone. Statt veau aux carottes (Kalb mit Karotten) aßen wir veau aux hormones. Ich selber musste auch Hormone nehmen, weshalb, habe ich nie richtig erfahren, gut, dass mir keine schwarzen Haare auf der Brust gewachsen sind. Wegen dieser Mode kam mir die Idee, unsere Band die Hormone zu nennen. Das sagte ich zu den Jungs, als wir eines Nachmittags auf J.J.s Teppich saßen und kifften. Seit ein paar Wochen war der Plan entstanden, eine Musikband zu gründen. Keiner konnte Englisch, aber es wurde vereinbart, dass wir in einem »Scheinenglisch« singen würden, in dem Stil »My grandfather was rosbif«, und da keiner Ahnung von Musik hatte, außer J.J., der als Kind Pianolektionen erhielt, als seine Eltern noch davon träumten, aus dem kleinen Affen einen zweiten Mozart zu machen, wurde entschieden, dass wir einfache Musik im Stil »Papa geht scheißen« machen würden, das heißt einfache Coverversionen von einfältigen Bands wie Status Quo oder Bad Company.

Wir sahen uns schon alle wie Charles Aznavour »oben auf dem Plakat«. Die Jungs ließen sich extra die Haare lang wachsen, was einen ewigen Krieg mit den Eltern bedeutete. Keiner mehr wollte zu Trémouille, dem Dorffriseur, dessen Devise lautete: »Drei Zentimeter vorne, *rasibus* hinten«. Und mir verpasste er gern Dauerwellen, die sogar meine Tanten altmodisch gefunden hätten. Ich musste mich auf dem Rückweg vom Friseur in kleinen dunklen Gassen verstecken und hoffen, dass ich keinen Bekannten treffen

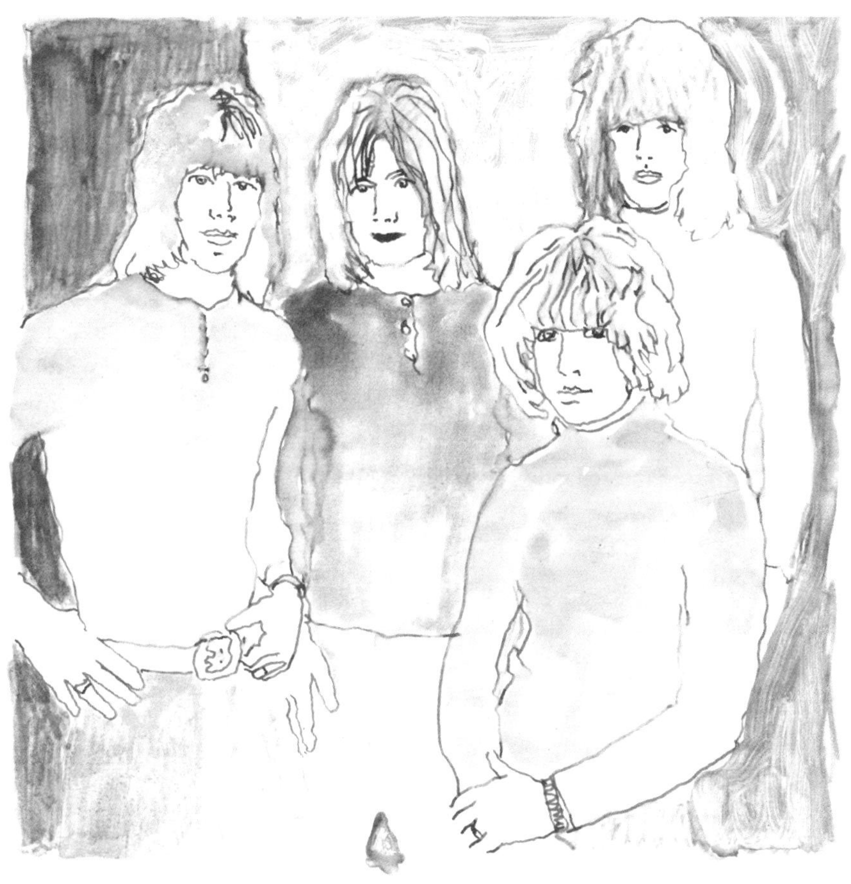

würde. Zu Hause angelangt schloss ich mich im Badezimmer ein und bearbeitete stundenlang die bescheuerte Frisur. Kopf unter Wasser, Haare mit dem Kamm lang ziehen, hier und dort zerschnippeln, mit Handtüchern platt drücken etc. Bald war ich die neue Dorffriseurin. Alle modernen Jungen kamen in meinen »Salon«, weil bei mir immer mindestens ein Zentimeter Haare über den Ohren blieb. Ich war ziemlich gut, wenn man ein paar Unfälle vergisst, die mit blutigen Ohrläppchen endeten.

Über Bühnenoutfits wurde auch viel diskutiert, denn mit ihrem neuen Wesen als Musiker hofften alle Jungs, sehr viele Mädchen aufzureißen. David war mein allererster Boyfriend. Mit dreizehn hatte ich ihm meine »Blume« zum Geburtstag geschenkt. Natürlich nahm ich die Pille nicht und kann nur froh sein, dass er der King des Coitus interruptus war (ansonsten hätte ich nach Holland reisen müssen, oder ich würde jetzt diese Story meinen Enkeln auftischen). Aber die Tatsache, dass David mein Boyfriend war, änderte nichts an unserem Verhältnis zu den anderen. Wir waren niemals allein. David ließ unsere Kumpels teilhaben an unserer Liebesstory, indem er sie dazu einlud, sich hinter Gebüschen zu verstecken, wenn wir irgendwo in der Natur im Gras lagen und uns streichelten und Petting machten. Ebenfalls bat er mich oft darum, J.J., Marco und Rose zu küssen und anzufassen, was ich ohne Widerrede tat, es leben die Hippies! Wir machten also wirklich alles zusammen: Musik hören, rauchen, plaudern, uns im Kirchenturm verstecken, Sex haben, LSD-Trips schmeißen etc.

Das Wichtigste für uns war die Musik. Wir hatten kein Geld, und wenn einer eine neue Platte ergatterte, kopierten wir sie auf Kassetten. Nie wieder nach dieser Epoche war ich dazu fähig, mir wochenlang sechs Stunden am Tag dieselbe Kassette anzuhören. Die Musik machte die Eltern verrückt, deswegen war sie gut. Die Musiker hatten lange Mähnen und traten halbnackt auf, deswegen waren sie gut. Da wir also alles zusammen machten, fiel ich aus allen Wolken, als ich eines Tages begriff, dass ich in der zukünftigen Band nicht vorgesehen war.

In den Sommerferien hatte ich einen beschissenen Job angetreten in einem Scheißschloss, in dem ich von indiskreten, uncharmanten Bourgeois ausgebeutet wurde. Nach ein paar Tagen warf ich mich selber hinaus, denn mein Stolz verbot mir, von den Schlossherren und deren Brut für einen Esel gehalten zu werden. Man hatte mich als Gouvernante eingestellt und beschäftigte mich als Putzfrau und Köchin, die auch an einem separaten Tisch essen musste und der man noch erklären wollte, wie man eine Gurke schält. »L'honneur était sauf«, die Ehre war gerettet, nur war mein Projekt, eine elektrische Gitarre zu ergattern, sehr gefährdet. Um das Geld zusammenzuraffen, arbeitete ich dann in einer Fabrik, und diese Erfahrung war so niederschmetternd, dass ich mir vornahm, in Zukunft ein bisschen besser zu studieren.

Als der Herbst kam, hatte ich eine Gitarre, aber die Jungs brauchten keine Gitarristin. Ohne mir Bescheid zu sagen, hatten sie schon eine Band gegründet unter dem Namen Hormones. Sogar wenn Weiber in der Musik nicht zu gebrauchen sind, kann man zumindest ihre Ideen mopsen. Die schöne Sonne hatte ich verpasst, ich war noch so weiß wie Aspirin, während die braunen Playboys aufgeregt Zukunftspläne schmiedeten. Ich habe mich schon immer geweigert, irgendwas aus meinen Fehlern zu lernen, aber diesmal musste ich doch zwei Lektionen memorieren: dass die Abwesenden immer im Unrecht sind und dass Arbeit für die Katz ist. Nicht nur hatte ich die Anstrengung der »entfremdeten Arbeit« am eigenen Leib erfahren, sondern auch deren Nutzlosigkeit.

Sie sagten zu mir:

»Lege dich aufs Piano
Öffne weit deine Ohren
Höre unsere Töne!
Höre deinen Hormonen zu!«

Nicht mal singen durfte ich.

»Vergiss es, du kannst nicht singen, es nervt schon total, wenn du beim Musikhören alles mitsummen musst!«

Nicht mal summen durfte die Biene.

Ich begriff endlich, dass die Jungs keine Sekunde daran gedacht hatten, mich in der Band zu haben, aus dem ganz einfachen Grund, dass ich ein Mädchen war. Das war unerwartet und schockierend für mich. Über den Geschlechteraspekt hatte ich keine Sekunde nachgedacht. Seltsam tatsächlich, bizarr ...

Ich blieb ihre Freundin und verpasste kein Konzert. Alle Mädchen fuhren auf den Schlagzeuger ab, meinen Boyfriend David, der wirklich fantastisch aussah mit seinem blonden Afro und seinen Pariser Schlaghosen. Die anderen hatten aber nicht den erwarteten Erfolg. Rose, der Sänger, war unglaublich groß und mager. Er schämte sich etwas, und seine Bewegungen waren linkisch: Er schaukelte ein wenig hinter dem Mikroständer, sein Englisch war miserabel, es war ein unfassbares charabia (Kauderwelsch), das er da von sich gab, aber wann und wo hätte er Englisch lernen können, wenn er von jeder Schule flog? (Das tat er extra, um seinen Vater zu ärgern, den er hasste, weil er ihn schlug.) J.J. sah immer noch aus wie ein Affe. Er spielte auf meiner Gitarre, die besser als seine war. Ich hatte seine geerbt, ein hässliches, wetterfühliges Teil, das sich ständig verstimmte. Mit meinen »Wandervogel«-Songbüchern übte ich allein zu Hause. Ich summte Lieder von den Beatles und Joan Baez, die wir immer »John baise à toute heure« nannten: John fickt zu jeder Stunde. Wenn er Gitarrensolos spielte, machte J.J. erschreckende Grimassen, das hatte er sich bei irgendeinem Rocker namens Gary Moore abgeguckt. Während seine Klampfe »kui kui« machte wie ein verletzter Vogel, tat J.J. so, als ob er gleich im siebten Himmel landen würde, es war pathetisch, ich schämte mich für ihn.

Als treuer Fan stand ich bei den Konzerten immer in der ersten Reihe, haargenau in der Mitte. Hin und wieder begleitete mich Sabine. Von dort aus riefen wir »Marcus! Marcus!«, denn wir hätten es cool gefunden, wenn der schüchterne Bassist den Kopf einmal hochgehoben hätte. Er glotzte die ganze Zeit auf sein Brett, weil er fürchtete, mit den vier Saiten durcheinanderzukommen.

Kurzum: Aus der Band wurde nichts. Jahrelang tingelten die Hormone von einem Kaff zum nächsten, immer nur im Burgund. Mein großer Bruder Paulus reiste mit als Beleuchter. Auf dem Dachboden hatte er ein Pult aus alten Brettern gebastelt. J.M. nahm sie auf: eine Katastrophe!

Ob die Hormone mit mir Erfolg gehabt hätten, ist natürlich fraglich. In aller Bescheidenheit rufe ich: Ja! Zumindest hätten sie mehr Fantasie als die damaligen Rockmusiker bewiesen. Denn Rock-Tourneen rochen hauptsächlich nach Käsesocken.

J.J. klimpert immer noch, Marcus hört sich die Musik der Engel an, David hat sowohl die Bildhauerei als auch die Tomtom-Hauerei aufgegeben und widmet sich dem »Handel«, Rose philosophiert im Stillen.

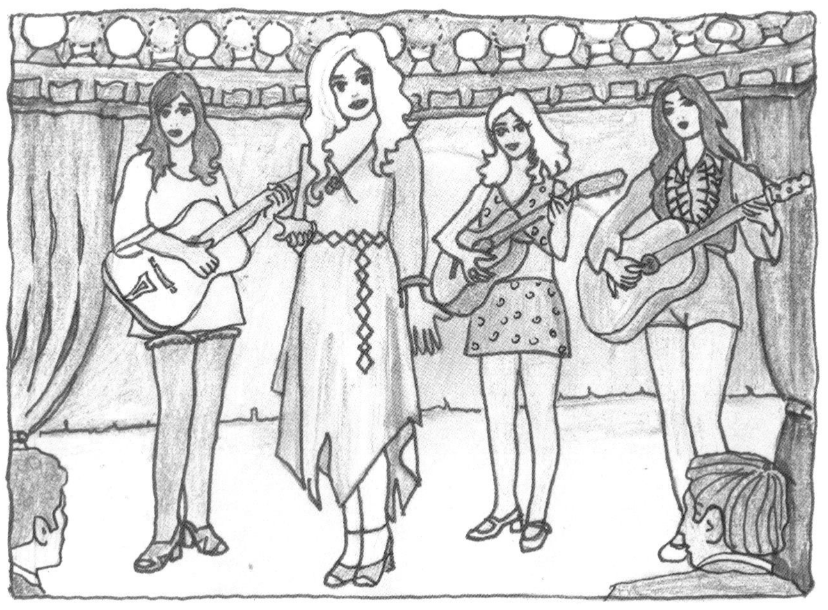

Und ich nehme eine Schallplatte nach der anderen auf.

»Hier, J.J., meine neue Scheibe!«

»Oh! Oh! ...«

Auf dem Cover sitze ich nackt auf einem toten Hund. Jackie Kennedy findet das sehr hübsch.

P.S.: Vergesst mich nicht!

Ich ficke nicht mehr
ch f nicht mehr
h f nicht mehr
nicht mehr
icht mehr
cht mehr
ht mehr
t mehr
mehr
ehr
hr
r
♥

Komplex mit dem Sex

2007

Ich habe einen Komplex
Mit dem Sex
Meine Libido ist ein Fiasko ...
Ich weiß nicht
Bin ich ein Mann
Bin ich 'ne Frau, bin ich ein Tier?
Ich habe einen Komplex
Mit dem Sex
Meine Libido ist ein Fiasko

Weder obszön
noch abstinent
nymphomanisch
noch »continent«
Weder sado-maso
noch Onanist
noch voyeuristisch
noch Fetischist
Ich bin keine,
die sich sofort hinlegt
Und auch keine,
die gleich wieder aufsteht
Dennoch muss ich zugeben
Mein Sexleben ist schwer
zu beschreiben:

Ich habe einen Komplex
Mit dem Sex
Meine Libido ist ein Fiasko ...

Ich weiß nicht,
wo ich es tun soll
Außen, innen,
im Park, im Lift?
Ich habe ein Geheimnis
Bin eine Frau mit Penis
Ein Mann mit Titten
Ein Tier mit bösen Sitten
Ich bin maskulin, feminin
Schizophren, hysterisch
Androgyn, Hermaphrodit
Ich bin ein Monster
Sicher kein Roboter
Dennoch sehr unsicher
Denn ... mmmh ...

Ich habe einen Komplex
Mit dem Sex
Meine Libido ist ein Fiasko ...

Letter to Chuck

2007

Dear Chuck,

you expended even more calories writing this bad, bad letter to us. Anyway, thanks a lot. We appreciated your passionate writing style. Sorry that you don't like our music – or yawling or noise or however you wanna call it – but really: There is enough stuff to hear, specially in your country, so that I think you're ruining your nerves for nothing. Our band is not so successful that you would hear it when you turn your radio or TV on. So, calm down and forget it. It's only freedom of expression: Some people make music that you like, some people make music that you hate. I don't want you to understand or appreciate our songs. I think you must be a funny guy – but with a horrible taste. And some of your arguments are ridiculous. How can you scream, that somebody is not singing in your native language, while we hear in Europe all this American stuff all the time? Anyway, I'm French and sing not only in German, but in French and Italian too – in case you couldn't hear the difference. Now could you write a hate-letter about French people? I'd like to collect your polemics.

Please go back to your clean, overproduced, commercial, adult US-sounds and cool down.

Françoise Cactus (Stereo Total)

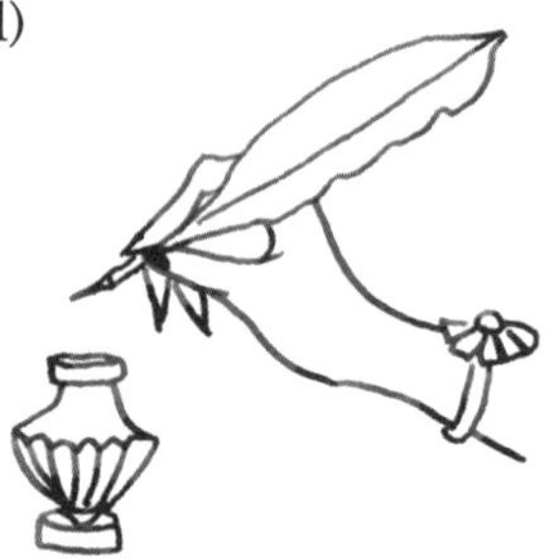

Ein Lied für Vegetarier

2012

Heute früh verlass' ich das Haus
Die Leute sehen wie Gemüse aus
Frau Karotte, Herr Kartoffel gehen Hand in Hand
Der dicke Kohl guckt zu: Da kommt noch jemand!

Familie Mangold, Ja, Guten Morgen
Der Kleine ist groß und seine Blätter
Auf der Birne sind sehr schön grün geworden
Er wurde begossen, nun geht es ihm besser

Und wer kommt da vorbei? Fräulein Spargel
In Begleitung eines jungen Gemüsen
Genannt Erbsenklein, und der Gipfel:
Jeden Tag muss sie einen neuen verführen

Mal ist das ein Radieschen, mal ist das ein Spinat
Mal ist das ein Spinat, mal ein Radieschen
Vorm Mund nehme ich kein Blatt
Und sage es, wie ist:

Diese lange Spargel
Ist die größte Nutte
Unter den Gemüsen
Diese lange Spargel ...

Mit Erde an den Füßen, platt wie ein Salatblatt
Hässlich wie ein Rettich, dünn wie eine Bohne
Schämt sie sich nicht und wandert durch die Stadt
Stolz wie ein Kürbis, welch eine Sexkanone!

Hier werde ich keine Wurzeln schlagen
Hier werde ich keine Wurzeln schlagen
Herrn Porree, Frau Aubergine kann ich nicht mehr sehen
Über ihre Köpfe muss eine Bombe platzen
Der Gemüsegratin wird mir gut schmecken

Heute früh verlass' ich das Haus
Die Leute sehen wie Gemüse aus
Frau Karotte, Herr Kartoffel gehen Hand in Hand
Der dicke Kohl guckt zu: Da kommt noch jemand

I love asparagus!

2010

hallo alex!
hier das rezept für die sauce (für spargel & kartoffeln):

du nimmst ein »bol« (große tasse oder kleine salatschüssel). du brichst ein ei entwei. das gelbe kommt ins bol, das weißeins müll, bzw. in den abfluss. einen teelöffel extra-scharfen senf, eine prise salz, eine kleingeschnippelte knoblauchzehe ins bol geben. die ganze zeit drehst du mit dem kleinen löffel regel- und zenmäßig nach rechts. nun lässt du das olivenöl in einer art dünnen flusses in das bol fließen. immer noch drehst du regelmäßig nach rechts. du siehst, wie die sauce immer dicker wird. wenn du genug sauce hast, stellst du das olivenöl weg. nun gibst du noch einen halben löffel essig hinzu und eine frische kraut deiner wahl (am besten schmeckt schnittlauch). ab in den kühlschrank. fertig ist der lack. diese sauce schmeckt auch exzellent zu fischfilet. allerdings ist es dann ratsam, den schnittlauch durch kapern zu ersetzen.

bon appétit und bonne nuit wünscht dir
deine françoise
& viel glück in der liebe

Comment cuire les pommes de terre en robe des champs
(s. Ginette M.)

Plötzlich ist alles anders

1999

Ich war kalt wie ein Kühlschrank
Und steif wie ein Besenstock
Traurig wie eine Schlafmütze
Öde wie die Wüste

Ich sprach nie, wie ein Grab
Lachte niemals, wie eine Tür
Tanzte nie, wie ein Stuhl
War unglücklich wie ein Stein

Mein Herz war hart wie Eisen
Mein Haar fad wie der Regen
Meine Haut rauh wie Kreide
Meine Brust platt wie ein Brett

Ich war kalt wie ein Kühlschrank
Und trist wie eine Autobahn
Grau wie ein Elefant
Träge wie ein endloser Tag

Kalt ... steif ... traurig ...
Öde ... stumm ... langweilig ...
Plötzlich ist alles anders!

Ich bin heiß wie ein Ofen
Gelenkig wie eine Schlange
Fröhlich wie ein Spatz
Und amüsant wie ein Affe

Ich rede wie ein Papagei
Und tanze wie ein Kreisel
Lache, mich so schön zu sehen
Bin glücklich wie ein Fisch im See

Mein Herz ist weich wie Watte
Meine Haut so sanft wie Samt
Meine Brüste sind rund wie Brötchen
Mein Haar glänzt wie Diamant

Ich bin heiß wie ein Ofen
Und ich bin froh wie ein Fink
Rosa wie eine Rose
Schnell wie eine Rakete

Heiß ... weich ... rosa ...sanft ...
Schnell ... glänzend ... amüsant ...
Plötzlich ist alles anders!

Heiß ... weich ... fröhlich ...
Gelenkig ... gesprächig ... glücklich ...
Plötzlich ist alles anders!

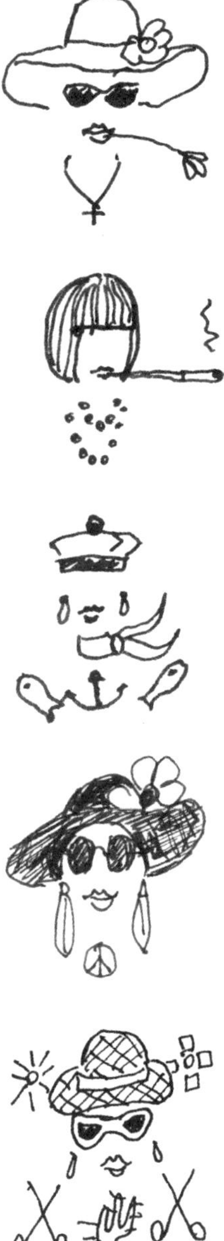

Berlin bei Night

2007

Es gibt Filmemacher, die viel zu viele amerikanische Serien gesehen haben. Wenn sie Berlin bei Nacht darstellen, flitzen Lichter an mir vorüber und ich werde geblendet von blinkenden Leuchtreklamen. Dabei ist Berlin eine stockdüstere Stadt. Am besten wurde sie im Film »Wir Kinder vom Bahnhof Zoo« dargestellt.

Kurz nachdem der gedreht wurde, bin ich hierhin gezogen. Mitten im Winter. Das war ein Schock! Beton, Metall, Ruinen, vernarbte Fassaden mit Einschusslöchern. Alles kalt und grau. In der B.Z. stand, dass die Ohren der Ostwächter erfroren wären. Stößt man nur leicht gegen ein gefrorenes Ohr, so zerfällt es in hundert Stücke. Ich hatte einen Wintermantel aus Frankreich mitgebracht. Das war eher ein Regenmantel, nur dass er Wasser durchließ. In der U-Bahn wurde eine Berliner Oma – eine richtige »Trümmerfrau« – von Mitleid ergriffen, schleppte mich mit zu sich und schenkte mir einen zwanzig Kilo schweren Persianer, grau wie der Himmel aus Stahl. Mit einem riesigen runden Kragen, Nachkriegsmode!

In der Zeit wusch ich mir die Haare nie. Ich hatte sie mit Crazy Colors blau gefärbt, und sobald man blaue Haare wäscht, werden sie grün, und das sieht dann aus, als ob man einen Kohlkopf hätte. Stattdessen schmierte ich alles Mögliche in die Mähne hinein, Kernseife aus Marseille, Drei Wetter Taft, damit die Spitzchen schön nach oben zeigten. Die richtigen Punkrocker zögerten nicht, ihren Iro mit Autolack zu befestigen.

Jede Nacht ging ich aus. Ins Risiko, gleich hinter den gruseligen Yorckbrücken. Heute sehnen sich alle nach der »Risikozeit« zurück und behaupten, es sei dort wunderbar gewesen. Ich aber kann mich erinnern, dass sie jede Nacht gestöhnt haben, wie langweilig und doof und öde es schon wieder sei. Natürlich! Die Gäste redeten

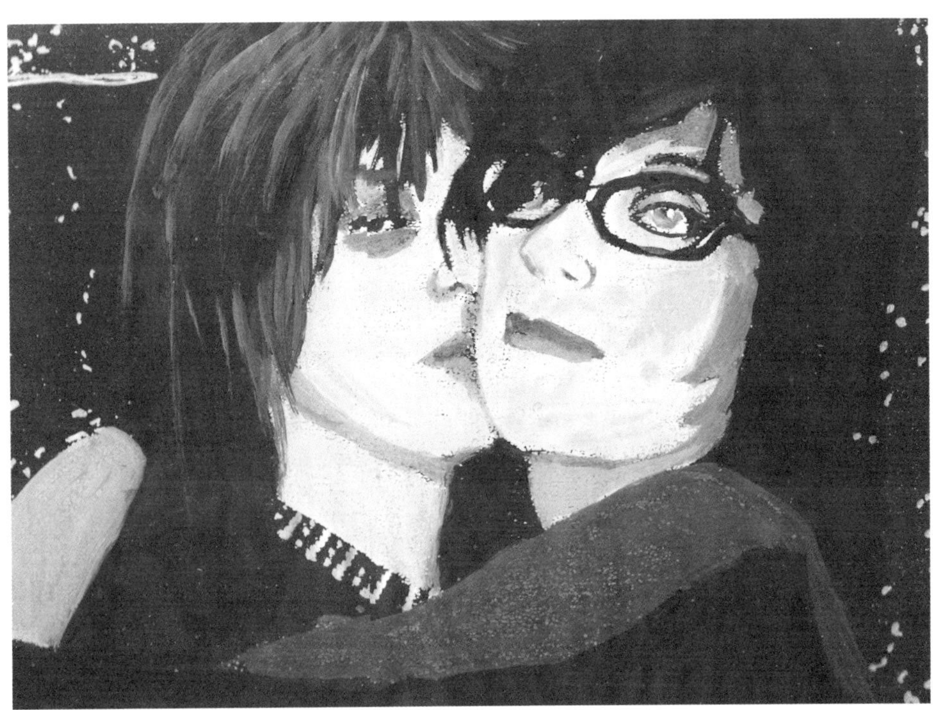

nicht miteinander. Sahen aus wie Vogelscheuchen oder eher wie Vampire. Kreideblass, mit blutroten Lippen und pechschwarzen Klamotten. Keiner dachte, er würde die Dreißig überschreiten. Endzeitstimmung! Der Atomkrieg stand bevor, die Welt würde bald zerbersten, also gab man sich richtig die Kante. Die Musik war düster, deprimierte Sänger mit tiefen Stimmen wiederholten obsessiv denselben Satz, dahinter dumpfer Krach. Wenn wir am frühen Morgen die Bar verließen, blinzelten wir nicht, denn es gab nie einen einzigen Sonnenschein.

In der U-Bahn trafen wir die Menschen, die zur Arbeit fuhren. Sie hassten uns, aber waren noch zu verschlafen und schimpften nicht. Lieber vergruben sie ihre Gesichter in der neuen B.Z., wo auf der Titelseite ein Auto brannte und irgendwelche Gemeinheiten über »Die Chaoten« zu lesen waren.

Ich wohnte ganz nah an der Mauer. Von meinem Zimmer aus

konnte ich in den Osten sehen. Mann! War das dort dunkel! Noch dunkler als in Westberlin. Ob die da drüben überhaupt Elektrizität hatten?

Zwei französische Maler, Thierry Noir und der »taubstumme« Christophe Boucher, hatten sich in den Kopf gesetzt, die ganze Mauer anzupinseln, und ich traf sie immer mit ihren Farbeimern und Leitern. Wenn er mir freundlich auf die Schulter klopfte, hinterließ Christophe dicke Flecken auf meinem Persianer.

Eines Nachts, das Risiko gab es schon lange nicht mehr, standen wir vor dem Ex & Pop, in schwarzen Gewändern und stumm wie Fische. Da kam ein Bekannter vorbei und behauptete, die Mauer sei »runtergefallen«. Wir fassten uns an den Kopf und schwiegen weiter. Dann sahen wir einen »Trabant« vorbeihumpeln, unglaublich, aber wahr!

Heute sind meine Haare rot. Rot hält viel besser als blau. Tagsüber bin ich im Fitnessstudio und nachts gehe ich aus. Ins Möbel Olfe, eine Gaybar am Kottbusser Tor. Ganz aus Beton, aber mit viel Dekoration. Die D's legen amüsante Musik auf, Elektrohits, Schrottdisko, aber auch Musik aus den Achtzigern, wenn es gerade wieder ein Comeback gibt. Und es wird geplappert und geschrieen und gelacht und gesoffen und geraucht! Danach stinken meine Kleider wie alte Aschenbecher. Von Zeit zu Zeit springt einer auf den Tresen und tanzt an der Stange. Alle applaudieren. Berlin by night ist jetzt viel freundlicher als früher. Und die Stadt ist voller junger Touristen aus allen Ländern der Welt.

Berlin wird renoviert, man reißt Gebäude ab, stellt andere wieder hin. Die Straßen werden aufgerissen und Löcher gebohrt. Das bringt die Ratten und ihre Unterwelt durcheinander, deswegen trifft man nachts so viele, die durch die Stadt irren.

Berlin bemüht sich, heller zu wirken. Aber bei den Leuchtreklamen fehlt immer ein Buchstabe, oder zwei, das ergibt manchmal lustige Wortspiele. Selten sind die Schaufenster beleuchtet, man verpasst allerdings nicht so viel, denn die Berliner haben von Schaufenstergestaltung null Ahnung! Sie können ein vier Quadratmeter großes Fenster mit Klopapierrollentürmen dekorieren!

Gut, dass ich den alten Persianer nicht mehr habe. Er wurde von Motten gefressen. Heute würden sich militante Veganer an ihm rächen. Es schneit nicht mehr, richtig kalt wird es auch nicht, aber der Himmel behält seine graue Farbe. In manchen tristen Straßen sind die Graffiti die einzigen Farbkleckse.

Am frühen Morgen in der U-Bahn lesen die Arbeiter die B.Z. jetzt auf den Bildschirmen, die in den Wagen angebracht sind. Dort wird über »skandalöse« Ausstellungen, »kranke und perverse« Schriftsteller und über Knut den Bären berichtet.

Berlin ist alt und kaputt und neu und protzig, düster und spannend, ich liebe Berlin!

Juliette Greco

1997

Seit fünfzig Jahren trägt Juliette Greco ein hoch geschlossenes schwarzes Kleid, auf dem sich ihre schönen Hände bewegen, während sie – von einem Pianisten begleitet – singt. Eine tiefe, samtene Stimme aus dem Schatten. Ihre Chansons trägt sie distanziert vor, ohne Überschwang der Gefühle. Nach ihren eigenen Worten ist sie »erotisch mit Zurückhaltung und skandalös mit Delikatesse«. Jacques Prévert, Charles Aznavour, François Mauriac, Charles Trénet, Georges Brassens, Léo Ferré, Jean Cocteau, Marguerite Duras, Guy Béard, Jacques Brel, Serge Gainbourg dichteten und komponierten für die existentialistische Muse.

Ihre Kindheit verbrachte sie auf dem Land, wo sie bei ihren Großeltern aufwuchs. Ihre Mutter sah sie kaum, ihren Vater kannte sie nicht. Nach dem Tod des Großvaters wurde die Großmutter irrsinnig, Juliette zog zu ihrer Mutter nach Paris. Dort verbrauchte »das unerträgliche Kind« eine Hauslehrerin und Gouvernante nach der anderen.

Während des zweiten Weltkriegs schließt sie sich – wie ihre Mutter – der Résistance an und wird verhaftet. Nach der Befreiung von Paris wird sie begeisterte Genossin in einer Jugendorganisation der KP.

Juliette liebt Paris, wo sie von Hotel zu Hotel zieht, obwohl sie als kleine Theaterschauspielerin oft die Rechnung nicht bezahlen kann. Die Pariser Nächte der Nachkriegszeit sind euphorisch – in Saint-Germain-des-Prés, wo sich Künstler und Schriftsteller treffen, die sich gegen die Zwangsjacke der »guten Erziehung« wehren und in die Nacht hinein leben wollen. Die Existentialisten haben eine Vorliebe für verrauchte Jazz-Keller (La Rose Rouge, Le Café de Flore, Méphisto, Le Bar Vert, Le Trottoir). Anne-Marie Cazalis bemerkt die schüchterne Juliette, die gleichgültig wirkt, kaum lächelt und ungern spricht. Sie erkennt, dass die junge Frau ein »gewisses Etwas« besitzt und prophezeit, dass sie berühmt sein wird. Sie nimmt Juliette unter ihre Fittiche und zieht mit ihr durch die Pariser Nachtlokale und stellt sie der Pariser Boheme vor.

In der Zeitung Samedi Soir erscheint der Artikel »Höllenmenschen! Existentialisten« mit einem Foto, das Juliette Greco in Begleitung von Roger Vadim im Tabou zeigt. Bald wird das Tabou zum Attraktionspunkt neugieriger Salonlöwen. Juliette, die den Keller entdeckt hatte, verscheucht die Voyeure, beleidigt oder ohrfeigt sie, zwickt die »diorisierten« Damen in den Po. »Es gibt kein Danach in Saint-Germain-des-Prés, es gibt nur heute«, wird sie später singen. Das erste Lied, das sie öffentlich vorträgt (sie ist 22), lautet: »Scheiß-Existenz! Ich hab nichts mehr als diese Essenz, die mich definiert ...«

Die »Muse von Saint-Germain-des-Prés« hat eine Menge Liebhaber, die Liste ihrer Freunde und Bekannten ist unendlich: Sartre, Beauvoir, Camus, Boris Vian, Raymond Queneau, Steinbeck, Faulkner, Jean Cocteau , Truman Capote, Yves Montand, Simone Signoret, Jean Genet, François Mauriac, Françoise Sagan, Picasso, Aragon, Eluard, Michel Picolli, der sie heiratet ...

Später hat Juliette keine Lust mehr auszugehen, bleibt lieber bei ihren Hunden und Katzen, weil sie »alle kennt und doch keinen Gesprächspartner hat.«

Die antikonventionelle Sängerin beeinflusste Millionen von jungen Frauen. Man kopierte ihren Pagenschnitt, ihre Art, sich die Augen zu schminken: dicke dunkelbraune Eyelinerstriche, ansonsten keine Farben. Sie kreierte eine neue Mode, einen neuen weiblichen Stil: die existentielle Frau, ganz in schwarz, mysteriös, verhalten.

Gute Nacht

2001

Hier spricht Françoise Cactus vom Kochstudio des S.f.G. (Syndicat für Gegenlärm)

Heute: (Haaaaaa) Kochen mit Schmerzen

In unserer Reihe »Elektrostatische Überraschungen« das Gericht Gratin 10.000 (F) Volt.

Dieser Gratin 10.000 (D) Volt gehört zu den Speisen, die beim Opferfest für die Elektrostuhlgeister aufgetischt werden. Das Rezept hatte ich 1979 in Austin, Texas speziell als letzte Speise für Jimmy Stockhausen entwickelt.

Welche Zutaten brauchen wir?
Die Mengen reichen für sechs Agenten.
Die Liste der Ingredienzen also:
1 Sinusgenerator, gehackt
1 Ringmodulator, gewürfelt
2 Hüllkurven, feingeschnitten
3 Transistoren, geschält
240 g Theremin, aus dem Export-Import-Teleport-Peu importe?-Laden
1 kleine Steckdose pürierter Poties
1 EL gemahlener Kondensator
1 Tasse Modulationstunke
etwas Kontaktspray
1 Teelöffel Wechselstrom
2 Teelöffel LFO-Sauce (am liebsten der Marke Döpfer)
3 getrocknete Signale

Ringmodulator, Hüllkurven und Transistoren kleinschneiden und in etwas Modulationstunke andünsten, bis sie weich sind, jedoch nicht verkohlt!

Köcheln lassen und durch einen Bandpassfilter seien.

Trautonium vorheizen. Metronom auf 120 BPM stellen.

In der Zwischenzeit ein Multichor der Länge nach vierteln, dann quer in drei Kiloherz dicke Frequenzphasenscheiben mit einem Sägezahn schneiden. In Kondensator-Mehl wenden.

Das Multichor zum Kochen bringen und auf ganz schwacher Hitze garen.

Getrocknete Signale sehr fein raspeln.

Die süße SinusSauce in einer Pulswelle wärmen und darüber gießen.

Indessen das Theremin zubereiten. Haut abziehen, Theremin zerstückeln. Das Theremin sollte sehr zart sein.

Ein Frequenzintervall bei Minus 5 Volt braten.

In einem größeren Generator samt übriger Zutaten kurz oszillieren.

Nötigenfalls mit Wechselstrom triggern.

Die Masse mit Kontaktspray und gemahlenen Registern abschmecken – bzw. abschrecken.

Die Zeit einer Rückkoplung ruhen lassen.

1 Messerspitze Pinknoise, etwas eiweißes Rauschen, ein Schuss Stromschlagsahne! Fertig!

Die Agenten noch etwas schmoren lassen.

Gekühlt genießen!

Mein Serviervorschlag

Der Gratin 10.000 (F) Volt wird mit einem Halbleiterwein aus Portamento verabreicht.

Dazu passen würzige Mikrochips und ein bunter Kabelsalat mit angebratenen Widerständen der Saison.

Post-Scriptum: Sie dürfen auch eine Träne Resonance hinzufügen. Es schmeckt dann besonders delikat. Subharmonisch!

Berliner Jungs, Hamburger Jungs

2000

Wahr oder falsch? (bitte ankreuzen)

Berliner Jungs legen Wert auf gute Herzen, Hamburger Jungs auf gutes Aussehen.
Hamburger Jungs stehen auf sexy Unterwäsche, Berliner Jungs auf Frottee für Mädchen.
Hamburger Jungs tragen altmodische Slips mit Eingriff, Berliner Jungs Schlabbershorts.
Hamburger Jungs haben poppige Frisuren, Berliner Jungs kämmen sich nie.
Berliner Jungs haben öfter Glatzen als Hamburger Jungs.
Berliner Jungs sind sportlich, Hamburger Jungs »elegant«.
Hamburger Jungs mögen Secondhand-Klamotten, Berliner Jungs billige neue Kleider.
Hamburger Jungs tragen Anzüge, Berliner Jungs Jeans und T-Shirts.
Berliner Jungs sagen: »Wa, Alter!«, Hamburger Jungs »Hey! Aller!«
Berliner Jungs essen Currywurst, Hamburger Jungs Pferdewurst.
Hamburger Jungs stehen auf SM, Berliner Jungs auf Kuschelsex.
Berliner Jungs sind romantisch, Hamburger Jungs pragmatisch.
Berliner Jungs sind eifersüchtiger als Hamburger Jungs.
Berliner Jungs gucken MTV, Hamburger Jungs Viva.
Berliner Jungs lesen die B.Z., Hamburger Jungs die Mo.Po.
Hamburger Jungs stehen auf die Sixties, Berliner Jungs auf die Achtziger.
Berliner Jungs sammeln Pilze, Hamburger Jungs Muscheln.
Berliner Jungs mögen den Wald, Hamburger Jungs das Meer.

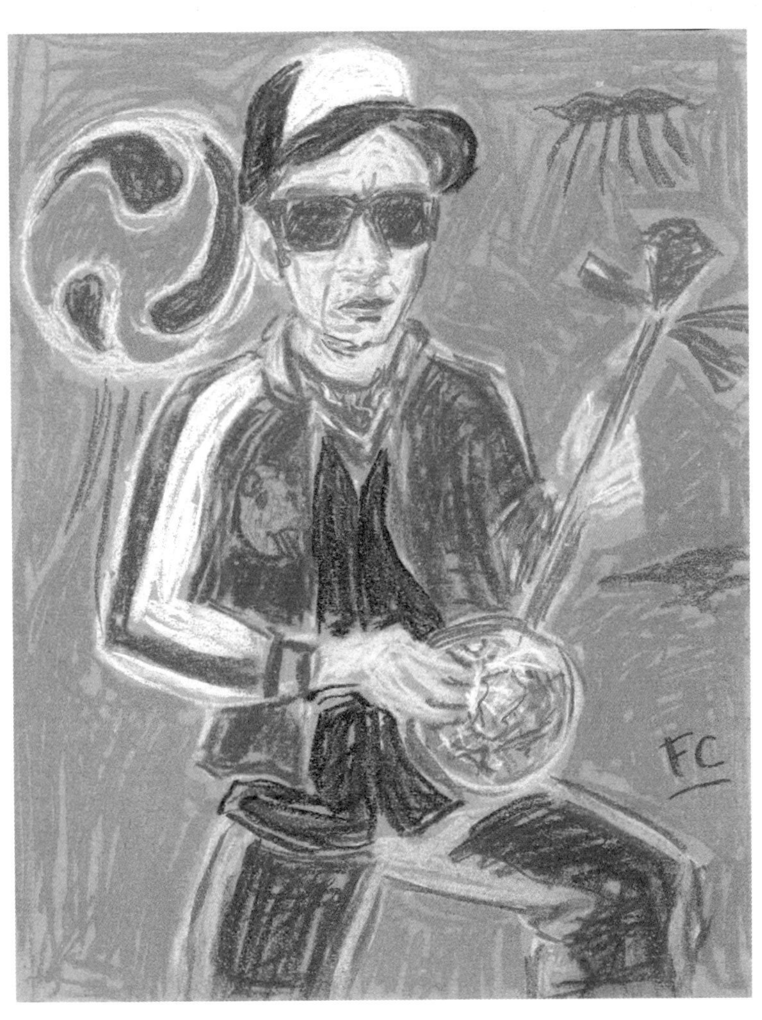
FC

Berliner Jungs lieben H, Hamburger Jungs Koks.
Berliner Jungs sind schüchtern, Hamburger Jungs forsch.
Berliner Jungs reden nicht über sich, Hamburger Jungs prahlen.
Berliner Jungs tragen zerknitterte, Hamburger Jungs gebügelte Hemden.
Hamburger Jungs tragen weiße Socken, Berliner eine rote und eine blaue.
Berliner Jungs stehen auf Techno, Hamburger Jungs auf Schlager.
Hamburger Jungs reisen mit Koffer, Berliner Jungs mit Sporttasche.
Berliner Jungs sind treu, Hamburger Jungs promisk.
Hamburger Jungs sind geschmackvoll, Berliner Jungs plump.
Berliner Jungs wirken gröber als Hamburger Jungs, die versuchen, dandyhaft zu wirken.
Hamburger Jungs haben Humor, Berliner Jungs sind nett.
Hamburger Jungs stehen auf Vinyl, Berliner Jungs auf CDs.
Hamburger Jungs bevorzugen deutsche Lieder, Berliner amerikanische.
Hamburger Jungs lieben politische Diskussionen, Berliner Jungs vermeiden sie.
Hamburger Jungs finden ihre ersten weißen Haare schick, Berliner Jungs färben sie (schwarz) über.
Berliner Jungs tragen Doc Martins, Hamburger Jungs Blue Suede Shoes.
Deswegen glauben alle Mädchen, dass die Berliner Jungs größere Füsse hätten als die Hamburger Jungs.
Berliner Jungs lieben gemütliche Sofas, Hamburger Jungs orangene Plastikstühle.
Hamburger Jungs plaudern, Berliner Jungs schweigen.
Hamburger Jungs sind provokant, Berliner Jungs eher kulant.
Berliner Jungs trinken Bier, Hamburger Jungs Gin.
Berliner Jungs putzen sich die Zähne lange, Hamburger Jungs benutzen Mundsprays.
Hamburger Jungs setzen sich in Szene, Berliner Jungs sind natürlich.

Berliner Jungs können lange küssen, ohne Luft zu holen, Hamburger Jungs müssen schon nach ein paar Sekunden wieder plaudern.

Hamburger Jungs sind böse, Berliner Jungs nett.

In den Bars bemühen sich die Hamburger Jungs, ausgefallene Themen anzusprechen, während Berliner Jungs vor keiner Banalität zurückschrecken.

Berliner Jungs rauchen Marlboro Light, Hamburger Jungs Prince Light.

Berliner Jungs mögen Titten, Hamburger Jungs Ärsche.

Berliner Jungs wollen junge Freundinnen, Hamburger Jungs ältere.

Hamburger Jungs haben nur Sex im Kopf, Berliner Jungs nur Liebe.

Hamburger Jungs tragen Koteletten, Berliner Jungs essen sie.

Hamburger Jungs essen mit Stäbchen, Berliner Jungs mit den Pfoten.

Mit Hamburger Jungs können sich die Mädchen richtig austoben, sich absolut daneben benehmen. Der Ehrenkodex der Hamburger Jungs verbietet ihnen, sich in den Weg einer sich emanzipierenden Frau zu stellen. Berliner Jungs bestehen auf braves Benehmen, ansonsten gibt es Ärger.

Berliner Jungs schenken Rosen, Hamburger Jungs Heringe.

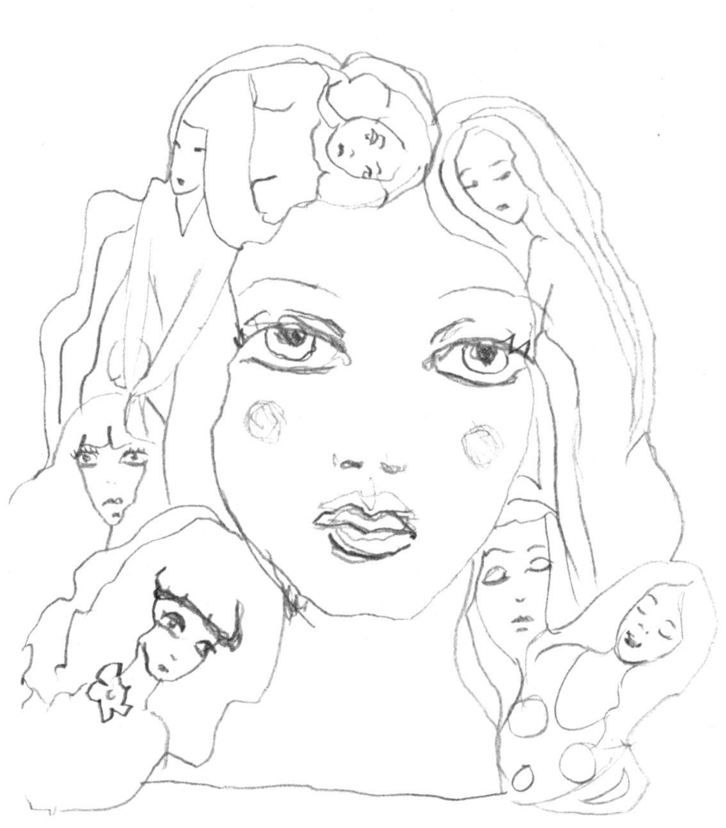

Epitaph

1995

Ci-git Rébellion
Pour la première fois sans garçon
Elle est couchée comme elle l'était souvent
Avec la seule différence qu'avant
Elle bougeait son derrière en même temps

Hier liegt sie, so wie sie zu liegen pflegte
Nur dass sie, solange sie lebte
Den Po dazu bewegte

Alle Fotos: Brezel Göring / privat
»Ente mit Orangen«: erstveröffentlicht 1999
in »Abenteuer einer Provinzblume«

In Kooperation
mit Tapete Records

1. Auflage Mai 2024
ISBN 978-3-95575-225-5

Lektorat: Stefanie Mousa und Jonas Engelmann
Cover, Layout und Satz: Oliver Schmitt
Druck und Bindung: Buchdruck Zentrum

Ventil Verlag, Boppstr. 25, 55118 Mainz
www.ventil-verlag.de

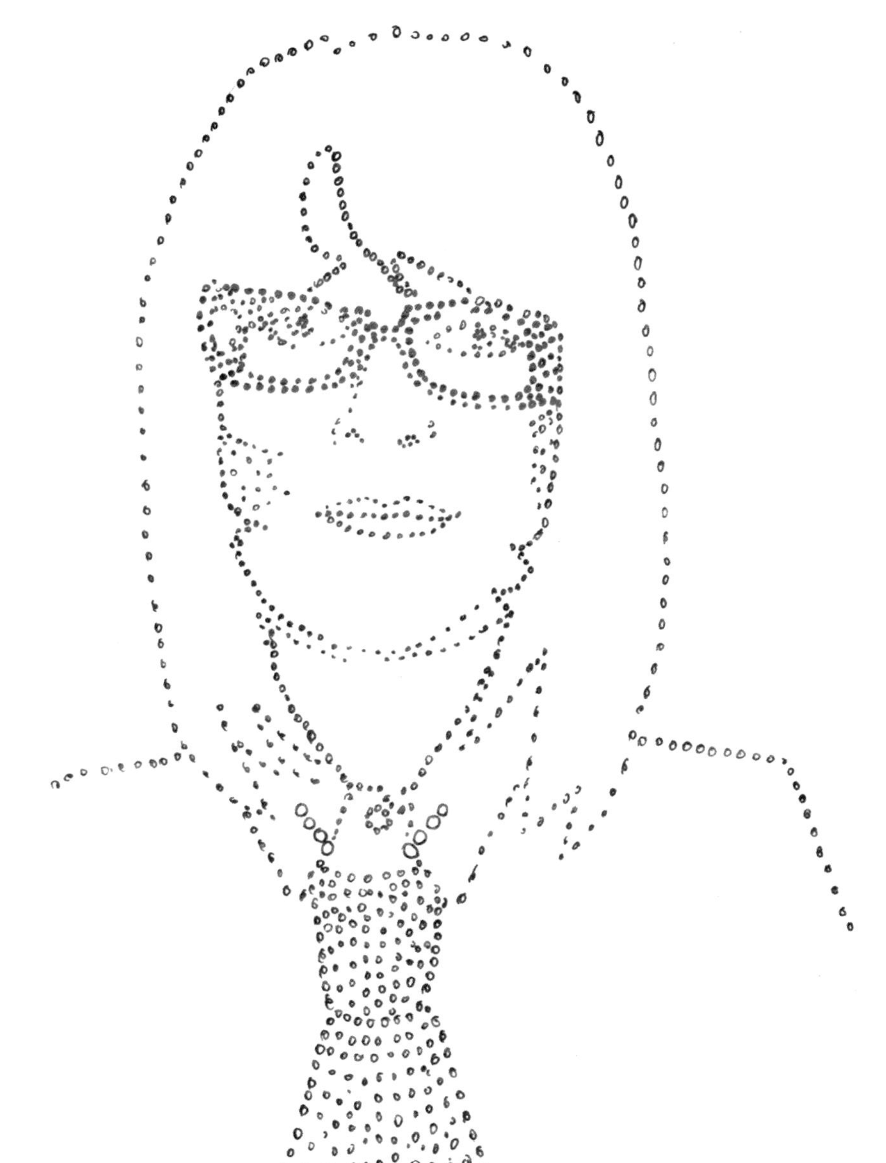

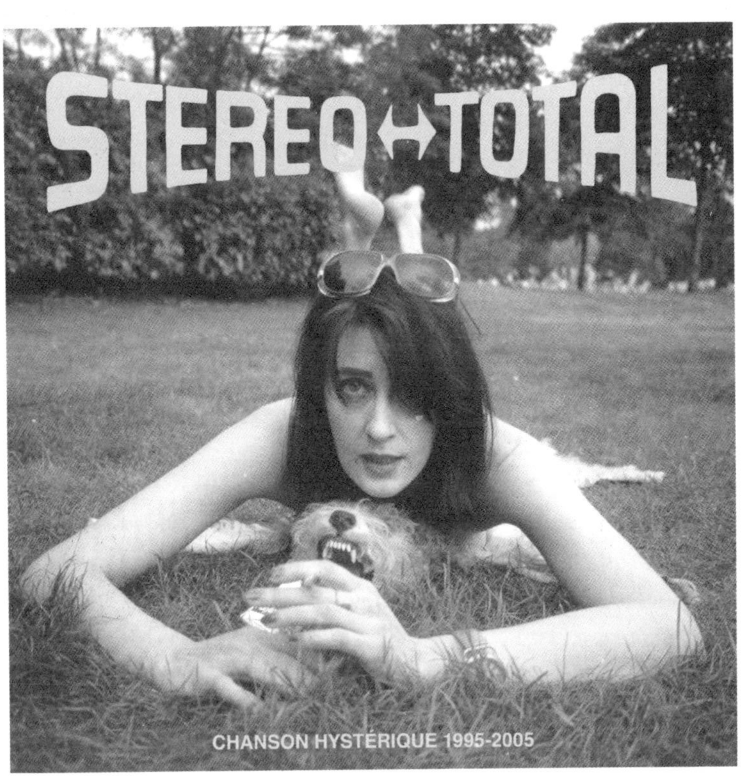

Stereo Total
Chanson Hystérique 1995–2005
7-CD/7-LP Boxset

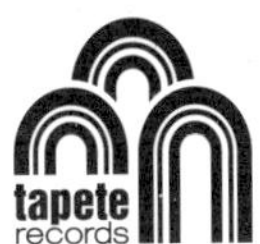

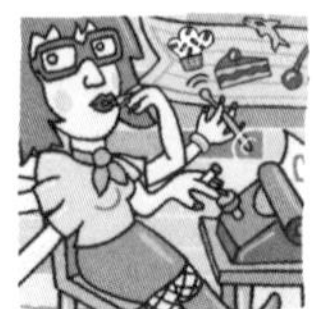

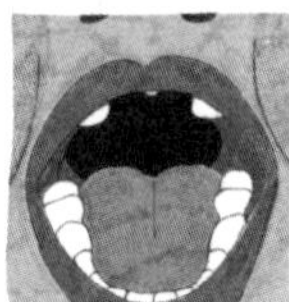

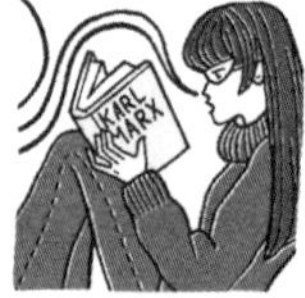
KARL MARX

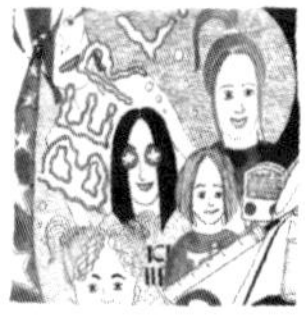

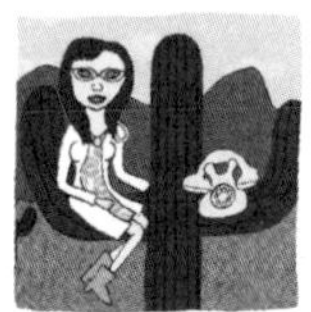

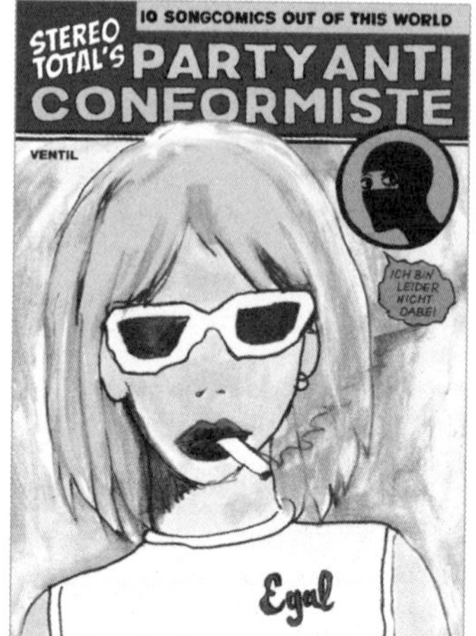
STEREO TOTAL'S
10 SONGCOMICS OUT OF THIS WORLD
PARTYANTI CONFORMISTE
VENTIL
ICH BIN LEIDER NICHT DABEI
Egal

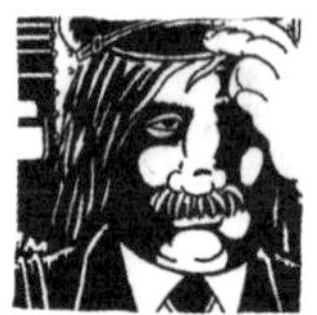

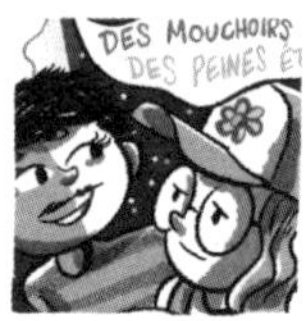
DES MOUCHOIRS
DES PEINES ET

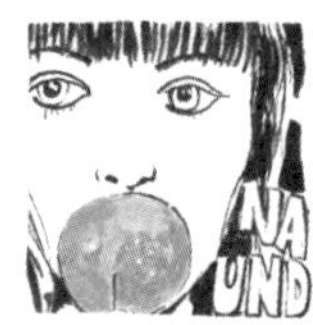
NA UND

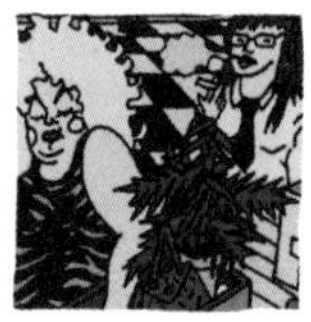

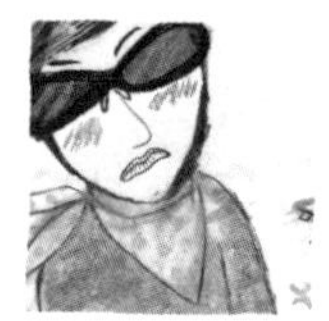

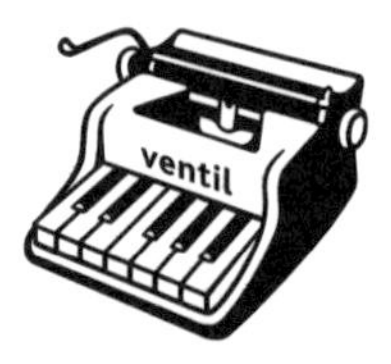
ventil

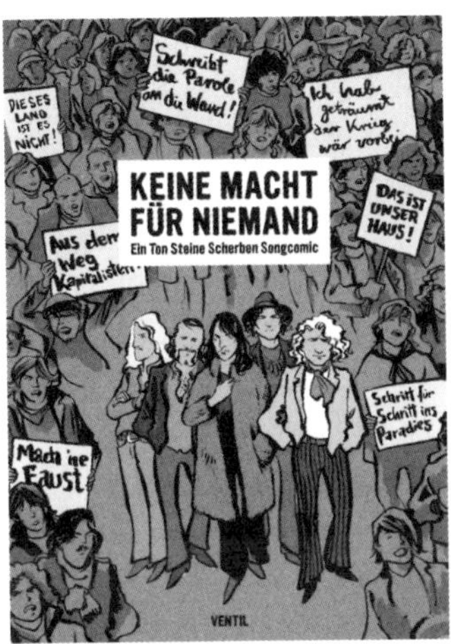

Buskies/Engelmann (Hg.)
KEINE MACHT FÜR NIEMAND
Ton Steine Scherben Songcomics

Comicstrips zu einem der wichtigsten Alben der deutschen Musikgeschichte

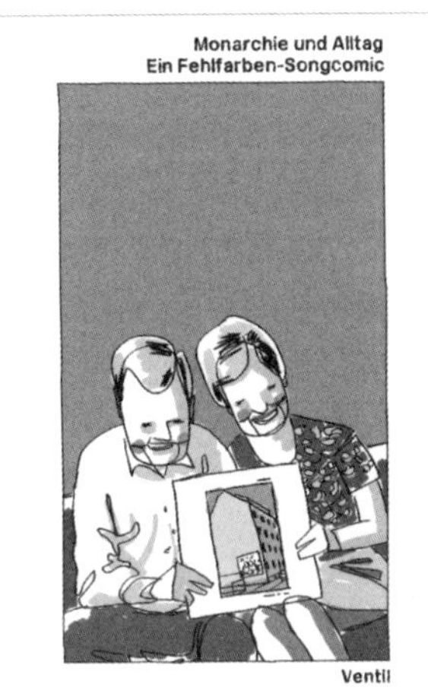

Buskies/Engelmann (Hg.)
MONARCHIE UND ALLTAG
Ein Fehlfarben-Songcomic

Mit Liner Notes der Fehlfarben-Musiker Peter Hein und Thomas Schwebel

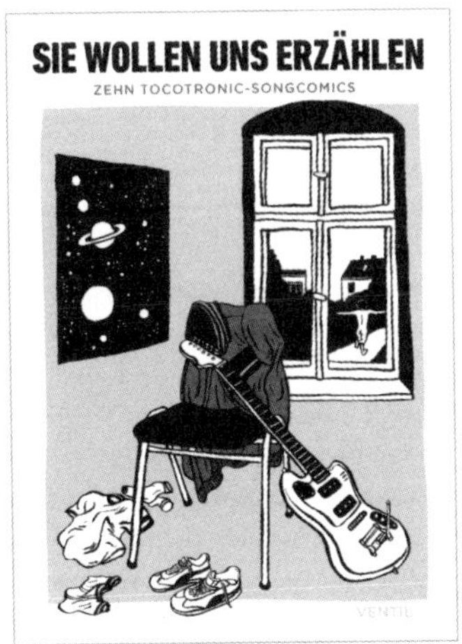

Michael Büsselberg (Hg.)
SIE WOLLEN UNS ERZÄHLEN
Zehn Tocotronic-Songcomics

Mit Statments von Dirk von Lowtzow und einer Comic-Zugabe von Arne Zank

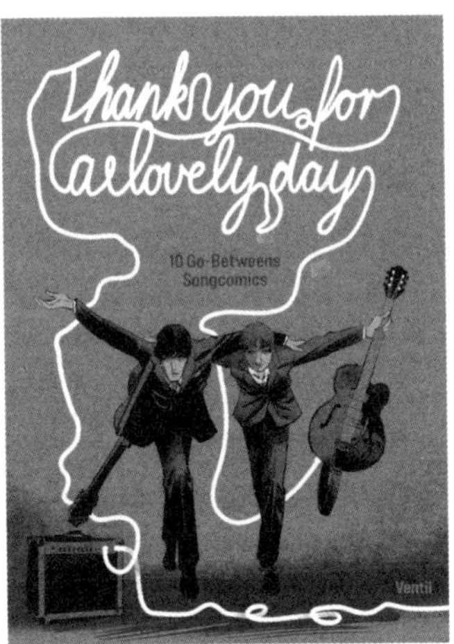

Buskies/Engelmann (Hg.)
THANK YOU FOR A LOVELY DAY
11 The Go-Betweens Songcomics

Mit Liner Notes von Robert Forster

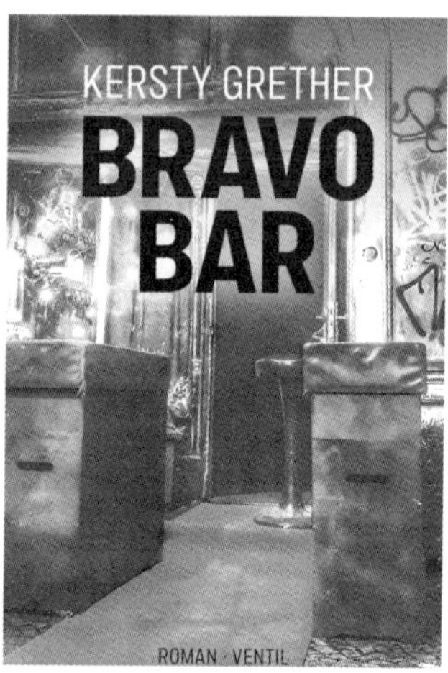

Kersty Grether
BRAVO BAR
Roman

Die Geschichte dreier Seelenverwandter, ein flirrender Sommer und die legendäre Bravo Bar als Ankerpunkt

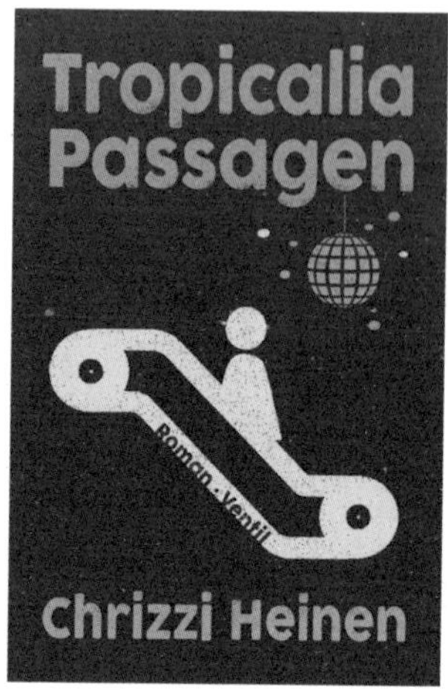

Chrizzi Heinen
TROPICALIA PASSAGEN
Roman

Der neue Roman der Preisträgerin »Förderpreis komische Literatur«

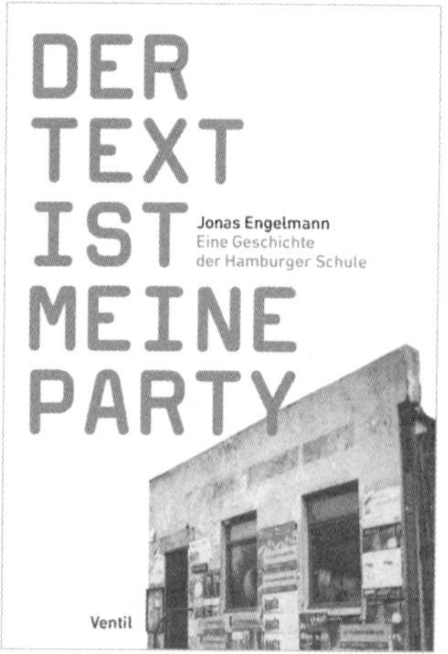

Jonas Engelmann
DER TEXT IST MEINE PARTY
Eine Geschichte der Hamburger Schule

Die Chronik einer der prägendsten deutschen Musikszenen

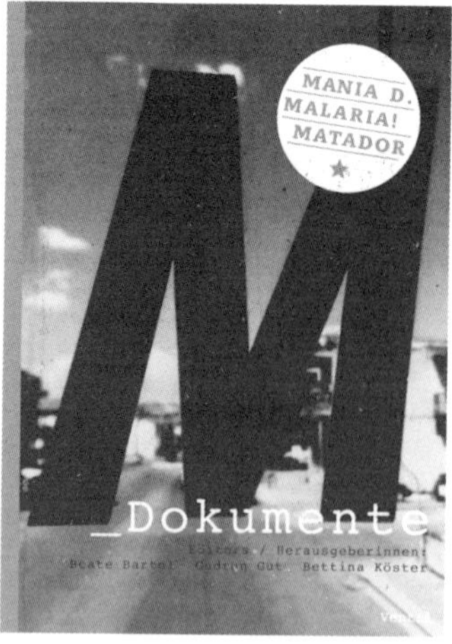

Beate Bartel / Gudrun Gut / Bettina Köster (Hg.)
M_DOKUMENTE
Mania D., Malaria!, Matador

Eine Umfangreiche Werkschau der dr
ikonografischen Underground-Bands